冉云飞 | 作品

庄子我说

中国发展出版社
CHINA DEVELOPMENT PRESS

图书在版编目（CIP）数据

庄子我说 / 冉云飞著. — 北京：中国发展出版社，2014.1

ISBN 978-7-5177-0031-9

Ⅰ. ①庄… Ⅱ. ①冉… Ⅲ. ①道家②《庄子》—研究 Ⅳ. ①B223.55

中国版本图书馆CIP数据核字(2013)第242210号

书　　名：庄子我说
著作责任者：冉云飞
出 版 发 行：中国发展出版社
（北京市西城区百万庄大街16号8层 100037）
标 准 书 号：ISBN 978-7-5177-0031-9
经　销　者：各地新华书店
印　刷　者：三河市祥达印装厂
开　　本：880mm×1230mm　1/32
印　　张：10.5
字　　数：265千字
版　　次：2014年1月第1版
印　　次：2014年1月第1次印刷
定　　价：32.80元
联 系 电 话：(010) 68990630　68990692
购 书 热 线：(010) 68990682　68990686
网 络 订 购：http://zgfzcbs.tmall.com//
网 络 电 话：(010) 88333349　68990639
本 社 网 址：http://www.develpress.com.cn
电 子 邮 件：forkids@sina.cn

新版序

庄子与我们的日常生活

拙著《庄子我说》近十年后重版，本想做一些补充，无奈手中写作任务非常多，没有办法做除修订正误外的其他改进。好在我于2009年主编并出版了一本《庄子二十讲》，选了这一百年我认为比较有意思的关于庄子的文章，朋友们可以从中酌参。故此将2012年9月为长江商学院的朋友们所讲的关于庄子的一点心得整理出来，作为再版的序言，也算是对《庄子我说》正文的一种补充。我始终认可顾随先生的一句话，我们学习古诗文的目的，是为了做一个现代人。那么我之讲古诗文，自然不是抽象地只讲知识，其中一点便是说这些知识与我们的日常生活有关，甚至就活在眼前。

一：当下生活中的庄子

一个死去两千三百年的人，与我们的日常生活有关系么？用四川话说，你简直“哄鬼麻广广哟”（意谓欺骗人）。人是与草木同朽的，问题在于有活力有魅力的思想依旧牵系我们今天的生活。很多人不明就里，甚至下意识说出来的话，可能就来自于庄子，这一点并不是很多人都知道的，正所谓“百姓日用而不知”。比如我们四川被称为“天府之国”，其“天府”一词原创即来自于庄子。又如成都人称那些不成器的耍家为“散眼子”，亦来自于庄子里的“散焉者”。再如“大梦谁先觉”里的“大梦”，形容人死之“物化”，均来自于庄子。这样的例子多到不胜枚举，在许多方面庄子可谓有发明之功。从研究文化、思想、哲学、历史、社会等方面的角度，《庄子》一书的开创性，其中蕴含的语源性，绝对值得研究者深深注意。

人所共知的“神仙”一词，固然不是庄子发明的，但其提供了语源性基础，即由神人到仙人，再发展为“神仙”。他在《逍遥游》中所描写的藐姑射之山的神人，从其形貌，到风餐露宿，不食人间烟火，水火不侵，任何外物都无法伤害他，都与后世的神仙并无二致。他甚至开玩笑说身上搓点尘垢下来，就可以铸造超过尧、舜一样的帝王。除了对儒家帝王的嘲讽，与后世的神仙“职业”不侔以外，余下基本一模一样。小时家慈看见我用手直接搔痒很厉害，就告诫我说，不要抠破皮要肒脓。四川话读“肒”若“冠”（其本音读若“换”），小时家人常说的“肒脓”不意在《大宗师》“以死为决肒溃痈”句里能够看到。“肒”字在康熙字典里的解释是“搔痒而成的疮”。再比如我们四川人说一个人耿直讲义气，就喜欢说这个人真是“直矼矼的”，其实这样的字也同样来自于《人间世》里孔子说颜回之所谓“德厚信矼”，你厚道讲信用，脾气直矼矼的。如此看来，其实《庄子》里不少东西与我们的日常生活有关，只是不少人并不知道而已。

我曾说过，任何人都是活一天少一天，没有哪个人是越活越多。用德国哲学来说，每个人都是向死而生。其实庄子早就更深刻地表达了这一层意思，他在《逍遥游》里说：“一受其成形，不亡以待尽。”一旦你被父母生下来，那就想死的自由都没有了，只有等几十年后慢慢死掉。庄子倒不同意后世那些“身体发肤，受之父母”的儒家言论，而是说你不自由的生活是全方位多角度的，没有办法摆脱这种不自由的状态，因为你“有所待”。“与物相刃相靡，其行尽如驰，而莫之能止，不亦悲乎？”一生生活在各种矛盾之中，不能自已，每天跑向死亡，如同野马狂奔，你不能制止它，因为白驹过隙。换个说法就是“近死之心，莫使复阳也”。别说人们一天到晚钩心斗角，就算没这事，也只不过是在向着死亡的道路上奔跑，是没有人能够劝得住的。到最后糊里糊涂、莫明其妙地过完一生，正所谓“人之生也，固若是芒乎？”难道这不是两千多年来，我们至今为止也没有完全想透的人生哲学吗？

与人斗与天斗的哲学，经“伟大领袖”号召后，非常流行。但这东西并不是他的独创，只不过结果谓之“其乐无穷”，倒是他的独得之秘。反对斗争哲学的庄子早就说过，很多人在日常生活里是“与接为构，日以心斗”，就是说人们成天背毁面誉，边整边拉拢，仿佛二十四小时都处在与人相斗的谋划之中。因为没有互相信任，又没有良性的制度保障人们的日常博弈不出问题或者少出问题，故难免“小恐惴惴，大恐缦缦”，小的恐惧使你惴惴不安，大的恐惧会把你吓瘫散架。你卖我毒大米，我售你毒奶粉，你售我毒奶粉，我在学校愚弄你的孩子等等，不安感在生活中无处不在地蔓延，没有任何可能逃脱的例外，我把这种状态称之为“互害社会”。可叹的是，庄子提前说了两千多年，到如今我们都没有解决这种“小恐惴惴，大恐缦缦”的生活。

庄子当然也不是完全无争，彻底不斗。他与惠施的辩论就很精彩，他之骂曹商而产生的著名国骂，在先秦诸子中无出其右者。我们很多人都骂过人，也被人骂过，我想在座诸君也不免。庄子很穷，打草鞋以谋衣食，曹商就来揭他的短，驳庄子的面儿，让庄子很难堪。曹商得意地说，如果比谁更穷的话，我曹商自然没办法跟你老兄庄子相比。这不是故意寒碜人吗？在座的你们都应该算是富人，我想其中没有曹商这样掩不住要炫富的人。如果不幸有的话，最好不要碰着庄子这样的骂人高手，不然下面的话会让人十分难堪。庄子骂道：“秦王有病召医，破痈溃痤者得车一乘，舐痔者得车五乘，所治愈下，得车愈多。子岂治其痔邪？何得车之多也？子行矣!”听说秦王背生痈，肛生痔，舔前者得车一辆，舔后者得车五辆，你得这百辆车难道是吮痈舔痔二十次所得的报酬吗？小子你真行啊。我们四川人现在说某人下作无行，一般都说这人是舔沟子（屁眼）的人，大约是从庄子老师那里学来的。

《庄子》是个巨大的思想宝库，很多东西都可以在这里找到着力点。大到社会制度与变革，小到我们现在所取的名字，都可以在此间找到渊源。著名学者梁启超的书斋号名为“饮冰室”，出自“今吾朝受命而夕饮冰，我其内热与？”（《人间世》），意谓自己对社会有相当之责任，因此需要平复自己的内心、止住自己的焦虑。诗人邵祖平的《培风楼诗》之“培风”，大约也算是出自《逍遥游》中之“而后乃今培风”，体现了心气很高的邵先生在写诗做学问上的自我期许吧。咱们四川的古典文学学者周虚白的名字，出自《人间世》里的成语“虚室生白”，把内心的大扫除做好，一个人就可以悟道而达澄明之境。

我的高中同学梁鹏，复旦大学学哲学的，读书很厉害，如今和在座的很多人一样，是搞房地产的。其名应来自庄子，因其父在我们那地方算是有文化的。等梁鹏有儿子后，他干脆给自己的儿子取名为梁扶摇。父子相继，以名和字相关联的通行古例，儿子的名字甚至可以作父亲的字。“扶摇”一连读就是飙，当然也可以叫梁飙，但梁扶摇听上去更有节奏感及韵律。宋代的著名道家人物陈抟老祖，这个“抟”字来自“抟扶摇而上者九万里”，而他的字“图南”，则来自于《逍遥游》里的“而后乃今图南”，而“图南”连读亦可为“抟”。可见我们生活中不少人连取名都与庄子有关，就更不用说我们寻常说话之受影响了，从下面我即将要谈到的《庄子》一书的很多成语，就可以略窥端涯。

寻常的说话并非不值得注意，因为“道”来自于我们的日常生活，庄子说得更绝，“道”在屎尿之中。“大言炎炎，小言詹詹”，真的大道理看上去是寡淡少味，而那些欺骗性言论则天花乱坠，没完没了。这和“是真佛只说家常话”是一个道理。说到这里，有人可能会用成玄英将“炎炎”释为“猛烈”来主张我所说是错的，因为有人把这句话释为夸海口的言论总是很猛烈，耍小聪明的言论总是废话连篇。我比较同意流沙河先生的说法，炎应为读为“淡”，因为大言在庄子看来就是真正所谓的“道”，“道”不装神弄鬼。就像他用“大宗师”形容道一样，“道”不是哪个人可以垄断的，也无法送给亲戚朋友，或者拿来倒卖赚钱，当然可以拿来自我愉悦。这就像道家人物陶弘景的《诏问山中何所有赋诗以答》一样：“山中何所有，岭上多白云。只可自怡悦，不堪持赠君。”

二：《庄子》成语统计研究

经历两三千年的历史绵延，先秦诸子作为中国传统文化最早的来源之一，其各个方面均被人们全方位地研究，似乎罄尽了所有的角度。先秦诸子里，我们至今仍在运用的成语、习惯用语（俗语、谚语等）非常之多，这可以事实上判断文化传承有内在逻辑和相应的活力。能够固化为“成语”，这一定是该语词有相当大的传播力和使用空间。在众多语句的残酷竞争中，有的是因为故事搞笑，有的是因为反映了重大历史事件，有的是因为说理透辟，有的是因形象鲜活，千载之下仍如同目前，故脱颖得出。要言之，任何语句要脱颖而出，均非幸致，能够流传于今的都有其不可替代的特殊性。世间有很多语言说了即死，因为许多人所说的都是废话，废话当然说了就如风吹过。除了有史料癖的人从中去梳爬研究外，普通的读者便无法对他们有什么记忆。

但关于先秦诸子里的成语之研究，特别是《庄子》里的成语分析，我只零星地看过一两篇零散文章。比较全面的是我在网上读到的边馨2007年所撰的硕士学位论文《〈庄子〉的成语研究》，尚未看到像样子的专著出版。边馨的论述和分析不够深刻，而且分析角度只是用语源、成语定型方法、意义分类、修辞方法等，无非是在语言学内部而非从语言哲学、语言社会学、语言传播学等方面，进行视野开阔的研究。但客观地说，她在资料搜集上做了不少工作，只是对资料处理的视野不够深广，或许囿于她自身的研究范围亦未可知。

有人统计上海教育出版社出版的《汉语成语词典》，共收词语5500条，注明出处的4600条，上古至秦汉时期共3128条，占68%；魏晋南北朝时期690条，占15%；隋唐时期414条，占9%；宋朝276条，占6%；元明清三朝92条，占2%（倪宝元、姚鹏慈《成语九章》，浙江教育出版社1990年版，转引自边馨《〈庄子〉的成语研究》）。从这组数据我们可以看出，越到晚近成语所占比例越少，那是因为语言活跃，还需要一个汰弃的过程，同时也需要一个凝固期。但这也不足以完全解释上古至秦汉所占比例为何如此之高。我没有研究过西方语言里成语（含俗语、习惯用语等）的形成是不是呈现像中国这样逐渐递减的现象。不过若说中国语言里的成语有个逐渐递减的过程，但俗语和习惯用语却未必如此。因为成语比较书面化，而俗语则因时代和口语而生，上个时代的口号在这个时代或许就需要专门解释才能让人懂得，而成语让人懂的概率远超过非常有时代性的俗语。成语在意义上有个对时代的超越性问题，虽然成语往往有原初义和引申义（或者居于彼时语境之义）的两个层面问题，但成语不断重复地使用，表明其在语言使用中有相当的通约性。

从以上所看成语的逐渐衰减过程，其实还可以看出，我们文化的原创力似乎有一种衰减过程。因为成语生猛而久远的传播力，正好表明其语词的原创性对当下和后世的深远影响。语句转为成语，是语言竞争和社会及人们选择的结果，从某种文化意义上看有一种不可控的自发生长秩序。这种自发生长秩序，当然会受制度及相关的意识形态的影响，但如没有士人和民间力量的传播，只凭官方则不可能有那么大的传播广度和深度。换个角度来观察，从上古至先秦所占成语比例的68%到明清的2%，不只是可以看出文化原创力的衰减，也可从中观察出随文化原创力衰减的同时，文化的内在越来越板结。如果说成语的诞生，意味着某种大家所共通的文化事物得到了强有力的传播，那么反过来证明缺少这种强有力的传播者，正好表明文化的活力出了问题，大家都躺在前人创造的成语上睡觉。老是袭用前人的成语，而不思自己创新，久了就会形成路径依赖——其实这可能与我们各种文体上都好用典，而不尚“唯陈言之务去”有关——不仅在制度上而且在文化上都喜欢向后看，由此形成厚古薄今的习惯思维。向后看与厚古薄今的思维定式，反过来又使文化板结且原创力下降，最终导致文化发展上的恶性循环。

边馨还援引了刘方华对《精编成语辞典》的成语统计，注明出自先秦诸子著述的成语分别为《论语》178个，《孟子》159个，《荀子》49个，《老子》32个，《庄子》180个（刘方华《先秦诸子思想成语化简论》，载于《岱宗学刊》2002年12月，转引自边馨《〈庄子〉的成语研究》）。不包括《韩非子》《列子》《墨子》等在内其他先秦诸子的统计，自然是不完整的。但从传播学和影响力的角度来看，未列出《韩非子》等也不会影响《庄子》成语名列榜首的事实。《庄子》里的成语为何如此之多，竟名列先秦诸子之榜首呢？原因很多，但其中之一正如边馨所分析的，《庄子》有一个特点，在先秦诸子里可谓别具一格，那就是“直述式成语少，描述式成语多”。这是庄子与其他先秦诸子不同的一个特点，庄子擅长于讲故事，诙谐形象，这些都使他的成语有不同凡响的传播能力。

当然由于每个人对成语的理解以及统计方式略有差别，因此关于《庄子》一书有多少成语，目前尚有分歧。如刘洁修的《汉语成语考释词典》里共收出自《庄子》的成语210条，而《中国成语大辞典》里只收了出自《庄子》的成语127条，相差93条。显然在对成语及其出处的认定上，双方有着不小的认知差距。边馨根据对两部词典的比较，自认为出自《庄子》的成语有172条，为庄子原创者有158条。以这样的比率来看，庄子成语的原创性高达90.2%。这与庄子书中本身的原创性也是一脉相承的，比如他是少数对天空大地有探索和疑问的人，除了屈原以外，先秦诸子没有任何人有像他这样的思索。至于他那些浩瀚汪洋的比喻，诙谐恣肆的调侃，出神入化的寓言，亦是远迈其他人。出自庄子的172条成语中，与神话、传说、寓言有关的就占46个，占原创的29%。这也可以从数量上来证明《天下》篇对庄子一派的评价："以谬悠之说，荒唐之言，无端崖之辞，时恣纵而傥，不以觭见之也。以天下为沉浊，不可与庄语。以卮言为曼衍，以重言为真，以寓言为广。"

成语是经过人们与社会长期筛选、取舍、斟酌、使用的结果，它就是重复率比较高的语言，所以成语又与谚语和习惯语有深刻的关联。对成语进行数字统计，以便找到相近的成语及其规律，从而找出传统文化的最大公约数何在。这公约数里包蕴着什么的内容，应该有个比较明确的判断。我们总是在那里只凭印象如盲人摸象，却不愿意做精细的数据研究。两千多年过去了，也没有人做关于先秦诸子里的成语之传播学和社会学的研究。表面上看《先秦诸子成语数字统计》

这样的论文或者著述好像没有意义，其实这才是研究传统文化比较真实有效的方法。若能加入社会科学的方法，才会在前人的研究基础上别开生面，更上一层楼，这一点不少汉学家的著作已经给我们做了较好的榜样。如果我们研究传统者还是因循不变，那么我们就很难研究出什么新意，大家都在转述稗贩，凭空臆想，不知所谓。

三：没有未来与知识中立

2004年拙著《庄子我说》初版，一年后自序《庄子使我上瘾的几个理由》，入选人民教育出版社高中语文阅读教材。虽然觉得是一份荣誉，但由于我研究语文教材有年，觉得拙文入选，对一贯不善于独立思考，只偏于机械记忆标准乃至唯一答案的学生，或许有点深。我的书《庄子我说》主要是自己对庄子的一点浅见——主要体现在文化阐发、政治评论等方面与当下现实的勾连，算不上是什么学术研究，但也不是一般意义上的文章学的点评。序言里我提到《庄子》一书里的矛盾才是庄子活力之所在，游戏态度是庄子的精神内核，还提到他有非此即彼的思维方式——虽然他竭力提倡谴是非、立环中、齐万物，但事实上他本人的思维方式就非常吊诡地深陷于他所反对的路径之中——自认为最有意思的提法是，没有未来的向后看的思考路径。前三者姑且不说，我认为最后这一点其实不但说中了庄子及先秦诸子的弊端之所在，也算是击中了中国文化的弊病之所在。

为何中国几千年来，有非常多的道德至上的表演者，他们不被揭露，甚至有的还被拿来让民众学习，其主要的问题就是因道德与法律的错位。不相信在良性法律保障之下的公序良俗，却相信那种没有制度保障的道德表演，于是人伪成风，这是庄子痛加批评的。由于没有良性制度保障人的权利，那么每个人都有朝不保夕之感。因此包括先秦及其以降的中国文化，都对未来社会缺乏理性预期，对未来没有理性预期的人很难建立相应的道德感。短视、胡来、做事没有底线，会在生活中的各个方面盛行，“我死后哪怕洪水滔天”会成为官民共同信奉的哲学。越是做事没有底线，就越是没有对未来的理性预期，社会便会形成一种难以治理和建设的恶性循环。

虽然庄子也批评过厚古薄今的做法，甚至说这是文化人的通病，如他在《外物》篇里说：“夫尊古而悲今，学者之流也。”但他对“至德之世”的推崇，却和其他先秦诸子没有什么区别。一个无法证明的上古三代，令所有的中国文化人俯首称臣，这应该算是文化思想史上的奇观。他们看得到当下的不美好，在法先王之法之外，却不敢提出真正替代和治理当下不美好的制度的措施。就像康有为也要打着孔子的旗号，才能抬出他变法的理想一样。没有一个人敢独立而无所依傍地拿出一个令人眼前一亮的制度变更方案，因为改革方案不仅需要具体的操作和实施，更需要打上古圣先贤的思想印章后才能获得相应的合法性。不然的话，在一个言论不自由的社会里，谁敢拿出“不著心源傍古人”的决绝，将自己的独创拿出来呈上？

但问题在于，哪怕不是具体的改革方案，只不过是思想上开出一个治理当下、使社会有理性预期空间的方子，自古而至清末立宪之前也并没有这样的人。这的确是言论不自由给中国思想文化带来的莫大束缚。不过，问题在于大家一直只知往后看，往一个根本无法证实的上古三代去寻找批评和变革社会的思想资源，其雷同乏味，乃至无聊就是必然的。庄子一直主张无为而治，觉得上古至德之世是无为而治。但这也许是他的臆想，古代人生存不易，哪能做到所谓的无为而治？哪怕是部落之间的战争，也促使人们不可能无为而治。何况进入了准国家的政府治理状态，怎么可能做到所谓的无为而治？虽然我承认无为而治里有不折腾老百姓的成分在，也有点小政府大社会的影子，但在他的著作里终究并没有直接言说出来。无为而治到乌托邦的地步，那也是不现实的，他又不可能达到今天民主自由理念的地步，所以在看他的政治理念时，我大多数时候是当做文学作品来欣赏的。

虽然庄子和先秦诸子都是向后看的思考路径，但他也用自己卓越的见识和想象力，使得自己一些看法颇具前瞻性。他对现代文明的社会批评，虽然建立在物质并不丰裕的时代，但其对人的贪欲所做的针砭，却是不容抹杀的。不过他欣赏不用桔槔的灌园叟，说用机械者必有机心，必然投机取巧，还是过于胶柱鼓瑟了。如果人类社会一味向后看，而且不向前发展的话，那么连语言文字都不会发明出来，那么我们连庄子是谁及其思想，也无从知晓。这就像倡导不立文字的禅宗一样，进入了不能自解的悖论之中。自然，你也许会说庄子根本就不重视逻辑，他常开惠施的玩笑，对于他来讲或许不存在什么悖论之说，因为他一直站在环中。其实，处在环中谈何容易？对于现实应对来讲，那只不过是个文字游戏而已。我承认从思考上比较自洽的角度来看，处在环中是个说得过去的一种讨巧想法。

那么庄子的一些前瞻性或者说预言性的说法，体现在什么样的章节呢？最让我惊异的是《庚桑楚》对千年后世事的准确预判。庚桑楚作为老子的门徒，习得老子无为而治的精髓，居然使畏垒地方的民众三年过后就大丰收，因此民众就来拥戴他朝拜他，认为是他是圣贤。但深得老子之教的庚桑楚大为不悦，故他借此大力抨击尧、舜两人之治理国家，给民众带来的伤害。“民之于利甚勤，子有杀父，臣有杀君，正昼为盗，日中穴阫。吾语女：大乱之本，必生于尧、舜之间，其末存乎千世之后。千世之后，其必有人与人相食者也。”尧舜之治在儒家文献里，当然是表彰逾恒、常说不衰的话题。不过庄子由尧舜推出的这一系列在他看来必然发生的乱象，也的确在后世频频出现。十分惊人的是，他通过庚桑楚预言的千年后会出现人吃人的现象，只要你稍有联想力，以及对当代史的现实感受力便会被这个预言给镇住了。饿死的人也正如庄子《大宗师》里所说：“死者以国量乎泽若蕉，民其无如矣”，把死的人放在山沟里量，比那里的小草树木还多，民众的悲惨真是没办法形容了。

庄子何以能看上去这么准确地预言如此残酷的事情会发生呢？庄子当然还只是从人伪的角度来判定必然会出现人吃人的现象，他并没有特别高妙的招数。事实上这个判断从人类历史的角度看，能找到太多的反证。实行自由民主的国家，用庄子的标准，他的人民和官员也必然都是人伪的，但为什么他们不会出现其所预言的人吃人的现象呢？显然这不是庄子所能解答的。庄子对社会的批评不乏犀利，但其所开方子未免经不起检验。这当然也不能怪他，制度文化的短板，是一个全民包括文化人共患的整体并发症。我们或许可以在古书里所蕴藏的具体行政运营上，找到些为今天所用的例证。但遗憾的是，在制度接续和生发力上，我们很难找到相应的古代资源。

这当然不是说《庄子》里完全没有可以拿来应对社会管理的正面办法。《应帝王》《马蹄》《庚桑楚》等像庄子其他篇什一样，他提倡帝王们无为而治，官方不要玩弄老百姓让老百姓感恩那一套把戏，“吃水不忘挖井人”只不过是一种以恩人自居的巧佞化妆术。因为老百姓日子过得好，不是你管得好，而是你管得少。管得少怎么能让老百姓过上好日子呢？那就是让老百姓自己管理自己，也就是实行民众参与自我管理的社会自治。而《在宥》一篇更从标题上——虽然这标题有选篇首前两个字而成的随机性——就体现了要让民众自治的意思。在之，宥之，意思就是：放置他，宽让他，让他们自己做主。有人或许要误解，无为就是什么事都不做，那么要政府有什么用呢？政府并非什么事都不做，如外交、国防、警务等方面，替纳税人代行公共管理职权，但在民众的大部分生活中，应该让其自治。正如郭象之释“无为”时所说：“无为者，非拱默之谓也，直各任其自为，则性命安矣。”无为就是放弃他人整治你，而是你自己管理自己，自治就是民众各乐其业，各安其生。正如流沙河先生所说，庄子的无为主义应该是社会自治的滥觞，值得我们在吸取传统精华时加以注意。

与社会自治一脉相承的是，庄子的无为反对对环境的破坏，质疑文明带来的好处，这也值得我们今人细心辨识。但庄子因反文明而反知识，与老子一样主张绝圣弃智。《天道》篇里有木匠讽刺齐桓公读往圣先哲书的著名例子。他的意见是，读先王书，因并非先王本身，所以“世虽贵之，我犹不足贵也”。但正如流沙河先生对此的辩护，我认为是有道理的：“读书如秉烛，固不能照亮每一个角落，但总比摸黑好”（《古之读书无用论》）。知识自然是有用的，否则庄子何以能写出《庄子》，并传播自己的思想？就算我们不执著于知识之有用与否，也应该深晓知识的中立价值。知识的中立，最后靠的是法律和道德，来使得有些知识的流弊得到有效的遏制，使知识的益处能得到比较畅通的传播，而不是完全杜绝知识以及它的繁殖能力，最终成为盲昧的人。

说到知识的中立性，我们必须分清价值与事实是两回事。我们要制止的是在知识传播过程中，被强权掌控的意识形态灌输，和对知识上的事实和价值的歪曲。学者谢泳曾用《新名词词典》的1950年版、1952年版、1953年版来分析其间对胡适的逐步丑诋，兹摘起首句和末尾句，以窥一斑。“伪自由主义无耻文人……现已逃亡美国”（1950）“头等战犯之一，伪自由主义无耻文人……南京解放前夕，又渡海到台湾、美国，终于成为‘白华’，这就是‘自由主义’天生的行径”（1952）“头等战犯之一，伪自由主义无耻文人……南京解放前夕，又渡海逃到台湾、美国，终于成为‘白华’，最后走向死路”（1953）。

这样的词典丧失其编纂者的中立性，把事情描述和价值判断混为一谈，是自不待言的。即便这样丧立中立性的词典，如果能在言论自由的市场上长期自由竞争，被汰弃也是必然的。因为知识能够在自由市场里互相较量、比对。因而也不必因为会出现上述词典的所谓“知识”，我们就主张绝圣弃智。就像你不能因为人要生病就主张人不要生下来，人必须绝育。如果这样的话，知识就像人一样会灭种，那么连庄子所表达的意思，我们也昏盲无知。知识的传播和运用，与大千世界、复杂社会、万千人群结合在一起，那么其间出现误解、沟通不畅、增加交流成本的事，是不能完全避免的。

绝圣弃智好像让大家都处于昏盲无知的状态，而得到一种无知的宁静以及对欲望的减少。事实上，许多昏盲无知的人，其欲望并没有因此减少，并因其无知而不知社会的共同规则带来更强大的破坏力，而不是相反。绝圣弃智，不会减少有权力者装神弄鬼的表演和扮猪吃虎的欺骗，最终演变成有权力者对民众的权利做绝育手术。当然知识并不是天然带来正面利益，但怎么运用的确依乎良善之制度保障，而不是像破坏言论自由一样阻碍人们对知识的使用。直言之，我们应在怎么运用知识产生个人权利和社会效应的增益上下工夫，而不是拒斥它。人吃五谷要生百病，但不能不吃五谷，否则便是因噎废食。

庄子是一部百科全书，是一个浩瀚汪洋的大海，我连个河伯也算不上。要做到“山原旷其盈视”一样把庄子揽尽，是个不可能完成的任务；庄子像“川泽纡其骇瞩”一般，让我只能掬他这个海里的几滴水，来给大家做一个简略的言说。只要不获致“井蛙不可语海”“夏虫不可语冰”的讥诮，我就算是幸运的人了。

2012年9月28日演讲，2013年8月26日至28日整理

并写于成都

代序

庄子使我上瘾的几个理由

这个人的书使两千多年来的许多人上瘾，我自然是其中之一；不过还有许多自命为研究他的人，无条件地成了他的俘虏，这不包括我。你可以说，我没有读懂他的奥义，所以没有五体投地的佩服态度。你若有这种想法，真是高看了我。退一万步说，即便我真的如你所说读懂了他的奥义，我也不会有五体投地的佩服态度，那是因为我是个现代人，且在精神上有太多的反骨。自然，上瘾也并不是大家寻常所理解的完全是赞赏的代名词。

1. 可爱的矛盾

扪心自问，说庄子是矛盾的，并不是我有着布鲁姆所说的“影响的焦虑”，故意贬低他，从而在精神上弑父。像庄子这样的庞然大物，即便我有幸能准确地叮咬他几口，也只不过是蚊子对大象的叮咬而已，对他哪有什么杀伤作用？按照我的本意，我经常把一个人在精神上的矛盾看做这个人活力无穷、魅力四射的象征。生活在大量产生道德警察的国度，马上就会遭致剧烈的反击，说我这是在提倡一个人思想观念的朝秦暮楚，转若飞蓬，好比川剧变脸一般，立场不坚定。

服不服膺真理，尊不尊重事实，在不少人看来，并不重要。重要的是立场要坚定——并不是自有立场，而是强权(权威)者强加的立场——这成了许多人变成精神奴才的不二法门。不过，这对庄子来说并不重要。庄子齐万物，主相对，等生死，谴是非，立环中，没有立场就是他的立场。这当然是极而言之，为了言说自以为是的思想，哪能没有自己相对稳定的想法和立场呢？因此庄子思想的立场，即便不是一以贯之，矛盾交错，也能大致寻绎出个脉络来。当然，能寻出个脉络来，须在庄子思想的矛盾丛林中披荆斩棘。

庄子处在诸子百家纷起之中，思想观点时相摩荡，互有影响，自当不免，这可作为对庄子思想变化而矛盾的一个最基本的判断。批评者由于对被批评的学说浸淫日久，难免不受被批评者的影响，在思想史上也不乏其例，本身就充满着矛盾的吊诡。庄子抨击儒家之剧烈，堪称无以复加，但依然有后世学者认为其学出于儒门的，有出于子夏之门之说(如韩愈、章学诚、姚鼐)，有出于颜渊之门之说(如章太炎、郭沫若)。除了他们拘于文义、没用足够的游戏精神来理解庄子外，至少可以反过来证明，庄子思想的矛盾的确是存在的。至于《庄子》一书之编成的技术性难题给《庄子》所带来的矛盾，已是众人皆知，不劳多言。当然，《庄子》一书如果被确定是庄子及其后继者合撰的书籍，因而产生了矛盾，也就没有对其矛盾争论的必要，只要指出其矛盾之所在即可。但《庄子》一书中哪些是庄子的文章，哪些不是他的文章，我是颇费踌躇的，不大分辨得出来。如果《庄子》只是因他一生阶段之不同而致使作品产生矛盾，就更是情有可原。总之，我不如苏东坡以降的许多识家那般聪明、火眼金睛，能将庄与非庄断然区分。其实说穿了，在他们的心目中，有一个思想上十分统一的庄子存在，替庄子阉割掉他们自以为是的非庄的“骈拇”，就成了他们不虚此生的伟大使命。这种对待庄子的“原教旨主义”态度，就像张承志前几年所提倡的“清洁精神”，让我想起汉武帝大概是为了司马迁的精神和身体都很清洁，才去掉他的大势的吧。

如果我说庄子的魅力与世界之存在一样永恒，有一个原因是他与世界同样矛盾的话，希望你不要大惊小怪。矛盾所带来的纠结与活力，是那些将自己的思想修补得所谓天衣无缝的理论体系——其实这只不过是一种不存在的假设而已——不可比拟的。正好可以反过来证明，对庄子的阐释为何意见纷陈，莫衷一是；换言之，《庄子》的文本是开放而非自足的，就像一个社会允许试错机制，而非事先被一些自认为代表大多数人利益的人构想得完美无缺，更具活力与民主一样。当然这不是说在一本书中，作者故意布设错误是可以原谅的，而是说有些错误是作者本人的学殖及诸多因素无法避免的，可以得到我们更为丰富多样的阐释。

2. 无处不在的游戏精神

庄子忧愤伤世，同道者寡。自知天下不可与庄语，而以谐语出之，开后世佯狂反讽之先路。而谐语多半以不稽的人事、小说家的笔法，兼以重言、寓言、卮言迭出，实在启我覆盆，令人喷饭。确如宋代黄震在《黄氏日钞》中所言："庄子以不羁之材，恣肆跌宕之说，创为不必有之人，设为不必有之物，造为天下所必无之事，用以渺末宇宙，戏薄圣贤，走弄百出，茫无定踪，固千万世诙谐小说之祖也。"

西人论述艺术起源于游戏，未必是的论，但人在童蒙时代，最喜欢做的莫过于玩游戏，这说明游戏是人类的天性。成人后，人们也做游戏，只不过大多数时候的游戏，都是为了功利，互相制订游戏规则，进行博弈，做出利益妥协罢了。只在极少的情况下，成人才在游戏中不带或者少带功利目的，而此种游戏带来的愉悦，其佳境终身难忘。无论是席勒的《美育书简》还是赫伊津哈《游戏的人》，其中心意思无非是说，游戏着的人，是丰富而有趣、健康而人性的。因此席勒说："只有当人在充分意义上是人的时候，他才游戏；只有当人游戏的时候，他才是完整的人。"(《美育书简》)《庄子》诸多篇章、很多故事，幽默潇洒，反讽自嘲，嬉笑怒骂，实在是中国传统文化中的异数，这也是与儒家那种貌似恭谨的做人行文态度大唱反调的结果。更重要的是，在他的游戏笔调中，行文诡谲，汪洋恣肆，想象奇特，千古之下，无出其右者。从这个意义上看，庄子是先秦时代乃至中国文化中少见的“完整的人”。

◇ 3. 路径依赖：向后转

包括庄子在内的诸子百家几乎堪称中国传统文化的平台，是中国文化大厦的基石。对他们思考问题的方式进行必要的观察，可以窥看至今影响我们文化及现实生活的诸多层面。因为文化及现实生活的演进，虽然相隔千年之遥，依然可以像凭着一条流淌的河流那样，从河源感知其对下游的影响。

庄子身处剧变的时代，诸侯纷起，是非淆乱，代表各种利益的学说迭出，以适应彼时急剧变化的社会。庄子为了反抗社会上普遍兴起的利欲熏心，对抗现实社会对个人的约束挤压，便构筑一个“至德之世”的理想乐园，来标示当下现实的丑陋及其存在的不合理。庄子向壁虚造的这个社会，并非他所独创，其他学派在彼时也以此相标榜。尽管他们虚构的社会在提法上不尽相同，但纷纷向后寻找治理当下社会疾患的药方，几乎成了彼时知识精英的共同诊断，更成了一个时代的风尚。儒家经典《礼记·礼运》中“夜不闭户，道不拾遗”的大同社会，《老子》所谓的“小国寡民”，《鹖冠子》中的“民犹赤子”等等，无一不是对当下现实的不满。汉学家葛瑞汉曾说：“对一切有组织的政府的失望，对圣贤君主的嘲笑，对黄帝开战以前的时代的怀想，凡此一切，都成了尚古思想的背景。”(《〈鹖冠子〉一部被忽略的汉前哲学著作》)这好比一个人行走在路上，前方的道路朦胧不可见，这个人当下身处的路段也险象环生，便疯狂地想逃回他所认为的原住地，而原住地只存于他的幻想之中，已经邈不可追。因此失望与追忆，便成为那个时代许多知识精英的集体选择。至于说未来，因不可预期而成本太高，冒险精神自然就几近于无。

既然至世已衰，父子相屠，兄弟相疑，这就为法家的“不期修古”、只图眼前的酷政打通了道路，这也是秦国之所以统一六国形成中央集权暴政的思想背景。而秦国的暴政更是增添了后世知识精英对上古三代“祖述尧舜，宪章文武”的不懈热情，直至近代康有为变法，依然向后去找寻支撑自己变革的理由和思想资源。流风所及，当下流行之所谓“新左派”观察事物的思路几乎与我们传统的文化平台如出一辙，他们“往往用的不是向前看的眼光批判现代社会，而是向后看，流露出浓郁的怀古复古、浪漫悲观的情调。他们缅怀想象中的古代田园牧歌式的宁静与悠闲，想退回到前现代时期；他们一味推崇精神，否定物质，鄙弃大众但又以大众的导师和代言人自居，表现出十足的贵族和精英倾向。又如，他们想把与科学技术、物质进步相伴的弊病与科学技术、物质进步本身混为一谈”(徐友渔《自由的言说》)。这说明吾国的文化传统中，没有真正的未来，而那些遥不可及的“主义”乌托邦所代表的未来与邈不可追的至世三代，可以说是两极相通，本质上没有区别。在要么无政府要么完美政府的诱惑下，我们吃尽了苦头。

庄子在政体上虚造三代至世，得道方法是坐忘心斋的减法，得道之人大多是与常人相异的——亦是身体上的减法——残疾之士，几乎都是同一思考路径：尽量减少，随时向后看，最终以至于“无”。

4. 思维方式：非此即彼

庄子认为万物齐于一，于是谴是非，泯对立，等生死，主相对，消彼此。我曾说《庄子》四处暗藏矛盾，充满吊诡。譬如他用语言来超越语言，通过非此即彼的二元对立的思维来完成他所要达到的消彼此，泯是非。

庄子行文中常常是高下对举，是非立判，愚智连譬，文章里有诸多段落开后世骈文赋体之先河。顺带说一句，吾国文化表现形态中，较为发达的赋文、骈文、对联等诸多形式，自然有感人篇章，韵律之美，文辞灿烂，在在不可多得。但这种文学表现形式未必不是我们非此即彼的二元对立思维的一种外在反映，已经左右我们的思想方式而大家习焉不察。庄子的思维习惯也未能幸免。我们可以说，庄子主张泯是非、消彼此，但主张是一回事，自己能不能够做到是另一回事，真正能逍遥自在地处在环中，何其难哉！因为泯是非，消彼此，本来就是个极端行为，只有悬拟一个所谓的“道”在那里来统辖。是与非、彼与此是相对的，因此应该无是非，没彼此，从而统合于绝对之大道，即用绝对的相对，来达到绝对的“绝对”亦即道，“这种对‘道’的超越性理解和普遍性解释，正好为权势主义者所强调的君主权势至高无上而又广大普施，提供了宇宙依据”（葛兆光，《七世纪前中国的知识、思想与信仰世界》）。

换言之，非此即彼的思维方式可以说是我们文化传统中惯用的思维模式，这才使得你死我活的斗争哲学有了我们习焉不察的真正温床。非此即彼，最终达到的是对思想的绝对统一，只要手中有权

(强权和话语权)，我便是绝对真理。而非此即彼的思维方式，加上没有真正的宽容，以自己的是强加于人，有极强的征服欲，他人没有不做什么的自由和权利，这是先秦诸子的普遍招式。即便强调不应该互相争论的庄子，又何尝没有落入这种圈套之中？以此观诸今日，更是令人感慨万端。

目录

内篇

游得自由自在，也就是优游自得，便是逍遥游。那么得逍遥之真情实态，能在行动上实践它，并且达到一种不可言状的佳境，实在是普世之人都向往的事。退而言之，即便从日常生活之最低层次上来理解逍遥自在，也都符合人类的本性。合乎人类本性的事，至少会得到人内在的认同和赞许。

逍遥游

游得自由自在，也就是优游自得，便是逍遥游。那么得逍遥之真情实态，能在行动上实践它，并且达到一种不可言状的佳境，实在是普世之人都向往的事。退而言之，即便从日常生活之最低层次上来理解逍遥自在，也都符合人类的本性。合乎人类本性的事，至少会得到人内在的认同和赞许。要做到无待之真逍遥，固然不是常人能够达到的，也不是常人所能理解的。但逍遥究竟属于人本性的一部分，却是无可置疑的。所以庄子著书拿逍遥来开路，不只是他哲学思想的绝妙体现，而且是贯穿他顺乎自然之思想的最佳范本。逍遥既属人的本性，为何识得逍遥，做到逍遥，进而真正逍遥的人那么少呢？这就是庄子之所以著《逍遥游》之内在缘起吧。尽管他并不像孔子那样乐于教人，但看到自己同类处于悲苦而不自知的深渊，总不能无动于衷。也就是说庄子在“洸洋适己”的同时，客观上对暗昧不知之人也有昭示作用。单从这点来看，庄子也绝非一般学者所说的完全颓废自甘。

我认为庄子是先秦诸子甚至是中华文化中的异数，其行文之奇诡难测，汪洋恣肆，兔起鹘落，不可方物，固是独步千古的。更重要的是他思想之奇崛博大，深渊四布，矛盾吊诡，涉指古怪，似乎直达人类思考的极限边疆。有时想起我们的文化这样地丰富早熟，不免有些自得，甚而有些忘形。但奇怪的是，我越深入下去，内心就越加苍凉无比。文化的过早发达丰富，可以标志着一个民族的成熟。但一个民族过早成熟，就像一个儿童早熟一样，毕竟不是件让人欢喜的事。

我们文化的发展道路，似乎正好在应证一句俗语："小时了了，大未必佳。"这正是先秦诸子百家争鸣的大好局面屡屡被后人提及，值得我们骄傲，但像这种百舸争流的气象甚少在以后的中华文明进程中再次出现的原因。庄子本在讲顺乎自然的大道，但他及其他先秦诸子的出现反而好像使整个中华民族的文化成熟期提早到来，使民族文化丧失了其相对未成年时的自然状态。同时，这反过来证明了庄子以其顺乎自然的大道，与我们民族文化应有的按自然发展的理路之间出现的悖论。亦即一个民族的早期，就出现了西方文明在真正现代化后的反现代化现象，这实在是我们读先秦诸子包括《庄子》时应该多想一想的。如果说儒家文化到后来，不是利于开创，而是重于守成，那么庄子所倡导的就完全是以反文明姿态来完成某种"适已"的精神超越。这是毋庸讳言的。

北冥有鱼，其名为鲲。鲲之大，不知其几千里也。化而为鸟，其名为鹏。鹏之背，不知其几千里也。怒而飞，其翼若垂天之云。是鸟也，海运，则将徙于南冥。南冥者，天池也。

《齐谐》者，志怪者也。《谐》之言曰："鹏之徙于南冥也，水击三千里，抟扶摇而上者九万里，去以六月息者也。"野马也，尘埃也，生物之以息相吹也。天之苍苍，其正色邪？其远而无所至极邪？

其视下也，亦若是则已矣。

且夫水之积也不厚，则其负大舟也无力。覆杯水于坳堂之上，则芥为之舟，置杯焉则胶，水浅而舟大也。风之积也不厚，则其负大翼也无力。故九万里则风斯在下矣，而后乃今培风；背负青天而莫之夭阏[1]者，而后乃今将图南。

蜩与学鸠笑之曰："我决起而飞，抢榆枋，时则不至而控于地而已矣，奚以之九万里而南为？"适莽苍者，三飡[2]而反，腹犹果然；适百里者，宿舂粮；适千里者，三月聚粮。之二虫又何知！

小知不及大知，小年不及大年。奚以知其然也？朝菌不知晦朔，蟪蛄不知春秋，此小年也。楚之南有冥灵者，以五百岁为春，五百岁为秋；上古有大椿者，以八千岁为春，八千岁为秋，此大年也。而彭祖乃今以久特闻，众人匹之，不亦悲乎！

汤之问棘也是已：穷发之北，有冥海者，天池也。有鱼焉，其广数千里，未有知其修者，其名为鲲。有鸟焉，其名为鹏，背若太山，翼若垂天之云，抟扶摇羊角而上者九万里，绝云气，负青天，然后图南，且适南冥也。斥鴳笑之曰："彼且奚适也？我腾跃而上，不过数仞而下，翱翔蓬蒿之间，此亦飞之至也！而彼且奚适也？"此小大之辩也。

故夫知效一官，行比一乡，德合一君而征一国者，其自视也，亦若此矣。而宋荣子犹然笑之。且举世而誉之而不加劝，举世而非之而不加沮，定乎内外之分，辩乎荣辱之境，斯已矣。彼其于世，未数数然也。虽然，犹有未树也。

---

① 夭阏：阻碍，遏止。

② 飡：同"餐"。

夫列子御风而行，泠然善也，旬有五日而后反。彼于致福者，未数数然也。此虽免乎行，犹有所待者也。

若夫乘天地之正，而御六气之辩，以游无穷者，彼且恶乎待哉！

故曰：至人无己，神人无功，圣人无名。

起势的突兀，令人骇倒，但文章在奇思怪想中却富于层次与逻辑。思路清晰有致，脉络亦易探寻，但其行文忽而引证，忽而譬喻，忽而议论，“层层翻跌，笔笔盘旋”(胡文英《庄子独见·逍遥游》)，文复生文，喻中夹喻，波兴云起，大有令人应接不暇之慨。这种层层递进，正是庄子所说的“积厚”的方式，在其文章写作中的应用，也就表明他要表达的思想，毕竟要对文字有所依赖，真逍遥，其戛戛乎难哉！但即便如此，文章之烟波万状，莫测其端倪，已够后世景仰无已。鱼鲲之变开出幻境，得蜩与学鸠等的陪衬之助，似乎是庄子赞扬的对象，其实乃是欲扬先抑之“损招”。其实在庄子看来，学鸠固然与逍遥不着边际，就是鲲鹏、列子、宋荣子等也与逍遥境界相距十万八千里。一切都只是“若夫乘天地之正，而御六气之辩，以游无穷者，彼且恶乎待哉”的铺垫而已。

揆诸常理，行文至此似应收尾住笔，因为一般作者不敢作文章学中所忌讳之“赘文”，怕贻狗尾续貂之讥。因为通过野马、尘埃、大舟衬喻大鹏，借水与生物之息喻大风，而蜩、学鸠、朝菌、蟪蛄、冥灵、大椿、彭祖的互相对比、互相嘲笑——其实庄子意在嘲笑他们之间的嘲笑——已将“以游无穷”之意申述清楚，“逍遥游”的宗旨已然显豁呈露。但这种先作一篇文章的总论，接着再分别论述的方式，却是庄子文章一个独特而惯用的手法。如除《逍遥游》之外的《齐物论》《养生主》《人间世》《德充符》《大宗师》《应帝王》《秋水》《至乐》《达生》诸篇便是如此。所以“至人无己，神人无功，圣人无名”既是“逍遥游”的主旨以及对上文的总结，也是衔接下文的起点。

尧让天下于许由，曰：“日月出矣，而爝火不息，其于光也，不亦难乎！时雨降矣，而犹浸灌，其于泽也，不亦劳乎！夫子立而天下治，而我犹尸子，吾自视缺然。请致天下。”许由曰：“子治天下，天下既已治也，而我犹代之，吾将为名乎？名者，实之宾也，吾将为宾乎？鹪鹩巢于深林，不过一枝；偃鼠饮河，不过满腹。归休乎君，予无所用天下为！庖人虽不治庖，尸祝不越樽俎而代之矣。”

尧让天下于许由，爱玩寓言及重言的庄子——古人只是其思想的借代者和专设的辩论者而已——当然不必去考察其真伪而坐实其事，但后世有许多人将其当做史实来看，恐怕就不能因此漠然视之。像这样的将天下让来让去，正如明清戏剧家李渔所说“当日之天下竟不值一文钱，逢人即让，较小儿之视馅饼犹不若也”“此皆岩栖穴处者流自矜其高尚，故构此空中楼阁以耸听闻耳”(《论尧让天下于许由，汤让天下于卞随、务光》)，这点就像司马迁的《史记》里记载楚聘庄子为相的事一样，“史无其实……方外横议之士，多自夸时君聘我为相而逃之，其为寓言未可知也……”(黄震《东莱大事记》)。但对庄子来说，正因为许由是不可坐实的“岩栖穴处者”，才符合他要阐述的“圣人无名”的旨意。像尧那种儒家理想中的帝王，相对于“岩栖穴处者”的许由来讲，都是小巫见大巫而已，所以即便“六亿神州尽舜尧”，在庄子看来，也只是在大太阳天点蜡烛，在及时雨中放水浇苗那样可笑。

肩吾问于连叔曰：“吾闻言于接舆，大而无当，往而不返。吾惊怖其言，犹河汉而无极也，大有径庭，不近人情焉。”连叔曰：“其言谓何哉？”“曰：‘藐姑射之山，有神人居焉。肌肤若冰雪，绰约若处子；不食五谷，吸风饮露；乘云气，御飞龙，而游乎四海之外；其神凝，使物不疵疠而年谷熟。’吾以是狂而不信也。”连叔曰：“然。瞽者无以与乎文章之观，聋者无以与乎钟鼓之声。岂唯形骸有聋盲哉？夫知亦有之。是其言也，犹时女也。之人也，之德也，将旁礴万物以为一，世蕲乎乱，孰弊弊焉以天下为事！之人也，物莫之伤，大浸稽天而不溺，大旱金石流、土山焦而不热。是其尘垢秕糠，将犹陶铸尧、舜者也，孰肯以物为事！”

宋人资章甫[①]而适诸越，越人断发文身，无所用之。

尧治天下之民，平海内之政。往见四子藐姑射之山，汾水之阳，窅然丧其天下焉。

也许你会认为庄子所谓的无所待之人，亦即所谓神人、至人、圣人的三位一体，是虚无缥缈并不存在的，他说的话“大而无当，往而不返”。那没有关系。他早已虚构好连叔对肩吾的“教导”来完成对其怀疑者的驳斥，因为这一切都是他设置的辩论圈套，用来发明其“神人无功”而已。尧在缥缈的姑射山见到他的老师许由、许由的老师啮缺、啮缺的老师王倪、王倪的老师被衣(见《庄子·天地》篇)

---

① 章甫：殷朝的一种礼帽。

后，才觉得自己对国家的执著，竟像宋人给越人推销章甫帽那样愚不可及。

尧舜之世素被儒家称为治世，而在书籍文章中常加称颂，以为师范。但在庄子看来，他们所做的和他愚蠢的宋国同胞没有什么两样。他通过进一步打击尧的方式来讽刺儒家教义之不可靠，真所谓“擒贼先擒王”。不只是“致君尧舜上，再使风俗淳”要受嘲讽，就是孔子也只不过是拿来供庄子“教导”的一个靶子而已。

惠子谓庄子曰：“魏王贻我大瓠之种，我树之成而实五石。以盛水浆，其坚不能自举也。剖之以为瓢，则瓠落无所容。非不呺然大也，吾为其无用而掊之。”庄子曰：“夫子固拙于用大矣。宋人有善为不龟手之药者，世世以洴澼絖[①]为事。客闻之，请买其方百金。聚族而谋曰：‘我世世为洴澼絖，不过数金。今一朝而鬻技百金，请与之。’客得之，以说吴王。越有难，吴王使之将。冬，与越人水战，大败越人，裂地而封之。能不龟手一也，或以封，或不免于洴澼絖，则所用之异也。今子有五石之瓠，何不虑以为大樽而浮乎江湖，而忧其瓠落无所容？则夫子犹有蓬之心也夫！”

惠子谓庄子曰：“吾有大树，人谓之樗。其大本手拥肿而不中绳墨，其小枝卷曲而不中规矩。立之涂，匠者不顾。今子之言，大而无用，众所同去也。”庄子曰：“子独不见狸狌乎？卑身而伏，以候敖者；东西跳梁，不辟高下；中于机辟，死于罔罟。今夫斄牛[②]，其大若垂天之云。此能为大矣，而不能执鼠。今子有大树，患其无用，

---

① 洴澼：漂濯。絖：丝绵。

② 斄牛：牦牛，体大肥壮，行动不便。

何不树之于无何有之乡，广莫之野，彷徨乎无为其侧，逍遥乎寝卧其下。不夭斤斧，物无害者，无所可用，安所困苦哉！”

如果说孔子是庄子设置的一个供其拿来批评的靶子，那么惠施就更像一个与其互相驳难的“冤家”——见也见不得，见了就要互相教训嘲讽；离也离不得，惠施死后，庄子深感没有对手辩友的孤独。在庄子所有的辩难中，他与惠施的辩难都是非常有趣、万分幽默的，极尽讥诮之能事。惠施说庄子“大而无用”，而庄子则反唇相讥其“拙于大用”。其实惠施所强调的“用”只不过是他强调实用、社会的尺度而已，即一种学说应为社会所理解、接受，进而有用；而庄子则强调的是“独与天地精神往来”(《庄子·天下》)的“逍遥游”之绝对的、个人的尺度。在我看来，这里并没有轩轾高下之分，只有你追求什么的问题。

庄子主张无用之用，据此全身远祸，因为追求“用”正是祸根之所由。但看得清楚，认得深透，似乎很世故，并不表明他能即席拿来应用。换言之，没有韬晦也没有权术：我认为在文章中对世故极尽洞察之人，在现实生活的实际应用中并不高明，像韩非、李斯这样世故刻毒的人，最终都未能逃脱自毁的魔掌。这就像一个对股票说得头头是道的人，或者将彩票预测得活灵活现的人，并不是真正能够挣大钱的人一样。难怪庄子主张无用之用，也像股评家或者彩票预测者，正是因为他说的话无用，而据此获得一个职业，不至于下岗，说不定一不小心还能将不少人套进去，以谋自利。庄子有没有这种嫌疑呢？至少不能完全脱离干系。用文字专门来记载自己不为名不为利，就容易走入一种悖论之怪圈。至少在逻辑上你无法否认这点。这是庄子的矛盾，而矛盾造就了庄子的魅力，因为矛盾代表着对自身局限所作的超越性努力，尽管未能实现。

设若只将《庄子》当文学作品来读，那么庄子有一亿个赞美者，我决不吝啬做第一亿零一个赞美者。庄子虽属宋人，但与楚国有千丝万缕的联系，因此楚文化中神奇瑰丽的想象力，汪洋恣肆的文字，以及浪漫主义色彩触目皆是。因此我赞同王国维先生引用《庄子》中奇特的人、物、事来说明与《楚辞》之关系的研究："南人想象力之伟大丰富，胜于北人远甚。彼等巧于比类而善于滑稽，故言大则有若北冥之鱼，语小则有若蜗角之国，语久则大椿冥灵，语短则蟪蛄朝菌。至于襄城之野，七圣皆迷；汾水之阳，四子独往。此种想象，决不能于北方文学中发见之。"(《静庵文集续编·屈子文学之精神》)我们要承认庄子奇特超迈的想象力，在先秦诸子及我们的文化中都十分罕见，但对这种奇诡的文字，我们应部分采取史学家吕思勉的态度："其所以看似诙诡者，以当时言语程度尚低，抽象之词已少；专供哲学用之语，更几于绝无；欲说高深之理，必须取譬于实事实物；而眼前事物，欲以说明高深之理极难；故不得不如是也。此等处宜深探其意而弗泥其辞；苟能心知其意，自觉其言虽诙诡，而其所说之理，实与普通哲学家所说无殊矣。至于世俗评文之家，竟谓诸子有意于文字求奇，其说更不足论。"(《经子题解》)但世俗评文家(包括后世服膺庄子的文学家如李白、苏东坡等)与史学家、哲学家的认知态度有别，主张从文学的角度去看待它，自有其认识的价值，不可一概以"不足论"来全数扫灭。

庄子是个集理想主义、悲观主义、怀疑论、相对论于一身的人，他认为用有限思维去思考充满矛盾的信仰和迷惑的宇宙，不仅不是件容易的事，而且还很危险。庄子的相对论，使其对绝对的东西充满戒心与怀疑，如与惠施之辩中主张无用之用，而惠施拙于大用，其实也就证明“用”是相对的。但庄子在证明如何真能“逍遥”时，只定下了“无待”这唯一标准，却多少进入了决定论和一元论的泥潭之中。不过，庄子这样的矛盾是贯穿他全书的。当然这是我这样的“小知”之人的看法，庄子本人当然丝毫不觉其矛盾。而矛盾也成了他思想魅力的一部分。

齐物论

有人以庄子鄙视言辩论说，来否认刘勰“庄周齐物，以论为名”(《文心雕龙·论说》)的说法，即否认“齐物论”之“论”是一种体裁；有人则说“物论”当连读，所谓齐各家各派的议论；而有的更说“论”同“伦”，意谓万物虽殊，而伦次辈分则一，最终是无高低贵贱。你看，就“齐物论”的意义以及“论”字之义都成争论不休的问题，正好表明论之不易齐，万物更不易齐，所谓“齐物”只是个理论探讨，必须依据有一个超验的既定本原在那里，否则最终会陷入不可知论的泥潭之中。反过来说这些释“齐物论”的学者，都进入庄子“齐物论”的阐释圈套，而成了“齐物论”不折不扣的阐释对象，须要论证其本身的被齐。但接着的问题是，须要论证其齐，正好表明万物不齐。最好的是用“齐万物”的办法，来证明关于“齐物论”的阐释都有些道理，但都未尽全义。于是有庄子研究者如张默生等主张合而观其义，而得全体(见《庄子内篇新释》)。当然用齐来看待所有物议，那么关于“齐物论”的三种意见之争就没有多少意义了。

庄子认为，“彼出于是，是亦因彼”，彼此互为依存，无此则无彼，不分彼此，也就消泯了彼此，从而齐万物。于是宇宙中的事物彼此可以互为转化，那么多巧立名目、巧设概念就纯属多余。但庄子齐万物，要脱出彼此“不齐”亦即充满歧异区别的泥坑，只有一个，那就是在超验的“道”上才能得以实现，“天地与我并生，万物与我为一”。所以庄子主张不辩不争，自然他对诸子百家的雄辩抗争就极尽讥讽之能事，虽然他也不得不辩，不得不争，又进入一种不得不自入圈套的吊诡状态。于是面对无穷的是非，他特别不主张有什么坚定的立场，而是要处于无是非的环中，才能应付这一切的纷扰纠缠。解决相对论的办法，不是大辩不止，而是默言不辩，物我两忘。换言之，所谓的矛盾诸如大小、贵贱、寿夭、生死、荣辱、成毁、然和不然、可与不可等之分野，完全是出于人之“执我”、有“成心”、执著是非而造成的。

先总论、后分论的文章格局一如《逍遥游》，而且都是在文章的中间一带藕断丝连，奇峰突起。开篇谈“人籁”“地籁”“天籁”，重在“丧我”，而至“吾独且奈何哉”一节，已经阐发了本文题旨，即所谓“是非”缘于“成心”。但似乎后面与前面的关系不大，而且越来越远。不过，庄子以“言非吹也”来接开篇中之谈“吹万”。接着说诸子百家的是非争论是多么迂执可笑，最后以庄周梦蝶来喻“物化”以照应开篇之“丧我”，互相勾连，奇诡而严谨。

南郭子綦隐机而坐，仰天而嘘，苔焉似丧其耦[①]。颜成子游立侍乎前，曰：“何居乎？形固可使如槁木，而心固可使如死灰乎？今之隐机者，非昔之隐机者也？”子綦曰：“偃，不亦善乎，而问之也！今者吾丧我，汝知之乎？女闻人籁而未闻地籁，女闻地籁而未

① 苔焉似丧其耦：苔焉：遗弃形体的样子；丧其耦：忘记形体。

闻天籁夫！”

子游曰：“敢问其方。”子綦曰：“夫大块噫气[1]，其名为风。是唯无作，作则万窍怒呺。而独不闻之翏翏乎？山林之畏佳，大木百围之窍穴，似鼻，似口，似耳，似枅[2]，似圈，似臼，似洼者，似污者。激者、謞者[3]、叱者、吸者、叫者、譹者[4]、宎者[5]、咬者。前者唱于而随者唱喁，泠风则小和，飘风则大和，厉风济则众窍为虚。而独不见之调调之刁刁乎？”

子游曰：“地籁则众窍是已，人籁则比竹是已，敢问天籁？”子綦曰：“夫吹万不同，而使其自已也。咸其自取，怒者其谁邪？”

世间万物，无不纷繁杂陈，应属客观现象；而主观之看法，更是千差万别。主观阐释自难契合客观现象，而客观现象也不去俯就人的主观意见。这就注定了是非纷起，议论横生，无不自以为是，而以他人为非。于是庄子主张“丧我”类似于“坐忘”或“心斋”，从躯体上看是“形若槁木”类同“堕肢体”；从心智上看，是“心如死灰”如同“黜聪明”。这与《逍遥游》里的“无功”“无名”辞异而实同，达到这种境界也就无待而逍遥，同理这样就可齐万物。但在本段论述天籁、人籁、地籁时，集中对纷乱杂陈的地籁的各种表现形状着力铺陈，以便对下面将论及的万物不齐的客观现象和是非纷起的主观论断，作出暗示和铺垫。

---

① 大块噫气：大气万物因孔窍饱满而发出的声音。

② 枅：木柱上的横木，此处代指横木上的方孔。

③ 謞者：如同响箭的声音。

④ 譹者：类号哭声。

⑤ 宎者：似狗吠声。

大知闲闲，小知间间；大言炎炎，小言詹詹。其寐也魂交，其觉也形开。与接为构，日以心斗。缦者，窖者，密者。小恐惴惴，大恐缦缦。其发若机栝[1]，其司是非之谓也；其留如诅盟，其守胜之谓也；其杀若秋冬，以言其日消也；其溺之所为之，不可使复之也；其厌也如缄，以言其老洫也；近死之心，莫使复阳也。喜怒哀乐，虑叹变慹[2]，姚佚启态。乐出虚，蒸成菌。日夜相代乎前，而莫知其所萌。已乎，已乎！旦暮得此，其所由以生乎！

非彼无我，非我无所取。是亦近矣，而不知其所为使。若有真宰，而特不得其眹。可行已信，而不见其形，有情而无形。百骸、九窍、六藏，赅而存焉，吾谁与为亲？汝皆说之乎？其有私焉？如是皆有为臣妾乎？其臣妾不足以相治乎？其递相为君臣乎？其有真君存焉！如求得其情与不得，无益损乎其真。一受其成形，不亡以待尽。与物相刃相靡，其行尽如驰而莫之能止，不亦悲乎！终身役役而不见其成功，苶然[3]疲役而不知其所归，可不哀邪！人谓之不死，奚益！其形化，其心与之然，可不谓大哀乎？人之生也，固若是芒乎？其我独芒，而人亦有不芒者乎？

世间纷扰，全缘于不停的争斗，挖空心思去拼搏，绞尽脑汁争输赢，无穷无尽论是非。而这样的实际情状均起因于人有“成心”——恰如成玄英所说“夫域情滞著，执一家之偏见者，谓之成心”——师心自用，自以为是。自以为是的直接后果便是，用自己的是非标准来

① 机栝：快速发出的弓箭。

② 慹：忧惧过度。

③ 苶然：疲倦的样子。

看待别人的见解，更进一步据此判剖大道，因而只见其偏，不见其全。简言之，一叶障目，不见泰山。往更深的地方看，一个人不知有一个无迹象可求之天然的“真君”领导着全身，至死不悟，于是经营驰逐，佻冶纵逸，洋洋得意而忘形，不能放怀观物，体变任化，所以不能达致心斋坐忘。

“真君”如同“真宰”一样，在庄子看来，是世间万物所以生化的总原理，在某种范畴上如同“道”在其著作中的含义。而排解纷扰的是非，最终得用存于世界万物根本的“道”才能完成，如同柏拉图的“理念”在其著述中的重要性一样。因为“理念”就是一事物之所以成为那一事物的本质、根源，而“真宰”和“道”作为事物的共相，亦是如此。黑格尔说只有“这种共相自在自为的真实存在，是本质、是唯一具有理性的东西”（《哲学史讲演录》），那么庄子就是以汪洋恣肆的“非理性”形式，辅以浅显之生动例证，来表达并完成其所要论证的“唯一具有理性的东西”，从而达成对相对论的部分超越。这也就是学者张默生所说的庄子的学说是“哲学的文学，文学的哲学”（《庄子内篇新释》）。

夫随其成心而师之，谁独且无师乎？奚必知代而心自取者有之？愚者与有焉！未成乎心而有是非，是今日适越而昔至也。是以无有为有。无有为有，虽有神禹且不能知，吾独且奈何哉！

由地籁之铺陈天籁与人籁、地籁之区别，进而用百骸、九窍、六藏论述阐发，反复论证，顾“成心”而失“真宰”，是世界是非四起、大小有差、贵贱有别、万物殊异的原因。而阐述此种思想所用佻挞之比喻，用似问似诘、一反一复的行文方式，如瀑布之翻跌而下，訇然有声，继而层层剥笋而出，方使人有如在迷宫之中仍能看见使其明朗的线索，从那里寻绎出“齐物”之要妙所在。要之，此段在《齐物论》中尤有承上启下之功效，恰如一夫所当之雄关，上连要塞，下接险道，作为篇章关锁犹如兵家必争之地理位置。而通过此关，则下面的篇章更趋波澜起伏，终至无限开阔的局面。而“今日适越而昔者至”，虽系庄子借用惠施语句，但是用来指陈“成心”与“是非”关系，真是千古妙论，令人绝倒。

夫言非吹也，言者有言。其所言者特未定也。果有言邪？其未尝有言邪？其以为异于鷇音，亦有辩乎，其无辩乎？道恶乎隐而有真伪？言恶乎隐而有是非？道恶乎往而不存？言恶乎存而不可？道隐于小成，言隐于荣华。故有儒墨之是非，以是其所非而非其所是。欲是其所非而非其所是，则莫若以明。

物无非彼，物无非是。自彼则不见，自是则知之。故曰：彼出于是，是亦因彼。彼是方生之说也。虽然，方生方死，方死方生；方可方不可，方不可方可；因是因非，因非因是。是以圣人不由，而照之于天，亦因是也。是亦彼也，彼亦是也。彼亦一是非，此亦一是非。果且有彼是乎哉？果且无彼是乎哉？彼是莫得其偶，谓之道枢。枢始得其环中，以应无穷。是亦一无穷，非亦一无穷也。故曰：莫若以明。

你肯定的，我否定；我肯定的，你否定。换言之，凡是敌人反对的，我们就拥护；凡是敌人拥护的，我们就反对。这些都是一元论或者决定论的做法，以为绝对真理在握的斗争哲学。经营驰逐，往往生于“成心”，即出于人自己的局限所带来的偏见。你是我非，我是你非，最直接的后果是导致了他们互相证伪——我主张用英国哲学家波普尔在科学哲学上的“证伪”概念，即科学是理性不断作出的假说，而这假说不断遭到批判，即被证伪——那么最终就会得出儒墨两家的是非之争无一是无一不是，也就是无是非之争的结论。因为它们双方都不断遭到批判，不管是也好非也好，都是同样被非难的命运。只有可证伪的陈述才是科学的，那么通过上述的论断，可以阶段性地得出天下无是非就是“科学”的。但是必须有个大前提不被怀疑——事实正是在这一点要继续遭到批判，而使天下无是非判断的科学性打了折扣，我将在后文详述——即宇宙的最后根源“道”不被怀疑。作为庄子学说基石的“道”若不被怀疑，那么庄子哲学的大厦，就还有其坚固之处。

按照世界上没有任何东西有不被怀疑的豁免权(当然包括这句话本身)的常识，庄子的思想基础“道”也不能幸免。那么庄子学说的有效性，即可悬挂许多问号。庄子哲学所否定的东西正好暗藏着拱翻其基石的危险性，比如分析哲学，譬如波普尔的猜想——反驳亦即反归纳主义——证伪主义方法，就可能是其中的利刃。

但庄子的伟大和聪明在于，他靠其敏锐的相对主义认识论，就是不要执我，因而主张置身在圆环的虚空里。身处环中，你若拿来作为处理现实生活的方法，可以说有某种世故，但是他意识到你们所争确属无聊，为什么不可处在环中，以应你们的无穷之变呢？尤其是在生命与自由思想没有保障的情况下。而且从哲学意义上看，这种认识论破除无条件地站立在某种立场——这种立场往往以革命的名义——实在是消解自以为是的极权主义和权威主义的方法，这是庄子至今仍值得我们言说和铭记的地方。

以指喻指之非指，不若以非指喻指之非指也；以马喻马之非马，不若以非马喻马之非马也。天地一指也，万物一马也。

可乎可，不可乎不可。道行之而成，物谓之而然。恶乎然？然于然。恶乎不然？不然于不然。物固有所然，物固有所可。无物不然，物无不可。故为举莛与楹，厉与西施，恢恑憰怪，道通为一。

其分也，成也；其成也，毁也。凡物无成与毁，复通为一。唯达者知通为一，为是不用而寓诸庸。庸也者，用也；用也者，通也；通也者，得也。适得而几矣。因是已。已而不知其然，谓之道。劳神明为一而不知其同也，谓之“朝三”。何谓“朝三”？狙公赋芧，曰：“朝三而暮四。”众狙皆怒。曰：“然则朝四而暮三。”众狙皆悦。名实未亏，而喜怒为用，亦因是也。是以圣人和之以是非，而休乎天钧，是之谓两行。

庄子以综合的、反名学的观点指陈公孙龙在《指物论》和《白马论》中所言之指非指、白马非马的诡辩，这当然是顺理成章的事情。因为公孙龙对天下事物主辨析、辨疑似。庄子主张混混沌沌，大综合大统一，而不必去进行不必要的分析，因为是非终是并不存在的，所谓“道通为一”，也就是天下所有事物的共相都与“道”相通，并无轩轾。在上一节里庄子已经指出对儒墨之争论不休的态度是“莫若以明”，就是证其互相证伪——有人认为，莫若以明，就是用空明若镜的态度来观照万物(方勇、陆永品《庄子诠评》)——也就是好使彼此自见其蔽；用“道枢”来调解和统一彼此的矛盾，并且凭借一“因”字来判明一个人观察万事万物的态度。

蠢人和蠢猴子没有什么区别，于是庄子就用狙公对待猴子的态度，将蠢人调侃个够。钱钟书先生对此有言：“‘朝三暮四’与‘朝四暮三’，所以明‘名实不亏’而‘喜怒为用’。盖三四、四三，颠之倒之，和仍为七，故‘实’不‘亏’而‘名’亦未‘亏’。”(《管锥编》)但这种有“成心”的蠢猴子，狙公只要做到“亦因是也”，顺众狙的自然而已。此一“因”字实在是泯灭是非、混同彼此所必须做到的。而众多的争辩、是非、彼此，实乃一“因”字便可消解得了，一个“因”字就是无为顺天，正如老子所谓，无为而无不为，所以“和之以是非而休乎天钧”。

但无论怎样，庄子还是在批判儒墨、公孙龙诸辈，既如此，也免不了较是非彼此。换言之，庄子用自己的学说批驳别人那种学说，那么他学说的自适性、周延性又何在呢？下面的议论就会涉及这样的难题。

古之人，其知有所至矣。恶乎至？有以为未始有物者，至矣，尽矣，不可以加矣！其次以为有物矣，而未始有封也。其次以为有封焉，而未始有是非也。是非之彰也，道之所以亏也。道之所以亏，爱之所以成。果且有成与亏乎哉？果且无成与亏乎哉？有成与亏，故昭氏之鼓琴也；无成与亏，故昭氏之不鼓琴也。昭文之鼓琴也，师旷之枝策也，惠子之据梧也，三子之知几乎皆其盛者也，故载之末年。唯其好之也以异于彼，其好之也欲以明之。彼非所明而明之，故以坚白之昧终。而其子又以文之纶终，终身无成。若是而可谓成乎，虽我亦成也；若是而不可谓成乎，物与我无成也。是故滑疑之耀，圣人之所图也。为是不用而寓诸庸，此之谓“以明”。

庄子的视角很独特。打一个不伦的比喻，他就像一个开车的司机一样，只注意反光镜和后视镜，却不大注意前灯。越倒车或者越往后看，越能看出大道来。他的观点是越远古的人越能达到高境界，因为他们至于混混沌沌不辨一物，或者干脆认为在宇宙都没有诞生以前，道是保留得最好的。到后来的人生出许多观念，添了不少妄念，更有了堆积如山的“成心”，于是道便日益亏损而终至隐没了。

但问题又在于，道恐怕并不因后来的是非而隐没。要是那样的话，智慧如孔子等人不仅与大道无缘，甚至是旁门左道，那么连庄子本人的证明，也是不可靠的。因为庄子所论证的“道”离混沌无物的时候，也已很远了。那么庄子又怎能穿过时光隧道，泯灭所有的是非而进入浑全冥漠的混沌之中而得大道呢？用语言来作解释，尤其离道甚远。因为在最深处，语言是遮蔽而非交流的。但他若不着一字，我们又怎知他得了道？那么最终只有悟道一途，别无他法。那么怎样悟道呢？就是混沌无物，没有是非。不过，按文化的累积及集体无意识，我们后来者固然不可能得这个玄之又玄的道，恐怕连庄子离此也差得很远。

今且有言于此，不知其与是类乎？其与是不类乎？类与不类，相与为类，则与彼无以异矣。虽然，请尝言之：有始也者，有未始有始也者，有未始有夫未始有始也者。有有也者，有无也者，有未始有无也者，有未始有夫未始有无也者。俄而有无矣，而未知有无之果孰有孰无也。今我则已有谓矣，而未知吾所谓之其果有谓乎？其果无谓乎？

天下莫大于秋豪之末，而大山为小；莫寿于殇子，而彭祖为夭。天地与我并生，而万物与我为一。既已为一矣，且得有言乎？既已谓之一矣，且得无言乎？一与言为二，二与一为三。自此以往，巧历不能得，而况其凡乎！故自无适有，以至于三，而况自有适有乎！无适焉，因是已！

夫道未始有封，言未始有常，为是而有畛也。请言其畛。有左有右，有伦有义，有分有辩，有竞有争，此之谓八德。六合之外，圣人存而不论；六合之内，圣人论而不议；春秋经世先王之志，圣人议而不辩。故分也者，有不分也；辩也者，有不辩也。曰：何也？圣人怀之，众人辩之以相示也。故曰，辩也者，有不见也。夫大道不称，大辩不言，大仁不仁，大廉不嗛[①]，大勇不忮[②]。道昭而不道，言辩而不及，仁常而不成，廉清而不信，勇忮而不成。五者无弃而几向方矣！故知止其所不知，至矣。孰知不言之辩，不道之道？若有能知，此之谓天府。注焉而不满，酌焉而不竭，而不知其所由来，此之谓葆光。

庄子终于说出了他的尴尬：不管庄子的观点与先秦其他思想家的看法是不是“一路货色”，但就大发议论、滔滔不绝这点来说，与别人的没有什么区别，多少有点一路货的味道。一路货还证明别人的是非干什么？还认为别人不得道，还不够混同为一，离道甚远，这不是可笑吗？但庄子就是庄子，他清醒地意识到这个问题的严重性，但他

① 不嗛：不露锋芒。

② 不忮：不逞血气之勇。

的方子也就是“不得已”，不得不说。对此，学者蒋锡昌曾说：“盖前谓万物有无不可认真，则名相既绝，言说亦无。今庄子所以有说者，明其说之不得已也。”（《庄子哲学》）

庄子又说，道的特性有点古怪，你不说它，你不去追求它，你不去攀附它，你不对它死皮赖脸加勇敢，说不定还能得到。这就是说“道昭而不道”——道一经说明，便不是真道。因为任何推向极端的论点，便不能自我周延，这就使他陷入矛盾之中，从而消解自己此前已立论之大厦。再打一个不伦的比喻，这就像极权统治，各个机关都甚是严密，但最终要被自己消解，这就是大家所说的“自掘坟墓”。

但是庄子的确不同凡响，他继续向我们推销他陷入尴尬境地的解药，即将吊诡的言论作出进一步的阐释。不管这种解释让我们信服与否，这种智慧与勇气，毕竟是值得我们效仿的，犹如波普尔所说：“尝试了解这个世界是值得的，即使在尝试这样做时，我们所获知的仅仅是自己所知不多。这种认识到无知的状况可能有助于解决我们的许多麻烦。尽管我们各人所有的各种点滴知识大不相同，在无限的无知上却全都一样，记住这一点对我们所有人都会是有益的。”（《猜想与反驳》）

故昔者尧问于舜曰：“我欲伐宗、脍、胥敖，南面而不释然。其故何也？”舜曰：“夫三子者，犹存乎蓬艾之间。若不释然，何哉？昔者十日并出，万物皆照，而况德之进乎日者乎！”

拿尧帝开涮成为庄子常用招数之一，其内容同于《逍遥游》中关于尧帝的形象，其实尧帝是儒家的一个代号而已。禹是不是一条虫，尚可讨论，但真正的史学家是拒绝接受这些为中国人的文明史“争光”的虚构人物的。由于《庄子》的编辑成书经历了漫长的过程，衍文缺漏、错简失序就在所难免。因此，我赞同张默生先生的论述：“然此段有人疑为伪作，我也觉得此段的文理，在《齐物论》中不甚调协，虽可勉强解释，终觉不洽于心，想是他篇的文字，错简于此。”(《庄子内篇新释》)

啮缺问乎王倪曰：“子知物之所同是乎？”曰：“吾恶乎知之！”“子知子之所不知邪？”曰：“吾恶乎知之！”“然则物无知邪？”曰：“吾恶乎知之！虽然，尝试言之：庸讵知吾所谓知之非不知邪？庸讵知吾所谓不知之非知邪？且吾尝试问乎女：民湿寝则腰疾偏死，鳅然乎哉？木处则惴栗恂惧，猨猴然乎哉？三者孰知正处？民食刍豢，麋鹿食荐，蝍蛆甘带[①]，鸱[②]鸦耆鼠，四者孰知正味？猨猵狙以为雌[③]，麋与鹿交，鳅与鱼游。毛嫱丽姬，人之所美也；鱼见之深入，鸟见之高飞，麋鹿见之决骤，四者孰知天下之正色哉？自我观之，仁义之端，是非之涂，樊然淆乱，吾恶能知其辩！”啮缺曰：“子不知利害，则至人固不知利害乎？”王倪曰：“至人神矣！大泽焚而不能热，河汉沍而不能寒，疾雷破山、飘风振海而不能惊。若然者，乘云气，骑日月，而游乎四海之外，死生无变于己，而况利害之端乎！”

庄子给其虚构人物取名字，在我们今日的人看来，是很古怪的。

---

① 蝍蛆甘带：蜈蚣以蛇脑为甘美之食。蝍蛆：蜈蚣；带：蛇。

② 鸱：猫头鹰的一种。

③ 猨猵狙以为雌：雄性猵狙，好与雌猿交配。

有很高道行的人往往是那些奇形怪状的人物，但其名字又有深意藏焉。因此王元泽说：“啮缺者，道之不全也；王倪者，道之端也。庄子欲明道全与不全而与端本，所以寓言于二“子”也。”(《南华真经新传》，转引自方勇、陆永品《庄子诠评》)了解庄子给其虚构人物取名字这个套路，对理解庄子文章的寓意和整体思想不无小补。

啮缺与王倪的一问一答，阐述“正处”“正味”“正色”端赖人和物的需求、认识不同而大相径庭。其中蕴含了“所有的价值标准都是相对的”这个道理，因为每一个价值标准都形成了对另一价值标准的否定。其实最终所要达到的，是不要什么价值标准，即对各种纷乱的价值标准的摧毁以及相应体系的颠覆。一方面人是主观的，就像古希腊哲学家普罗泰戈拉所说的“人是万物的尺度”，柏拉图说这一命题里包含了“一切都被说成是相对的”，换言之，“风对于感觉冷的人是冷的，对于感觉不冷的人是不冷的”(《泰阿泰德》)；另一方面，人与物相比，在有一种主观性，从而产生相对性。庄子“发觉人的认知能力在本性上是亏缺不全的，人所能认知到的是极为有限的、相对的，这是无法改易的固然”(崔大华《庄学研究》)。而且在人与其他物类的感知主体的感知能力之差异中，庄子也意识到相对性的无处不在。而后世用“沉鱼落雁之容，闭月羞花之貌”来形容女子的美色，其实是人把自己的主观性完全强加在动植物上所造成的。人以为美的，就认为动植物也会这样看待，是典型的人类沙文主义。反而是庄子的相对论观点，即对人所谓美的人物或东西，“鱼见之深入，鸟见之高飞，麋鹿见之决骤”，更接近可能的事实。

瞿鹊子问乎长梧子曰："吾闻诸夫子，圣人不从事于务，不就利，不违害，不喜求，不缘道，无谓有谓，有谓无谓，而游乎尘垢之外。夫子以为孟浪之言，而我以为妙道之行也。吾子以为奚若？"

长梧子曰："是黄帝之所听荧也，而丘也何足以知之！且女亦大早计，见卵而求时夜，见弹而求鸮炙。予尝为女妄言之，女以妄听之。奚旁日月，挟宇宙，为其吻合，置其滑涽，以隶相尊？众人役役，圣人愚芚，参万岁而一成纯。万物尽然，而以是相蕴。予恶乎知说生之非惑邪！予恶乎知恶死之非弱丧而不知归者邪！

"丽之姬，艾封人之子也。晋国之始得之也，涕泣沾襟。及其至于王所，与王同筐床，食刍豢，而后悔其泣也。予恶乎知夫死者不悔其始之蕲生乎？梦饮酒者，旦而哭泣；梦哭泣者，旦而田猎。方其梦也，不知其梦也。梦之中又占其梦焉，觉而后知其梦也。且有大觉而后知此其大梦也，而愚者自以为觉，窃窃然知之。君乎，牧乎！固哉丘也！与女皆梦也！予谓女梦，亦梦也。是其言也，其名为吊诡。万世之后，而一遇大圣，知其解者，是旦暮遇之也。

生与死，梦与醒，是与非，彼与此，得与失，都只不过是人的幻觉而已。比人生若梦更进一层的是，人生本身就是梦，你认为是梦，其实可能是梦中之梦。所谓清醒者，只不过是自以为清醒罢了，其实仍在梦中。说别人在梦中的人，其实未必自己的一切活动及看法就不是一个梦。总之一切都像一场梦，因此本节与上述诸段一样，都扣合"天地与我并生，而万物与我为一"的题旨。

而庄子解决吊诡的方法，便是用对立统一的方法去调和，去泯灭，而这种方法不是一般人所能掌握的。所以能悟大道的人总是极少的，如闻一多先生所说："解人难得，万世一遇，犹朝夕遇之。此言众人闻之，以为吊诡，遇大圣则解之矣。"(《庄子章句》)对于梦以及梦中之梦，没有比庄子的异代异域知己博尔赫斯更出色的了，他不少的小说似乎都有陷入梦中之梦的特点，《圆形废墟》是其中最典型的篇章。文中的"他"用梦创造了一个"儿子"，最终才知道自己只不过是他人的一个梦。博尔赫斯便是万世之后"旦暮遇之"的解人，只是他用的方法是小说创作。

"既使我与若辩矣，若胜我，我不若胜，若果是也，我果非也邪？我胜若，若不吾胜，我果是也，而果非也邪？其或是也，其或非也邪？其俱是也，其俱非也邪？我与若不能相知也，则人固受其黮暗，吾谁使正之？使同乎若者正之，既与若同矣，恶能正之？使同乎我者正之，既同乎我矣，恶能正之？使异乎我与若者正之，既异乎我与若矣，恶能正之？使同乎我与若者正之，既同乎我与若矣，恶能正之？然则我与若与人俱不能相知也，而待彼也邪？"

"何谓和之以天倪？"曰："是不是，然不然。是若果是也，则是之异乎不是也亦无辩；然若果然也，则然之异乎不然也亦无辩。化声之相待，若其不相待。和之以天倪，因之以曼衍，所以穷年也。忘年忘义，振于无竟，故寓诸无竟。"

罔两[1]问景曰："曩子行，今子止；曩子坐，今子起；何其无特操与？"景曰："吾有待而然者邪？吾所待又有待而然者邪？吾待蛇蚹蜩翼邪？恶识所以然？恶识所以不然？"

---

① 罔两：影子之影。

辩论的无用，从无辩论的标准上看，就知道是无用的。因为没有谁正确与否，从谁的角度来看都会无法下判断。最好的办法，便是用天倪来调和是非。其实庄子将事物的相对性绝对化，从而也就将事物的相对性给抹杀了。所谓在更高层次上的统一，如果按辩证法的意思，便是螺旋上升，认识新事物的基础。而“道”作为泯灭是非的合题(假如“是”是正题，“非”是反题)，同时又会成为新认识的一个起点，或作正题，或作反题而已。倘若不是，那么“道”最终只会作为理念悬存在那里。倘若要将“道”进行分析，那么“道”便变成万物的本体而不可求，只可悟——“是不是，然不然”，而最终走向完全的直觉感(顿)悟，即禅宗常用的修行手段，这也是后世老庄研究(包括对其意义的阐释)与禅宗合流的原因之一吧。

昔者庄周梦为胡蝶，栩栩然胡蝶也。自喻适志与，不知周也。俄然觉，则蘧蘧然周也。不知周之梦为胡蝶与？胡蝶之梦为周与？周与胡蝶则必有分矣。此之谓物化。

按世人的眼光来看，庄子与蝴蝶毕竟有区别，但庄子通过自己梦为蝴蝶之事，没有了自己，醒后又不知自己于梦中曾为蝴蝶的事，于是看不出蝴蝶与自己究竟有什么区别。梦与觉者只不过是道的物化现象而已。其要在破除我见，而与万物混同，即所谓齐万物，泯是非。诚如日本庄学家福永光司所说：“依世间的常识，蝴蝶是蝴蝶，不是人；人是人，不是蝴蝶。但在‘天地一指也，万物一马也’的真实世界，则蝴蝶可不异于人，人可不异于蝴蝶。因此，是庄周梦为蝴蝶，

还是蝴蝶梦为庄周，都不是什么要紧问题。”(《庄子——古代中国的存在主义》)

万物本来不齐，但庄子偏要去齐它，于是论证诸子百家之非，庄子用尽千种比喻，使尽万般例证，其行文正“如九曲黄河，惊涛骇浪，蜿蜒千里，但先以‘丧我’发端，此以‘物化’结局，首尾相连，思绪贯穿，万变不离其宗，始终在着意阐发既定齐物论的主旨”(方勇、陆永品《庄子诠评》)。其实在我等看来，庄子费尽心力去辩论“齐万物”，说明齐物之不易，正好表明万物不齐正是万物的天性。既然万物不齐成全了各自葆有自己的天性，所以才有人睡潮湿处要瘫痪，而泥鳅于此优哉游哉，这不只是没有共同标准的问题，更主要是物随其性的问题。那么物随其性的话，便不应该生硬地去求同，进而求同是。

庄子齐万物，泯是非，是对个体作为主体的忽视和砍杀。而掌权者，正是从万物混同的角度，用权力来剥夺他人的权利，尽为自己所有。用虚幻的“齐万物”、政治上的无政府主义来达其乌托邦之类的美好社会，于是上古尧舜(我个人认为不存在这样的社会)成为模仿的榜样，或者干脆是现实生活中的专制政权，用此来为其合法性、合理性曲为辩护。虽然这不能说是庄子的过错，但这说明一个绝对化——一定要齐万物，或者自认为万物是齐的，或者把万物皆齐看成是不用证明的公理——的学说之漏洞，被现实利用，所带来的后果是不堪想像的。睿智的庄子曾批评儒家说“焉知曾、史之不为桀、跖嚆矢也”(《在宥》)，其实庄子以反圣人的面目出现，建立了类似于圣人的新权威，那么庄子怎么防备他不陷入圣人是强盗的响箭这一尴尬的现实呢？

其实庄子的矛盾他自己早已看出，自己长篇大论与各家辩论，阐发自己“齐万物”的思想，实在是不得已。其实语言身为语言，就是人为而非天然，是具有自身意义而不能说其无区别的。哪怕相近的语词，也有细微的区别，除非其完全等同——若语境不同，完全相同的语词也有不同，或者有用者自行创设者——也就是说，用语言来表达绝对的混同，本身就会陷入悖论。既然语言所表达的意义各各不同，那么语言往最深处便不可避免地出现其对自身的遮蔽性，“情到深处人孤独”，便是这种状态的最好形容。最终解决办法，则只有用悖论来调和，或者甚至是诡辩了。对于此，思想家王夫之说过庄学是“随说随扫”，吊诡之言当然只有“随说随扫”，否则就成为障碍而不能通向“大道”。如果我同意这个说法，那么不看庄子的论述，更能通向大道。这又一次构成了庄子对自己的否定。而这种否定不是他的自觉，而是他自身不能解决的。

在愚笨如我者看来，一篇《齐物论》文章虽然做得漂亮，思辨能力也堪称上乘，却正是物之不齐的证据。用个不恭的比喻，这就像一个犯罪嫌疑人，在法庭上信誓旦旦，用言论证明自己之无辜，最终却证明其是伪证，其长篇大论的言说，最终带有自我消解性。依照波普尔的说法便是，“道”虽好，好像是辩证的统一——他强调万物没有矛盾，无是非，其实是无法真正证实的——但自己的证明构成对自己的消解。用逻辑学上矛盾律的说法是，两个互相矛盾的陈述绝不可能同真，那么一个由合取二矛盾陈述所组成的陈述，根据纯粹逻辑理由，必定被斥为虚假的。庄子使劲批评先秦名学是有道理的，因为事实证明，只有逻辑学才能破除庄子“齐万物”这样近乎虚幻的命题，尽管我们可以在哲学上探讨超验的“道”(如同不须证明也不能证明的“理念”)。虽然我们至今仍可在《齐物论》里看到非常有意义的思想，但我们却不能不说，庄子给我们的遗产却是须要清理的，不能采取他主张“齐万物”思想，与其他遗产等同视之，或者干脆与其他人思想如儒墨诸家混同。否则，庄子是禁不住要喊冤的。

养生主

许多庄学研究者认为，《养生主》完全没有活命哲学的影子，更不可能当做苟延残喘的实用指南，但我认为这一判断大体正确而不严密。当然如果我完全认为庄子是为了苟全性命于乱世，那实足是低看了庄子的思想对现象世界的超越，以及对精神世界的自由所具有的特立独行的追求。关于“养生主”，有人主张“生主”连读，解释为“真君”“真宰”“真性”，今有流沙河先生所说“生主”即灵魂，“养生主就是保养生命之火炷”(《〈庄子现代版〉增订本》)；另有王先谦所谓：“顺事而不滞于物，冥情而不撄其天，此庄子养生之宗主也。”(《庄子集解》)换言之，“养生主”便是养生之宗旨。二者解题虽有小异，但都离不了“养”字。也就是说顺乎天然，处于至虚，的确至为重要。但你要使人明白，后天的习得也可以使人脱离躯壳的制约，而进入自由的境界，如庖丁解牛，否则对如凡人者便没有什么启示和实践作用。要言之，“养”字自有其难以剥离的世俗修炼意味，所以将庄子的“养生主”说得不食人间烟火，到底不够严密。故尔我认为流沙河先生所说的“养生主”“有别于片面的健体强身”，是更近于事实的。

庄子主张顺其自然，不求知识，不近善恶，超越生死，能从荆棘之中，习得游刃有余之术，如庖丁解牛，成为一种类乎会游泳者久不游泳但不会沉没的下意识行为。如此一来，就不会交锋于刀刃，争斗于内心，纠缠于名利，忧患于生死，以至于游于无有，从而泯灭主客观的对立。“养生主”的纲是“缘督以为经”，而以庖丁解牛、右师与泽雉的正反对比、老聃安时处世哀乐不入这三个寓言为目，文义互相对比帮衬，以达纲举目张之效，而以“薪尽火传”来收网，“保养生命之火炷”之题旨便如土委地，水到渠成。

吾生也有涯，而知也无涯。以有涯随无涯，殆已！已而为知者，殆而已矣！为善无近名，为恶无近刑，缘督以为经[①]，可以保身，可以全生，可以养亲，可以尽年。

庄子对人为——人为在他看来便是“伪”——持绝对的否定态度，自然对“知”会持否定的态度。那种孜孜不倦的求知者，不仅不会得到他的表扬，而且还会得到他“已经很危险了”的棒喝。要用有限的生命去兑换无穷的知识，是危险的；而知道了这种危险，依然对知识追求不懈，无异于自投罗网。从有限生命的实在性无法追逐无限知识的无穷性中，庄子的抽象前提是：有限无法追逐无限。

不过人也不是完全无所作为，既然无法用有限兑换无限，但是可以顺应自然的中虚之道，而获得保全生命及本性，以达尽天年的目的。恶固然不能做，但与人为善也不可取，因为它们都是社会的评价

① 缘督以为经：顺应自然虚空之法，作为养生之道。缘：顺应，循着；督：人之脊脉，骨节空虚处。

标准。其实庄子对善恶的不取是一种极而言之的否定办法，因为他主张自然的中虚之道。打个不太恰当的比喻，就像当今符合人性的道德要求，便是在不做圣人的道德上线，以及不做恶人的道德底线(越过此处，法律便开始介入，因此说道德是法律的辅助和基础)之间的广阔地带加以选择，是人们的权利，他人无权干涉。这样的一种选择近乎不圣不恶的中虚之道——“缘督以为经”——也就近乎《齐物论》中所说的人要处于虚空的圆环之中吧。

庖丁为文惠君解牛，手之所触，肩之所倚，足之所履，膝之所踦，砉然响然，奏刀騞然[①]，莫不中音，合于《桑林》之舞，乃中《经首》之会。

文惠君曰：“嘻，善哉！技盖至此乎？”庖丁释刀对曰：“臣之所好者道也，进乎技矣。始臣之解牛之时，所见无非全牛者；三年之后，未尝见全牛也。方今之时，臣以神遇而不以目视，官知止而神欲行。依乎天理，批大郤，导大窾，因其固然，枝经肯綮之未尝，而况大軱乎！良庖岁更刀，割也；族庖月更刀，折也。今臣之刀十九年矣，所解数千牛矣，而刀刃若新发于硎。彼节者有间而刀刃者无厚，以无厚入有间，恢恢乎其于游刃必有馀地矣。是以十九年而刀刃若新发于硎。虽然，每至于族，吾见其难为，怵然为戒，视为止，行为迟，动刀甚微，谍然已解，如土委地。提刀而立，为之四顾，为之踌躇满志，善刀而藏之。”文惠君曰：“善哉！吾闻庖丁之言，得养生焉。”

① 騞然：进刀解物的声音。

庖丁因其顺乎牛性的“解牛”方式而神乎其神。用人为的眼光看，那么他是一个将杀牛当做艺术的屠夫。今天我们很难将深奥的“道”与屠夫关联起来，但庄子往往将“道行”附于一些古怪的人包括肢体残疾的人身上，甚至还认为道在屎尿，所以“道”在屠夫就不算什么令人惊奇的事，何况得道又不需要什么身份，与有无知识无关。

庖丁解牛的寓言，妙在一个“解”字，不只是展示了庄子驱遣词句的高妙，更在于其细达毫芒地隐括了“依乎天理”“因其固然”的无为妙道。牛之全身对庖丁来说，就有如常人面对世俗社会，要使自己刀如新刀刚开启口子似的，就必须面对牛全身复杂的组织，以及众多的骨节筋脉而游刃有余，要善于避免硬碰硬，要钻骨节的空隙。面对纷繁的社会，牛刀如同人身，也必须懂得规避风险，善于顺自然而生存。庖丁解牛可全凭直觉而达到对牛熟视无睹的程度，就在于顺牛之骨骼及其相应的组织结构之故。换言之，人要在社会上处世用心达到一种不易察觉的天然状态，就必须有些滑头的功夫，但又要自然到仿佛没有用心。这的确是一种很高的境界，非常人可得。

公文轩见右师而惊曰：“是何人也？恶乎介也？天与？其人与？”曰：“天也，非人也。天之生是使独也，人之貌有与也。以是知其天也，非人也。”

泽雉十步一啄，百步一饮，不蕲畜乎樊中。神虽王，不善也。

庄子的思维往往很奇特而矛盾。他主张泯去是与非、生与死等等的界限，即齐万物的混同态度；但他为讲述“大道”所用的比喻常常是高下对举、愚智比较，很表现他自身思维的非此即彼的特点亦即二元论格局。这种思维虽然庄子本身反对，但仿佛就融入他的骨血一样，成为难以察觉却根深蒂固地影响他的下意识行为。而这样的格局与庄子主张的处于圆环的虚空，亦即“缘督以为经”相去甚远，非此即彼最容易导致斗争哲学的诞生，所以庄子才极尽挖苦讽刺之能事地去批驳诸子百家之非，总以为有一个最终可以定于一律的“道”在那里统宰着。这样看来，我们的思维特性在先民那里，就显露出影响深远的固弊。

诚然，庄子不主张像世俗意义上那样站稳立场，所谓立场要坚定——先验地坚定地站在一个自以为是的所谓正确立场，其他问题便万事大吉——而是主张采取中虚之道的态度，这本身就是对动辄要打倒对方的斗争哲学的一种反动。但由于他的相对主义太过彻底，而陷入一种不能自拔的绝对的相对，而绝对的“真理”便是自以为有一种正确的东西先验地、可以不加证明地存在于那里。这样只不过是比原先绝对更高一级的绝对而已，其对思想的独裁，在某种程度上没有任何改变。在政治制度的生成上，必然成为专制制度的文化背景。尽管像庄子这样的文化思想不管在事实上还是在表面上都有反专制的色彩，但仍然摆脱不了这种宿命。

老聃死，秦失吊之，三号而出。弟子曰：“非夫子之友邪？”曰：“然。”“然则吊焉若此可乎？”曰：“然。始也吾以为其人也，而今非也。向吾入而吊焉，有老者哭之，如哭其子；少者哭之，如哭其母。彼其所以会之，必有不蕲言而言，不蕲哭而哭者。是遁天倍情，忘其所受，古者谓之遁天之刑。适来，夫子时也；适去，夫子顺也。安时而处顺，哀乐不能入也，古者谓是帝之县解。”

张默生先生在《庄子内篇新释》说此段是庄子说老子没有参透生死之结——他有时因执著证明老庄思想的不同，或者庄子比老子高明，而进入不用证明，或者曲意以适己的地步——我不同意。我赞同大多数人的解释，更符合庄子原意。用虚构的隐士秦失(佚)来与老子做对比，赞赏老子“安时而处顺，哀乐不能入”的思想，而反对众人吊唁包括秦失的三声干嚎，是所谓的“遁天倍情，忘其所受”。

当然老子与庄子关于生死的区别，确如学者胡朴安所说：“老子求长生，庄子忘死生；老子以谷神不死为养生，庄子以任自然为养生。”(《庄子章义·养生主》)

指穷于为薪，火传也，不知其尽也。

薪尽火传，其实就是指身体虽殒，而灵魂不灭，可见保养人的灵魂之重要。正如台湾学者罗龙治所说：“油脂是指形体，火是指精神。养生不是保养形体，而是‘保真’——保养精神，使其不灭。”(《哲学的天籁——庄子》)流沙河先生也说：“养生主就是保养生命之火炷，有别于片面的健体强身。庄周从不提倡体育，也不鼓吹营养。”(《〈庄子现代版〉增订本》)褚伯秀又言：“世人徒知养生，而不知养其生之主。”(《南华真经义海纂微·养生主》)

乍眼一看，结尾似乎与前面的篇章不甚相谐，仿佛有赘疣之嫌，其实它与前面“吾生也有涯”相对，获得真正的精神超越，而收关锁全篇的功效。宣颖说得好：“忽接此三句，如天外三峰，隐跃映现。

乍读之，似乎突然；谛玩之，妙不容言。其笔脉自上节飘下，而收全篇之微旨，悠然又奕然。”(《南华经解》)

庄子生活在春秋战国乱世，各种残酷的刑戮时有发生，而纷至沓来的各种学说，更是使人们无所适从，大有朝不保夕之感。既然不能像法家那样施行严刑酷法，直接充当统治者的鹰犬，也不主张像儒家那样去四处游说，希求为社会效犬马之劳，那么就只有退守隐忍一途可以选择。因而顺其自然，保养精神是最好的退隐之道，也是追求心灵自由，获得精神超越的必要条件。

庄子养生主是养生命之火炷，而非一般意义上的强身健体。但若从世俗意义上讲，像庖丁解牛那样去对待人生，难免不被认做是滑头。但平和地讲，这里面也有对现世生活、生命的积极肯定，而与原始佛教把现世生活、生命本身当做是苦难的看法是很不相同的。庄子主张齐一生死，顺应时命，所谓养生并不是苟活。庄子对死亡恐惧的超越，对生死同等看待，“养生之道，入于物而不滞，顺乎天而不撄，不伤生，不畏死，视死生为一致，真养生之主也”(胡朴安《庄子章义》)。同时也就使得如英国哲学家罗素所理解的宗教思想——“我认为宗教基本上或主要是以恐惧为基础的”(《为什么我不是基督教徒》)——在中国受到相应的抑制。没有真正的宗教，便缺少真正的心灵归宿，这也是我们缺少终极信仰的原因之一。

人间世

人身处部落或团体、阶层或社会之中，存在一个与他人相处的问题，因为人本质上看是群居动物。离群索居的隐遁方式对于人来说，只能作为群居生活中特殊而短暂的时光来看待，不可作为人类普遍遵循的生活规律。因此就连庄子这样近于隐遁之人，把精神自由看得很高的人，也不可能完全抛弃处世哲学之研讨于不顾。因为在社会生活中，人所受到的限制是无处不在的，而这些无尽的约束，需要我们不断加以解决，寻绎出其间的应对方略。

“人间世”，说白了就是人怎样参与社会生活，而对自己无损。在庄子看来，这就是“人间世”应该遵循的最高准则。至于对社会有用，在他看来，却的确无用。这里承袭着他一惯的近于无政府主义的思想，以及对社会价值及其相应的判别标准的反叛和疏离。庄子所处的社会，正是多种思想学说纷起，各国互相杀戮争霸的春秋战国之世，因此“涉乱世以自全”（王夫之语)，成了庄学关于处世哲学中的重要内容。而要在如此复杂的世道生存下来，就必须虚己顺物，全身远害，以不材为大材，以无用为大用；反过来说，大材就是不材，大用就是无用。只有这样，才能获得长寿以及心灵上的自由。

作为吾国文化思想史的一部分，虚己顺物，全身远害，至今仍是我们生活处世中的信条。任何一种文化思想的生成，于其所处的社会制度深有关联。中国几千年的专制制度，对个人价值有着极大的否定和钳制作用。换言之，制度不保障一个人通过正当的手段最大限度地获得自己的利益，只能一味地被强大的社会势力(专制强权对个人的完全剥夺)压制，那么从整体上讲，个人只有毫无选择余地——制度保障你可以获得平等的机会参与生活，而你要隐退，这当然是个人的权利，另当别论——地采取退避的态度。因此庄子的处世哲学历来为吾国历代知识分子——其实更多的时候应被称为“士”，而不是真正现代意义上的知识分子——尤其是失意的知识分子所推崇，至今仍有很大的市场，固然是因为庄子深谙专制制度后高明的“鸵鸟”智慧，其实何尝不是我们自己的制度缺陷所造成的悲哀。

颜回见仲尼，请行。曰：“奚之？”曰：“将之卫。”曰：“奚为焉？”曰：“回闻卫君，其年壮，其行独。轻用其国，而不见其过。轻用民死，死者以国量乎泽若蕉。民其无如矣！回尝闻之夫子曰：‘治国去之，乱国就之，医门多疾。’愿以所闻思其则，庶几其国有瘳乎！”

仲尼曰：“嘻，若殆往而刑耳！夫道不欲杂，杂则多，多则扰，扰则忧，忧而不救。古之至人，先存诸己，而后存诸人。所存于己者未定，何暇至于暴人之所行？且若亦知夫德之所荡，而知之所为出乎哉？德荡乎名，知出乎争。名也者，相轧也；知也者，争之器也。二者凶器，非所以尽行也。

“且德厚信矼，未达人气；名闻不争，未达人心。而强以仁义绳墨之言，术暴人之前者，是以人恶有其美也，命之曰菑[1]人。菑人者，人必反菑之，若殆为人菑夫！

“且苟为悦贤而恶不肖，恶用而求有以异？若唯无诏，王公必将乘人而斗其捷。而目将荧之，而色将平之，口将营之，容将形之，心且成之。是以火救火，以水救水，名之曰益多。顺始无穷。若殆以不信厚言，必死于暴人之前矣！

“且昔者桀杀关龙逢，纣杀王子比干，是皆修其身以下伛拊人之民，以下拂其上者也，故其君因其修以挤之。是好名者也。

“昔者尧攻丛、枝、胥敖，禹攻有扈。国为虚厉，身为刑戮。其用兵不止，其求实无已，是皆求名实者也，而独不闻之乎？名实者，圣人之所不能胜也，而况若乎！虽然，若必有以也，尝以语我来。”

颜回曰：“端而虚，勉而一，则可乎？”曰：“恶！恶可！夫以阳为充孔扬，采色不定，常人之所不违，因案人之所感，以求容与其心，名之曰日渐之德不成，而况大德乎！将执而不化，外合而内不訾，其庸讵可乎！”

“然则我内直而外曲，成而上比。内直者，与天为徒。与天为徒者，知天子之与己，皆天之所子，而独以己言蕲乎而人善之，蕲乎而人不善之邪？若然者，人谓之童子，是之谓与天为徒。外曲者，与人之为徒也。擎跽曲拳，人臣之礼也。人皆为之，吾敢不为邪？为人之所为者，人亦无疵焉，是之谓与人为徒。成而上比者，与古为徒。其言虽教，谪之实也，古之有也，非吾有也。若然者，虽直而不病，是之谓与古为徒。若是则可乎？”仲尼曰：“恶！恶可！大多政法而不谍。虽固，亦无罪。虽然，止是耳矣，夫胡可以及化！犹师心

① 菑：通“灾”，意为害。

者也。”

颜回曰：“吾无以进矣，敢问其方。”仲尼曰：“斋，吾将语若。有心而为之，其易邪？易之者，皞天不宜[1]。”颜回曰：“回之家贫，唯不饮酒不茹荤者数月矣。如此，则可以为斋乎？”曰：“是祭祀之斋，非心斋也。”

回曰：“敢问心斋。”仲尼曰：“若一志！无听之以耳，而听之以心；无听之以心，而听之以气。听止于耳，心止于符。气也者，虚而待物者也。唯道集虚。虚者，心斋也。”

颜回曰：“回之未始得使，实自回也；得使之也，未始有回也，可谓虚乎？”夫子曰：“尽矣！吾语若：若能入游其樊，而无感其名，入则鸣，不入则止。无门无毒，一宅而寓于不得已，则几矣。绝迹易，无行地难。为人使易以伪，为天使难以伪。闻以有翼飞者矣，未闻以无翼飞者也；闻以有知知者矣，未闻以无知知者也。瞻彼阕者，虚室生白，吉祥止止。夫且不止，是之谓坐驰。夫徇耳目内通，而外于心知，鬼神将来舍，而况人乎！是万物之化也，禹、舜之所纽也，伏戏、几蘧之所行终，而况散焉者乎！”

颜回作为孔子的大弟子，与他的老师一样，都只不过是庄子拿来进行设问及回答的人物而已，因此他们的思想是按庄子的思路设计好的，作为人物来共同为庄子演一出戏。儒家的孔子自然像颜回援引的那样倡导弟子们：“治国去之，乱国就之。医门多疾。”既如此，谨遵老师的教导或者按照儒家思想的固有逻辑，颜回要到卫国去伴那如猛虎的卫君，以实现救国救民的理想，就应是情理之中的事。但庄子

① 皞天不宜：与自然大道相违背。皞天：自然。

设计“孔子”好像是专门来对付儒家的孔子的，使其思想的矛盾显露无遗。譬如说名和智都是凶恶的器具，不可作为处世的正道。这与真正的儒家思想相去甚远。

残暴贪婪的统治者，在专制制度的严酷下，真是如鱼得水。在这样的局面下，作为人只有努力顺应现实环境，做到全身远祸。即便使出浑身解数来适应，要做到全身远祸也是不容易的，“欲加之罪，何患无辞”是残暴统治者的天性。只能说，做心灵大扫除，以扫除身上的偏见和各种积习，人获得躲避祸害的机率要大一些，然而并没有绝对的把握。这种类似于“心灵大扫除”的“心斋”，其实和《大宗师》里颜回所说的“坐忘”有异曲同工之妙。正好表明，庄子在安排颜回和孔子的角色的时候，完全因阐释自己思想的需要而进行置换，因此胶柱鼓瑟地看待庄子思想的变迁以及他的自适性，是不可取的。

叶公子高将使于齐，问于仲尼曰：“王使诸梁也甚重。齐之待使者，盖将甚敬而不争。匹夫犹未可动，而况诸侯乎！吾甚栗之。子常语诸梁也曰：‘凡事若小若大，寡不道以欢成。事若不成，则必有人道之患；事若成，则必有阴阳之患。若成若不成而后无患者，唯有德者能之。’吾食也执粗而不臧，爨无欲清之人。今吾朝受命而夕饮冰，我其内热与！吾未至乎事之情而既有阴阳之患矣！事若不成，必有人道之患。是两也，为人臣者不足以任之，子其有以语我来！”

仲尼曰：“天下有大戒二：其一命也，其一义也。子之爱亲，命也，不可解于心；臣之事君，义也，无适而非君也，无所逃于天地之间。是之谓大戒。是以夫事其亲者，不择地而安之，孝之至也；夫事其君者，不择事而安之，忠之盛也；自事其心者，哀乐不易施乎前，知其不可奈何而安之若命，德之至也。为人臣子者，固有所不得已。行事之情而忘其身，何暇至于悦生而恶死！夫子其行可矣！

“丘请复以所闻：凡交，近则必相靡以信，远则必忠之以言。言必或传之。夫传两喜两怒之言，天下之难者也。夫两喜必多溢美之言，两怒必多溢恶之言。凡溢之类妄，妄则其信之也莫，莫则传言者殃。故法言曰：‘传其常情，无传其溢言，则几乎全。’

“且以巧斗力者，始乎阳，常卒乎阴，大至则多奇巧；以礼饮酒者，始乎治，常卒乎乱，大至则多奇乐。凡事亦然，始乎谅，常卒乎鄙；其作始也简，其将毕也必巨。言者，风波也；行者，实丧也。夫风波易以动，实丧易以危。故忿设无由，巧言偏辞。兽死不择音，气息茀然，于是并生心厉。克核大至，则必有不肖之心应之，而不知其然也。苟为不知其然也，孰知其所终！故法言曰：‘无迁令，无劝成。过度，益也。’迁令劝成殆事。美成在久，恶成不及改，可不慎与！且夫乘物以游心，托不得已以养中，至矣。何作为报也？莫若为致命，此其难者。”

儒家的孔子令人敬佩的地方，在于其“知其不可奈何而为之”，但到被安排来教育子高的时候，提出的便是“知其不可奈何而安之若命，德之至也”。等级社会，不论是儒家还是道家，或者是任何一门学说流派都不可逾越的，便是讲究安于各种等级的名分。尽管庄子也讲究没有条件的、近乎先验的“齐万物”，这一点他并没有多少超过同时代许多思想家的高深发现。

庄子解决两难困境的办法，按其一贯思路，是消泯其矛盾。但事实上，当一方对另一方有强势的、玩弄于股掌之间的绝对权力后，消除这种矛盾，在现实生活中是非常难的，即便在心灵领域里，也和现实生活中一样，只有逃跑的份。现实生活逃遁则更加困难，所谓普天之下莫非王土，率土之滨莫非王臣，无可逃匿，于是孔子才说“夫如君者，不择而安之”，其潜台词便是千年之后的宋儒所说的，君要臣死，不得不死。因为没有选择，君王的一切便是圣旨，只有被动听从。因此“乘物以游心，托不得已以养中”便成了子高要最后选择的“挡箭牌”。其实这“挡箭牌”在现实生活中与纸糊的窗子没有任何区别。而在心灵之中，作为个人修养，好像不失为一种暂且退避的办法，其实这些都是在强大专制政权下，弱势群体不得已的选择。这也就是为什么中国历代士大夫在其失意之时，特别倾慕庄子的处世态度及其精神修养的原因。制度不保证你按照自己的意愿做自己该做的事，那么你就只好压抑约束自己，直至令强势群体一方满意为止。

一旦既不能达到心灵上隐逸的高远，又不能达到现实生活中的自保，那么唯一的办法，便是主张无政府。其实主张无政府思想，便从侧面证明了庄子思想在现实领域和精神生活中的失败。因此我们不能指望子高在庄子安排的“孔子”的教育下，办外交会有什么成功。

颜阖将傅卫灵公太子，而问于蘧伯玉曰：“有人于此，其德天杀。与之为无方，则危吾国；与之为有方，则危吾身。其知适足以知人之过，而不知其所以过。若然者，吾奈之何？”蘧伯玉曰：“善哉问乎！戒之，慎之，正女身也哉！形莫若就，心莫若和。虽然，之二者有患。就不欲入，和不欲出。形就而入，且为颠为灭，为崩为蹶；心和而出，且为声为名，为妖为孽。彼且为婴儿，亦与之为婴儿；彼且为无町畦，亦与之为无町畦；彼且为无崖，亦与之为无崖。达之，入于无疵。

“汝不知夫螳螂乎？怒其臂以当车辙，不知其不胜任也，是其才之美者也。戒之，慎之，积伐而美者以犯之，几矣！

”汝不知夫养虎者乎？不敢以生物与之，为其杀之之怒也；不敢以全物与之，为其决之之怒也。时其饥饱，达其怒心。虎之与人异类，而媚养己者，顺也；故其杀者，逆也。

“夫爱马者，以筐盛矢，以蜄[①]盛溺。适有蚊虻仆缘，而拊之不时，则缺衔、毁首、碎胸。意有所至，而爱有所亡，可不慎邪！”

“其知适足以知人之过，而不知其所以过”，似乎不只是那位生性刻薄的卫太子的专利。不蔽于人、不蔽于己固然不容易，但要做到能明人之过，又能察己之失，也是万分困难的。当然制度不能保证你按条款履行你的义务，以便做好太子的师傅，那么就要想尽办法，在修养上、伦理上苦下工夫，以便达到“形莫若就，心莫若和”的境界——这就是恭顺的态度加上调和诱导的方法——才有可能尽太子师傅之职，又能保全自己的性命。前者固然是一个太子的老师职责范围内的事，而后面这一点在民主社会是根本就不用考虑的，人人天然都有自己生存的权利，而且还有多种关于生存的自由选择。这从反面可以证明，我们许多貌似高深的伦理修养之类的东西，实在没有存在的必要，也没有多少真正的道理可言。之所以到如今仍被人们拿来作为规范人伦事理的标准，甚至当做一种不可企及的境界来学习，正好证明我们的制度在向民主平等自由的走向方面，所取得的成果甚微，或者说根本没有实质性的改变。

---

① 蜄：大蛤，此处指其壳。

当然，再好的制度，即便平等、自由、民主都能获得的情况下，有些事情依然不可超越人情物理之常。譬如螳臂挡车之类。这就像法律的制定，要顺人伦物理之常——犹如本民族长期沿袭而成的文化心理习惯等，是法律中的习惯法之基础——来制定，才能使它不致违背人性一样，也是一定程度上的顺天理人伦。但是，庄子身历的乱世，制度又极专制而酷虐，我只好认为“形莫若就，心莫若和”是没有办法的办法中较好的办法。

匠石之齐，至于曲辕，见栎社树。其大蔽数千牛，絜[①]之百围，其高临山十仞而后有枝，其可以为舟者旁十数。观者如市，匠伯不顾，遂行不辍。弟子厌观之，走及匠石，曰：“自吾执斧斤以随夫子，未尝见材如此其美也。先生不肯视，行不辍，何邪？”曰：“已矣，勿言之矣！散木也，以为舟则沉，以为棺椁则速腐，以为器则速毁，以为门户则液樠[②]，以为柱则蠹，是不材之木也。无所可用，故能若是之寿。”

匠石归，栎社见梦曰：“女将恶乎比予哉？若将比予于文木邪？夫柤梨橘柚果蓏之属，实熟则剥，剥则辱。大枝折，小枝泄。此以其能苦其生者也。故不终其天年而中道夭，自掊击于世俗者也。物莫不若是。且予求无所可用久矣！几死，乃今得之，为予大用。使予也而有用，且得有此大也邪？且也，若与予也皆物也，奈何哉其相物也？而几死之散人，又恶知散木！”

匠石觉而诊其梦。弟子曰：“趣取无用，则为社何邪？”曰：

① 絜：张两臂度量树身。

② 液樠：脂液外渗。

“密！若无言！彼亦直寄焉！以为不知己者诟厉也。不为社者，且几有翦乎！且也，彼其所保与众异，而以义喻之，不亦远乎？”

庄子不愧是文章魁手，善于将各种好像互不关联的物事对举，充分展示其卓越的想象力。匠石之评价栎树、栎树托梦匠石都非寻常笔墨所能道出，尤以栎树之托梦以及它的见解，实在出人意表。当然有庄周梦蝶这样卓越的故事，以及互相物化的思想做铺垫，栎树能够托梦并且发表精彩见解——一个死期不远的无用之人，又怎能准确评价我这棵无用之树——便是十分自然的事情。

匠石与栎树的对举，表明两种不同价值观的冲突。匠石虽然能够看到栎树“无所可用，故能若是之寿”，但其根据在于从社会眼光来判断其有用无用，“是不材之木也。无所可用”；而栎树的判断有用无用之根据在于自己而非社会，也就是“为予大用”。这样就可以推导出如下的“公式”：“无用(于社会)即有用(于自己)，有用(于社会)即无用(于自己)。”(止庵《樗下读庄》)

但这样就有一个矛盾，即有用于社会和有用于自己是对立的，为了解决这个矛盾，诚如止庵所说：“庄学谈到‘用’字，乃有两个层次，其一对社会而言，可以是无用(‘不材’)，也可以是有用(‘为社’)，用或不用于社会，都是过程而已；更深的一个层次，是‘为予大用’，即在个人与社会的关系上，以保全自己为终极目的。在这个前提下，对社会用也好，不用也好，都可以。”(《樗下读庄》)其实按现代民主的社会制度，其起始点是个体的人，最终落脚点也是个体的人，而社会团体、国家政权只不过是其间的中介。换言之可以表达为：个体的人之用——国家社会之用——个体的人之用。庄子除了将个人与社会对立以外，那么在为个体的人之用的终极目的上，还是颇有睿智之见的。很遗憾的是，他彻底否定了国家政权、社会团体之用，这里恰恰体现东西方文化特别是中国文化与英美文化最为本质的区别之一。

南伯子綦游乎商之丘，见大木焉，有异，结驷千乘，将隐芘其所藾。子綦曰："此何木也哉！此必有异材夫！"仰而视其细枝，则拳曲而不可以为栋梁；俯而视其大根，则轴解而不可以为棺椁；咶其叶，则口烂而为伤；嗅之，则使人狂酲三日而不已。子綦曰："此果不材之木也，以至于此其大也。嗟乎，神人以此不材！"

宋有荆氏者，宜楸柏桑。其拱把而上者，求狙猴之杙者斩之；三围四围，求高名之丽者斩之；七围八围，贵人富商之家求椫傍[①]者斩之。故未终其天年而中道之夭于斧斤，此材之患也。故解之以牛之白颡者，与豚之亢鼻者，与人有痔病者，不可以适河。此皆巫祝以知之矣，所以为不祥也。此乃神人之所以为大祥也。

有才之人，其创造力必然丰沛旺盛，个性定是独立不羁，而在社会群体中，与他人摩擦生隙的机会势必增大。摩擦生隙其实是与人交往中不可避免的，这就好比是商业运行中的交易成本一样，只是如何最大限度地减少，而不是使这样的交易成本完全消亡至无，这样的想法只存在着一种理论上的可能。自然这里有一个毋须证明的前提，即制度好到了能使每个人最大限度地发挥自己的才能，并且在合法的范围内取得施展自己的才能，甚至将自己所创造的价值

① 椫傍：每边以整块板制成的棺材。

物化量化为金钱的余地。

遗憾的是，现代中国人尚且还没有这样的福分，更遑论庄子。他只能以不材为材、以无用为用，将之当做自己安身立命的法宝。事实上，我们从古代文化典籍中接受的不是让人最大限度地发挥自己的才能，创造自己的价值，接受的是如何隐忍、退却、不露，甚至自残以向人示弱——这里潜藏着，虽然我不是残疾人，但是我羡慕残疾人，恨不得自残以求生的想法，就像男人将自宫为太监作为求生手段一样——从而证实了中国人的创造力横遭扼杀的制度文化背景。我们也就不难理解对于翘鼻孔的猪、有白额头的牛、生痔疮的人，为什么神职人员觉得不吉祥，而神人觉得吉祥的原因。这也就是魏晋之际为何玄风大炽，老庄思想特别盛行的原因。尽管庄子齐生死，但他以无用为用中有“贵生”的思想，近乎有点好死不如赖活，为后世的服药求长生找到了理论上的支持，虽然并非直接可取而用之。

支离疏者，颐隐于脐，肩高于顶，会撮指天，五管在上，两髀为胁。挫针治獬[①]，足以餬口；鼓筴[②]播精，足以食十人。上征武士，则支离攘臂而游于其间；上有大役，则支离以有常疾不受功；上与病者粟，则受三钟与十束薪。夫支离其形者，犹足以养其身，终其天年，又况支离其德者乎！

按常人的相貌来作为判别标准，“支离疏”——释德清说：“支离者，谓隳其形；疏者，谓泯其智也。乃忘形去智之喻”（《庄子内

① 挫针獬：替别人缝洗衣服。挫针：缝衣。治獬：洗衣。

② 筴：小簸箕。

篇注·人间世》)——必是残疾得近乎怪物的人。但是他能靠自己的劳动养家糊口，而且更绝的是，征兵作战以及服劳役，他都因残疾得以幸免，还能借此喊上前线努力打仗的爱国口号，并且获得政府的救济。

活着固然是重要的，但把终其天年当做最终目标而不管活的质量，不也是一件悲惨的事吗？其实此处已经埋下了即将用世事不可为这样悲伤的思想来终结此篇的伏笔。

孔子适楚，楚狂接舆游其门曰："凤兮凤兮，何如德之衰也？来世不可待，往世不可追也。天下有道，圣人成焉；天下无道，圣人生焉。方今之时，仅免刑焉！福轻乎羽，莫之知载；祸重乎地，莫之知避。已乎，已乎！临人以德。殆乎，殆乎！画地而趋。迷阳迷阳，无伤吾行。郤曲郤曲，无伤吾足！"

山木，自寇也；膏火，自煎也。桂可食，故伐之；漆可用，故割之。人皆知有用之用，而莫知无用之用也。

"方今之时，仅免刑焉"，只有少数人够免于刑戮(关于此句历来有不同的解释，我取此说)，的确是一句让人深感哀痛而无可奈何的话，它可以烛照中国千百年的社会现实，至今仍有极其强烈的现实批判力。楚狂接舆所说的话，《论语·微子》中也有类似说法："凤兮，凤兮，何德之衰？往者不可谏，来者犹可追。已而，已而，今之从政者殆而！"但从细节上看，这两段话却反映出儒家和庄子之间的根本分野。"来世不可待"与"来者犹可追"的对比，可看出庄子的绝望是深入骨髓的，才有"已乎，已乎"的大悲凉；再看"从政者"

与“迷阳迷阳，无伤吾行。郤曲郤曲，无伤吾足”的对比，反映了注重社会价值到对个体生命的重视。

“山木，自寇也；膏火，自煎也”，这一“自”字颇具匠心，一方面既表现了庄子历来所主张的对自己有用便是对社会无用，反之亦然的对立；另一方面，对社会有用，都是因为自己自讨苦吃，自己遭伐，自己受煎，倒没有伐木者和点油灯的人什么事了。我已经说过，在现实层面上看，只要制度环境能够尽量保证每一个人的生存和发展的权利，用不着担心像树木和膏火一样“自寇”“自煎”的事出现。只要按大家遵守的游戏规则办事，一个人最终出人头地，这是完全正常的事。至于说一个人按自己的个性及创造力出名，而成为公众人物，丧失了部分隐私，那么这确实是公众人物为自己的个人隐私付出的代价，或许确实有点“自寇”“自煎”的意味，但这样的“自寇”“自煎”与其所获得的创造性乐趣(包括隐形或有形的实际利益等)相比，确是利大于弊。所谓两害相权，取其轻。因为在这样的环境下，活命实在是件简单的事，而不须要挖空心思。无用之用，就会真的没有多少“用”。当然将“无用之用”“有用之用”当做哲学探讨是一回事，拿来当做“人间世”的方法又是另一回事。

像庄子这样卓越的、带有隐逸倾向的思想家，都花不少篇幅和精力来探讨“侍候暴君有一套学问”“乱世做官经验谈”“陪小王好比伴老虎”(流沙河《〈庄子现代版〉增订本》)等，可见活命亦即生存和发展的权利在中国历来都是个大问题，至今也没得到解决。庄子把处世当做一门学问来研讨，这说明处世的重要性以及处世的不容易已经影响到了人们生活的质量。

每一个人作为人类群居动物——人类的一分子，自然脱离不了自己与社会的关联，这需要他们去协调与他人的关系。但做官、陪小王、给上级服务，都应该有一套制度——而这套制度当然不是预设的、超验的、不可试错的——的制衡，使得弱势群体与强势群体之间，通过大家许可而制订的制度及其游戏规则，获得一种相互制约平衡。这样庄子“人间世”所讨论的问题便没有成为问题的必要，这一点在现今的民主国家已得到普遍的证实。而个人的交往也是通过利益、情感诸方面的互相需求来确定双方关系的亲疏远近，也大可不必视他人为自己的地狱。

因此庄子所开出的“人间世”的方子，并无什么高明，“知其不可奈何而安知若命”，“托不得已以养中”，只须如宣颖《南华经解》里说“我周旋于亿万人间，如处独焉，如蹈虚焉。御至纷如至少，视多事为无事”，其实这只是退缩无为的策略而已，在生活中的作用毕竟有限。因此庄子的字里行间充满着无奈与愤懑，“福轻乎羽，莫之知载；祸重乎地，莫之知避”，与《诗经·小雅·正月》中“谓天盖高，不敢不局；谓地盖厚，不敢不蹐”，虽然同是对彼时社会的揭露，但更有着超乎其上的愤怒，从反面亦可证明庄子开出“人间世”的方子，在专制制度下，作用有限得很。

德充符

简单地说，“德充符”就是道德充实于内，万物应验于外，内外契合无间，颇类《大学》里所谓“诚于中而形于外”，亦同《孟子》所谓“充实而有光辉”。庄子所处之世，不少修德之人，如《外物》篇中发冢之儒者，只是欺世盗名之徒而已。而许多巧佞之人更是在修饰外表上下工夫，使修道或具有世俗社会价值的道德，变成了他们招之即来挥之即去、行则用舍则藏的玩具而已，儒家所提倡的道德要求在这方面所产生的流毒影响甚深。即如刘凤苞所言，庄子“见得当世修德之士，多从外面缘饰，一切性命工夫，只在形体上理会，盗名欺世，貌合神离，与其形全而德不全，不如亏其形者葆其德，犹足以运化于无形”(《南华雪心编·德充符》总论)。换言之，也就是没有完善而人性的法律做后盾的所谓道德，最终就会流于虚伪而师心自用。于是庄子才特地拈出几位残疾人来，激愤地批评道之不存，以及社会道德的堕落。

《庄子》在文学上的浪漫特性，不只是体现在驱遣词句、谋篇布局方面的独特功夫，更重要的是，他的神话和寓言色彩，以及他虚构人物的匠心，使现实生活和精神领域的弊端得以被极端地夸张放大，获得某种意义上的典型性，而被保留下来。如他使用六名残疾的贤士来衬托世之形全而德损者，尽管庄子最为赞赏的是像哀骀它这种德充而不符，充实而不外显的圣人，但德行之美胜于完全之身体，“绝对的精神超越乎相对的形体”(郭沫若语)，从中保留了一点善与美之间的深刻关联。这也不妨说是另外一种意义上的审丑。闻一多先生在《古典新义·庄子》里说：“正如达摩是画中有诗，文中也常有一种‘清丑入画图，视之如古铜古玉’的人物，都代表中国艺术中极高古、极纯粹的境界。而文学中这种境界的开创者，则推庄子。”不特如此，而且“以后的神仙中人，便差不多都是奇形怪相的宝贝。民间的传说，绘画上的形象，两千多年来成为了极陈腐的俗套，然而这发明权原来是属于庄子的”(郭沫若《十批判书》)。

庄子在《德充符》里最为推崇的并非是儒家意义上的圣人，而这样的圣人的特性，用流沙河先生的阐释来说便是：“他一不筹谋划策，所以不要知识；二不捣乱肇事，所以不要纪律；三不丢脸失格，所以不要品德；四不赚钱发财，所以不要技能。圣人的内涵只是顺应天命，不存在充实不充实的问题，更谈不上外显，已到否定德充符的最高层了。”(《〈庄子现代版〉增订本》)但庄子过分强调精神修养的绝对性，及其得道(道之于哲学研究及其相应的范畴是另一回事，当另文探讨)的伟力，譬如尧舜之治理国家，他们不必靠国家下命令，因为他们全凭精神感召力，就可以使百姓跟着走。如此一来，就把道德的作用无限夸大，近乎后世我们常常爱发射的“精神原子弹”。我可以肯定地说，中国文化的核心包括庄子思想中都不可避免地存在着将道德绝对化的问题，而道德没有理性而完善的法律作辅助，最终会使道德的倡导成为演戏。提倡做圣人，是使普通民众永远有个高不可攀的榜样悬在那里，作为约束普通民众按照自己的意愿，在法律允许的范围内进行自我选择的权利。浪漫主义文学词句一旦要纳入可以分析的理性范畴里，其不可避免的缺陷就显现出来，因为过分的绝对化，不仅使像“齐物论”这样的相对论思想绝对化，另一方面也使得庄子的思想在混同绝对时，在更高层次承认了与其他学说的对立，从而否认了他的观点。一个人做到“德充符”固然是不错的，但将“德充符”先验地绝对化，便不可救药地走入其反面，这是庄子频频陷入自己圈套的原因。

鲁有兀者王骀，从之游者与仲尼相若。常季问于仲尼曰：“王骀，兀者也，从之游者与夫子中分鲁。立不教，坐不议，虚而往，实而归。固有不言之教，无形而心成者邪？是何人也？”仲尼曰：“夫子，圣人也，丘也直后而未往耳！丘将以为师，而况不若丘者乎！奚假鲁国，丘将引天下而与从之。”

常季曰：“彼兀者也，而王先生，其与庸亦远矣。若然者，其用心也，独若之何？”仲尼曰：“死生亦大矣，而不得与之变；虽天地覆坠，亦将不与之遗；审乎无假而不与物迁，命物之化而守其宗也。”

常季曰：“何谓也？”仲尼曰：“自其异者视之，肝胆楚越也；自其同者视之，万物皆一也。夫若然者，且不知耳目之所宜，而游心乎德之和。物，视其所一而不见其所丧，视丧其足犹遗土也。”

常季曰：“彼为己，以其知得其心，以其心得其常心。物何为最之哉？”仲尼曰：“人莫鉴于流水而鉴于止水，唯止能止众止。受命于地，唯松柏独也正，在冬夏青青；受命于天，唯尧、舜独也正，在万物之首。幸而能生，以正众生。夫保始之征，不惧之实，勇士一人，雄入于九军。将求名而能自要者而犹若是，而况官天地、府万物、直寓六骸、象耳目、一知之所知而心未尝死者乎！彼且择日而登假，人则从是也。彼且何肯以物为事[①]乎！”

庄子为其文章虚构的人名，几乎都符合他的思想旨意，成为传承其思想的符号，《德充符》里的六个残疾贤士的古怪名字都秉此而来。庄子看似齐万物，等生死，其实他为了将自己的思想表达清楚并引起注意，常采用绝对的办法和完全对立的态度——各种各样的人物及思想的时常对举，无不如此——残疾人之有大德，得大道，而体全之人往往没有。这样的二元论思维其实是有害于我们思维的丰富性的，而且更为不幸的是，它已经成为我们国人思维的模式。

王骀作为一个残疾人，跟随其学习的人数与孔子所教的学生相比，没有丝毫的差别，这并不是件什么了不起的事。但他“立不教，坐不议。虚而往，实而归”的方法，高超到近乎神秘的地步，以至于有点类同于后世禅宗的顿悟，这种依靠个体心灵感悟的体悟型教育，不可能形成教育的规模性，因为每个学生的智商及领悟能力，各有高下之别。更重要的是，这种教育缺乏较为易操作的理性评价办法及标准，只好用“虚而往，实而归”来做一个并不清晰的混沌评价。一个残疾人要像王骀那样，“视丧其足犹遗土”，换言之，把失去一条腿，看成是像随手扔掉一块泥巴，这有多么地困难，尽管这只是个比喻。而比喻所要达到的境界，也只不过能悬拟在那里而已，哪能经得起证伪而坐实呢？

① 彼且何肯以物为事：意指无心为人师。

申徒嘉，兀者也，与郑子产同师于伯昏无人。子产谓申徒嘉曰："我先出则子止，子先出则我止。"其明日，又与合堂同席而坐。子产谓申徒嘉曰："我先出则子止，子先出则我止。今我将出，子可以止乎？其未邪？且子见执政而不违，子齐执政乎？"申徒嘉曰："先生之门，固有执政焉如此哉？子而说子之执政而后人者也。闻之曰：'鉴明则尘垢不止，止则不明也。久与贤人处则无过。'今子之所取大者，先生也，而犹出言若是，不亦过乎？"

子产曰："子既若是矣，犹与尧争善。计子之德，不足以自反邪？"申徒嘉曰："自状其过，以不当亡者众；不状其过，以不当存者寡。知不可奈何而安之若命，唯有德者能之。游于羿之彀中。中央者，中地也；然而不中者，命也。人以其全足笑吾不全足者多矣，我怫然而怒，而适先生之所，则废然而反。不知先生之洗我以善邪，吾之自寤邪！吾与夫子游十九年矣，而未尝知吾兀者也。今子与我游于形骸之内，而子索我于形骸之外，不亦过乎！"子产蹴然改容更貌曰："子无乃称！"

子产是春秋战国时郑国的贤相，颇有政声，但就是这样的人，其道行之低，令人瞠目。子产以貌取人，不愿申徒嘉与其同进出，羞辱同一师门的残疾人。申徒嘉将子产教训一顿：人世间不过是一个大刑网，而我们都是其中的猎物，你只不过是比较幸运，并不是你的能耐。因则安天任命，视躯壳为寄寓，等富贵若浮云，充实内德，而忘外形，才是人生第一要务。

庄子所鄙之子产，未必有这样的事迹——庄子用"重言"方式借重古人来言说自己的东西之方式，在《庄子》一书中相当普遍，例如我们对他安排的各色现成名人如孔子等亦应作如是观——但庄子意不在此。他鄙视儒家有用于世之思想，这也就使得他要拿有政声的贤相来与残疾人申徒嘉作对比。尽管儒家思想的缺陷使其无法做到帮助政府彰显公平与效率，但比庄子信奉的完全的无政府要有可操作性得多。无政府思想固然有消解专制制度的能量，但这样对制度的极端否定，就像对最完美制度的渴求一样，最终都会身不由己地落入专制制度的圈套。犹如英语格言所示，最好的东西是好的东西的敌人。

当然庄子强调的是内德对于相对形体缺陷的超越，不过有一个常识就是，好的形体与得道并不铁定地相违，就像不可能由残疾铁定推出得道的逻辑。

鲁有兀者叔山无趾，踵见仲尼。仲尼曰："子不谨，前既犯患若是矣。虽今来，何及矣！"无趾曰："吾唯不知务而轻用吾身，吾是以亡足。今吾来也，犹有尊足者存，吾是以务全之也。夫天无不覆，地无不载，吾以夫子为天地，安知夫子之犹若是也！"孔子曰："丘则陋矣！夫子胡不入乎？请讲以所闻。"无趾出。孔子曰："弟子勉之！夫无趾，兀者也，犹务学以复补前行之恶，而况全德之人乎！"

无趾语老聃曰："孔丘之于至人，其未邪？彼何宾宾以学子为？彼且蕲以諔诡幻怪之名闻，不知至人之以是为己桎梏邪？"老聃曰："胡不直使彼以死生为一条，以可不可为一贯者，解其桎梏，其可乎？"无趾曰："天刑之，安可解！"

庄子告诉我们，叔山无趾因早年行径恶劣，被斩去一只脚。无趾意谓着无耻，说明他早年是个不要脸的人。一个早年不要脸的人，居然可以“德充”而忘其趾，来批评孔子德行浅薄，务在虚名。

孔子在无趾离开后，的确有看轻无趾的意思，也是重形而忘德的佐证。总之，庄子意在拿一个与孔子极不相同的、寻常所认为的废人，来批判孔子。反差越大，所取得的批评效果就越显著。孔子虽有全躯，却是天刑之人，天生根器如此，怎么可能得道呢？固然庄子所运用的是文学写作的方式来倡导自己的观点，比喻所带来的麻烦便是不能完全坐实，即所指与能指之间有巨大的缝隙，意义的不确定性使得我们的阐释变成盲人摸象。但当我们要为他作品中体现出的思想进行辩难言说的时候，那么就必须用相应的评价思想的套路来加以看待，才可能看清其深藏不露的东西。因之，与其将极不相同的、反差极大的人事对举，不如举较为相近的人事，从而进行抉隐发微的观点之阐发，更容易使人们放弃对极端对立人事的注意，从而注意人事之间之所以不同的真正实质。

鲁哀公问于仲尼曰：“卫有恶人焉，曰哀骀它。丈夫与之处者，思而不能去也；妇人见之，请于父母曰‘与为人妻，宁为夫子妾’者，十数而未止也。未尝有闻其唱者也，常和人而已矣。无君人之位以济乎人之死，无聚禄以望人之腹，又以恶骇天下，和而不唱，知不出乎四域，且而雌雄合乎前，是必有异乎人者也。寡人召而观之，果以恶骇天下。与寡人处，不至以月数，而寡人有意乎其为人也；不至乎期年，而寡人信之。国无宰，寡人传国焉。闷然而后应，氾然而若辞。寡人丑乎，卒授之国。无几何也，去寡人而行。寡人恤焉若有亡也，若无与乐是国也。是何人者也？”

仲尼曰："丘也尝使于楚矣，适见㹠子[1]食于其死母者，少焉眴若[2]，皆弃之而走。不见己焉尔，不得类焉尔。所爱其母者，非爱其形也，爱使其形者也。战而死者，其人之葬也不以翣[3]资；刖者之屦，无为爱之。皆无其本矣。为天子之诸御：不爪翦，不穿耳；取妻者止于外，不得复使。形全犹足以为尔，而况全德之人乎！今哀骀它未言而信，无功而亲，使人授己国，唯恐其不受也，是必才全而德不形者也。"

哀公曰："何谓才全？"仲尼曰："死生、存亡、穷达、贫富、贤与不肖、毁誉、饥渴、寒暑，是事之变，命之行也。日夜相代乎前，而知不能规乎其始者也。故不足以滑和，不可入于灵府。使之和豫通而不失于兑，使日夜无隙，而与物为春，是接而生时于心者也。是之谓才全。""何谓德不形？"曰："平者，水停之盛也。其可以为法也，内保之而外不荡也。德者，成和之修也。德不形者，物不能离也。"

哀公异日以告闵子曰："始也吾以南面而君天下，执民之纪而忧其死，吾自以为至通矣。今吾闻至人之言，恐吾无其实，轻用吾身而亡其国。吾与孔丘，非君臣也，德友而已矣！"

上至君王高人，下及匹夫愚妇，没有一个不为名叫哀骀它的丑陋残疾人所打动的，就连女人们都争先恐后地想嫁给他，这真是"追星族"的一种奇观。而奇观的造成来源于哀骀它虽是丑陋之人，但德行

① 㹠子：小猪。

② 眴若：很吃惊地看着。

③ 翣：棺材的装饰。

却是高超得要命，就说明德行在庄子所期望的社会中是多么重要。强调道德(不管是世俗的还是哲学意义上的)而忽视政府的作用及其相应的制度建设，主张无政府，几乎构成了庄子不同于其他许多学派的区别。而儒家强调道德，但是也强调政府存在的必要，因此在整个世俗社会而非心灵社会里，儒家思想有着与庄子思想不同的命运。当然，庄子本身不期为世所用，这是他精神内核的一部分。

庄子要倡导的是“才全而德不形”的境界，而这种境界远非常人所能做到——庄子所主张的都非常人所能达到，这是其思想神秘奇诡的一个特点——但将残暴的君王当做可以教导的小学生，布设了哀公发问之疑阵，而以哀公一定程度的醒悟终。但庄子最终想彰显的是，圣人(非儒家意义的)不在于充不充实，于是顺应天命，在更高层次上否定德充符就成了庄子的终极目的。

闉跂支离无脤说卫灵公，灵公说之，而视全人，其脰[①]肩肩。瓮盎大瘿说齐桓公，桓公说之，而视全人，其脰肩肩。故德有所长而形有所忘。人不忘其所忘，而忘其所不忘，此谓诚忘。

故圣人有所游，而知为孽，约为胶，德为接，工为商。圣人不谋，恶用知？不斲，恶用胶？无丧，恶用德？不货，恶用商？四者，天鬻也。天鬻者，天食也。既受食于天，又恶用人！

有人之形，无人之情。有人之形，故群于人；无人之情，故是非不得于身。眇乎小哉，所以属于人也；謷乎大哉，独成其天[②]。

---

① 脰：颈项。

② 謷乎大哉，独成其天：能够与大道同体，所以伟大。謷：大。

还是两个残疾人成为得道之主角，其主旨是内心充实，便会忘记外形的丑陋。常人容易记住的是外形，而真正忘掉的是不该忘的内德。人与天的区别，换言之，人为与天道的区别，不可同日而语。人为则渺小，天道同体才是伟大。

大道固然是很重要的，但人为的东西，又怎么非得与大道对立而渺小呢？庄子本来就不认为人的创造总是呈现一种值得欣喜的、通常被称为的进步状态。事实也正是如此。但小而言之每一个人，进而言之每一代人，大而言之普天之人类，其实都有按照自己的智慧设计生活的权利，也就是说对自然不只是被动的顺从，或者是天然的对立，而是在改变与顺应中求得一个合适的度，那么人类就没有返回过去的必要，同时也不必将人天之对立绝对化。无论是从世俗生活的意义上还是哲学意义上，人为与天道都没有对立的必要，何况从庄子所言之“齐万物”“等生死”的角度看，这样的对立性命题，根本就不存在。

惠子谓庄子曰：“人故无情乎？”庄子曰：“然。”惠子曰：“人而无情，何以谓之人？”庄子曰：“道与之貌，天与之形，恶得不谓之人？”惠子曰：“既谓之人，恶得无情？”庄子曰：“是非，吾所谓情也。吾所谓无情者，言人之不以好恶内伤其身，常因自然而不益生也。”惠子曰：“不益生，何以有其身？”庄子曰：“道与之貌，天与之形，无以好恶内伤其身。今子外乎子之神，劳乎子之精，倚树而吟，据槁梧而瞑。天选子之形，子以坚白鸣。”

惠施与庄子多次辩难，难分高下，其原因在于各自的认识观和价值观各执一端。但惠施与庄子的辩难，带给庄子许多智慧与思维的乐趣，他虽是庄子批评或者揶揄的对象，而且可以说是思想上的对头，但他们依然以朋友相处，给后世论敌你死我活、不择手段的搞法，留下深长的思考。

庄子主张人是无情的，无情是庄子特指的没有是是非非的争论，不以一己的好恶之情去伤害从自然那里秉承的形貌和德性。上天赐给你惠施形貌，你却拿它来师心自用地争论离坚白合同异之类的伪命题，实在是对生命的轻贱和不负责任。

庄子反对巧令伪饰的人，假借日常世俗的道德来另外号召，以便自己获得名利。他把这种大言欺世的道德要求，看做是强盗的同伙。于是他以追求绝对的精神超越，来引起人们的注意，以及使自己的论题获得巨大的论证效果，不惜杜撰残疾贤士，来为他所构想的观念、思想帮忙。

这些残疾贤士，早期都是些犯过法的恶棍。那么他们是怎样以不全之身得道的呢？这实在是个令人感兴趣的问题。但庄子提出的是忘记自己的存在，顺天应命，视自己的肢体毁损如同土地掉了一块泥巴。同样是从生命意识存在(去掉意识是另一种注重意识，所谓“坐忘”“心斋”便是如此)去体证道德，庄子所用的都是减法，犹如“心斋”被流沙河先生解释为“心灵大扫除”。残疾人比正常人还容易得道——《德充符》明显这么认为，而其他篇章也时刻隐藏着此点——这就是对“减法”的一种赞同。

而同样是以生命为体认道德的基础，法国伦理学家居友(主要论点见其所著《无义务无制裁的道德概论》)则强调生命本身的诸种生殖性——智力生殖、情感和感觉生殖、意志生殖等——是由人旺盛的生命力所导致的，生命力的强旺必然导致其生命力的过剩，而过剩的生命力必然向各个方面扩散，必然表现出利己与利他的倾向，因为生命只有扩散自身，才能维持自身。那么有情感有是非，就完全是正常的，不必像庄子那样去泯是非。居友所采用的自然是加法。庄子用减法，于是消极无为；居友用加法，甚至尼采晚期的权力意志论和柏格森的生命哲学都是如此。但这二者有一点，都主张废弃社会和外界的制裁、义务，前者导向无政府，后者导向对生命力强烈没有节制的崇拜。

大宗师

大宗师就是伟大的祖师爷，但你若认为伟大祖师爷是哪一个人，或者是哪一派的人，以便好去向他请教，那就大错而特错了。伟大的祖师爷本不可说，但庄子为了让一般的人能弄懂其道理，便采取比喻，或者通过具象来言说抽象的办法，从而使一般人也获知道的大端，知道大宗师的存在是天地万物之所以为天地万物，大而言之，客观世界之所以为客观世界的最高真理。庄子巧妙地通过说明谁是大宗师的过程，来消灭大宗师的具体存在，最终归结为大宗师便是天地之间的最高主宰，无为无形，是产生宇宙的绝对本源，这就是“道”。

篇中许由对意而子说的“吾师乎，吾师乎”，自然是就庄子借许由之口点醒大家，要以大道为师。道至大无边，无所不在；至久无时，无时不有。对前者庄子表述为：“在太极之先而不为高，在六极之下而不为深。”对于后者庄子则称其：“先天地生而不为久，长于上古而不为老。”既然万世万物乃至客观世界都以道为师，那么我们是否可问，道的“老师”又是什么或者谁呢？庄子显然意识到了人穷究问题根底的本性，于是借修道得道的女偊之口点出，道不仅没有老师，而且无始无终；反过来，更可换成顺庄子之理成庄子之章的逻辑，便是：既然道无始无终，它自然就不可能有老师。

道是天地万物乃至客观世界的老师，换句话说，天地万物是道生发出来的，只要掌握了道，便可齐万物，等生死，泯是非，于是便有“安排而去化，乃入于寥天一”，“堕肢体，黜聪明，离形去知，同于大通，此谓坐忘”的思想，这是讲道之本体与生命之关系。道的生命是无始无终，无生命而有大生命，充溢于世间万世万物之中，具体地说，就是无中生有。这与后世如韩愈所说“师者，所以传道授业解惑也”的具体方式方法区别甚大。“道”这个伟大的祖师爷至大无边，至久无时，因此要从具象来学它，可以说是做不到的，就是说你不能像搞化学那样来实验，也不能像具体工作那样来实践，而是要靠悟。而悟不悟，实在很难遽下定论，清楚其分野的，因此世间总是悟道者寡，而迷道失道者多。

前贤对本篇文义上的错乱情况，多所发现或质疑。如元代吴澄《庄子内篇订正》中就将“颜回曰”移入《人间世》“颜回见仲尼请行”一段；近人施天侔《庄子疑检》则认为“夫道有情有信”至“而比于列星”的文字是神仙家言，应予删除；今人张默生也都根据文义将本篇总论中的部分文字删除；更有甚者，有人认为本篇庄子的真货不及十分之一，于是将《则阳》《天运》《田子方》诸篇中符合本篇文义的文字移入本篇之中，以求得他认为的完璧之章(诸说详见张默生《庄子内篇新释》)。其他如严复在《庄子评点》中说“夫道有情”一章是“庄文无内心处”(据此来判定其非庄子文章，这是将庄子神化的一种方法，即庄子所写的文章皆巧夺天工，无懈可击。这种论调在现代人看来实在不可理喻，因为庄子和世间所有文章魁手一样，都不可能将每篇文章都写得无可挑剔)，钱穆也说这是因为

“晚周神仙家言、阴阳家言窜入”的原因，因而导致了本篇乃至庄子全书行文错漏杂芜、意境高下不一的情况。但是情况虽然如此复杂，但采取自以为是的手段割裂《庄子》流传过程中已大致成形的文本，如无真凭实据，只能徒添混乱而已，而于原本的杂芜错漏无补。因此我主张采用崔大华《庄学研究》中所认定的方法，将《庄子》一书的思想看成是庄学一派思想的发展演化过程，“一般说来，在这里不是作者的真伪问题，而是写作时代的先后问题”；或者干脆采取流沙河《〈庄子现代版〉增订本》中存疑而不妄加改窜的方法，较为妥当。当然如果我们也引进西方现代派的批评方法之一——重要的是文本本身，作者是谁可忽略不计——那么古今对庄子书中真伪错简的争论，不说消亡于无，实在可说是意义不大。除非将来有更多的田野考古资料可供坐实，进而做出判别与修正，否则再就此纠缠不休，实在没有多少必要。

知天之所为，知人之所为者，至矣！知天之所为者，天而生也；知人之所为者，以其知之所知，以养其知之所不知，终其天年而不中道夭者，是知之盛也。虽然，有患。夫知有所待而后当，其所待者特未定也。庸讵知吾所谓天之非人乎？所谓人之非天乎？且有真人而后有真知。

何谓真人？古之真人，不逆寡，不雄成，不谟士。若然者，过而弗悔，当而不自得也。若然者，登高不栗，入水不濡，入火不热，是知之能登假于道者也若此。

古之真人，其寝不梦，其觉无忧，其食不甘，其息深深。真人之息以踵，众人之息以喉。屈服者，其嗌言[①]若哇。其耆欲深者，其天机浅。

古之真人，不知说生，不知恶死。其出不䜣，其入不距。翛然[②]而往，翛然而来而已矣。不忘其所始，不求其所终。受而喜之，忘而复之。是之谓不以心捐道，不以人助天，是之谓真人。若然者，其心志，其容寂，其颡頯[③]。凄然似秋，暖然似春，喜怒通四时，与物有宜而莫知其极。故圣人之用兵也，亡国而不失人心。利泽施乎万世，不为爱人。故乐通物，非圣人也；有亲，非仁也；天时，非贤也；利害不通，非君子也；行名失己，非士也；亡身不真，非役人也。若狐不偕、务光、伯夷、叔齐、箕子、胥馀、纪他、申徒狄，是役人之役，适人之适，而不自适其适者也。

古之真人，其状义而不朋，若不足而不承；与乎其觚而不坚也，张乎其虚而不华也；邴邴乎其似喜也，崔崔乎其不得已也，滀乎进我色也，与乎止我德也，广乎其似世也，謷乎其未可制也，连乎其似好闭也，悗乎忘其言也。以刑为体，以礼为翼，以知为时，以德为循。以刑为体者，绰乎其杀也；以礼为翼者，所以行于世也；以知为时者，不得已于事也；以德为循者，言其与有足者至于丘也，而人真以为勤行者也。故其好之也一，其弗好之也一。其一也一，其不一也一。其一与天为徒，其不一与人为徒。天与人不相胜也，是之谓真人。

庄子虽然出世思想极为浓厚——照理说，彻底出世，不需要什

① 嗌言：窒塞在喉咙间的话。

② 翛然：往来自然，无拘无束的样子。

③ 颡頯：额头广大宽平。颡：额；頯：广大宽平。

么理想及理想人物包括其体现出的人格——仍有自己欣赏的理想境界及人格，表达理想人格的名号极多，诸如“神人”“圣人”“至人”“德人”“大人”“天人”“全人”等等，但意思表达得最为清楚的便是本篇所述之“真人”。总体说来，真人有四个方面的特征：一是忘怀于物；二是淡情寡欲；三是不计生死，随物而变，应时而行；四是天人合一。这四点概括起来，其实就是表达其超脱神异。譬如“不逆寡，不雄成，不谟士”便是顺时应变，“不知说生，不知恶死”是形容齐一生死的境界，而“其寝不梦，其觉不忧，其食不甘，其息深深”是指其到达无情无欲的至境。甚至还有“登高不栗，入水不濡，入火不热”的特异功能。庄子的想象力确乎达到常人所不能企及的境界。因而这样的人，我们当然不能用常理来衡度他，他只不过是庄子的创造而已。这样的人物，近于寓言或者小说家言。

庄子的“真人”如果只存在于他的想象之中，或者作为哲学甚至抽象的伦理学探讨的人物，那么无疑为我们设置了一个进行讨论的“人物”和境界。但如果拿在现实世界，或者进入社会理想以及政治思想的范畴内来探讨，那么必然会对现存统治——无论是合不合理的制度——顺应，而不改造或者反抗，进入一种安之若命、逆来顺受的恶性循环之中。

死生，命也；其有夜旦之常，天也。人之有所不得与，皆物之情也。彼特以天为父，而身犹爱之，而况其卓乎！人特以有君为愈乎己，而身犹死之，而况其真乎！

泉涸，鱼相与处于陆，相呴以湿，相濡以沫，不如相忘于江湖。与其誉尧而非桀也，不如两忘而化其道。

夫大块载我以形，劳我以生，佚我以老，息我以死。故善吾生者，乃所以善吾死也。夫藏舟于壑，藏山于泽，谓之固矣！然而夜半有力者负之而走，昧者不知也。藏小大有宜，犹有所遁。若夫藏天下于天下而不得所遁，是恒物之大情也。特犯人之形而犹喜之。若人之形者，万化而未始有极也，其为乐可胜计邪？故圣人将游于物之所不得遁而皆存。善妖善老，善始善终，人犹效之，又况万物之所系而一化之所待乎！

一般说来，生死是人最难逾越的最后一道关口，能够把生死都当做“命”的一部分，或者一个过程，那么人对生死就无所谓而超越生死了。道是无限的，生死是如此地短暂，只是有限的过程，被道包含而主宰着，而道便是一种“人之有所不得与”的近乎客观规律的东西，最简单的表述是“天”。死生都能超越，那么世俗的所谓相濡以沫或者誉尧而非桀，都没有任何意义和道理，都是对“命”的不知而乱生发出的浅见。有限可以搬运，如一座山等，但无限不可以搬运，天下不可以藏天下，无限怎能藏无限？有限可以超越，而无限则不可超越。所以作为有限的人，只有托付给自然天道。

夫道有情有信，无为无形；可传而不可受，可得而不可见；自本有根，未有天地，自古以固存；神鬼神帝，生天生地；在太极之先而不为高，在六极之下而不为深，先天地生而不为久，长于上古而不为老。狶韦氏得之，以挈天地；伏戏氏得之，以袭气母；维斗[1]得之，终古不忒；日月得之，终古不息；堪坏得之，以袭昆仑；冯夷得之，以

① 维斗：北斗。因为北斗是众星的纲维，故名。

游大川；肩吾得之，以处大山；黄帝得之，以登云天；颛顼得之，以处玄宫；禺强得之，立乎北极；西王母得之，坐乎少广，莫知其始，莫知其终；彭祖得之，上及有虞，下及五伯；傅说得之，以相武丁，奄有天下，乘东维，骑箕尾，而比于列星。

严复评此段是“庄文无内心处，不必深加研究”。这是按意境卑浅、文笔呆板来判定的。其实这种评判也有拘泥存说之嫌。且不说《庄子》是庄子一派思想发展的体现，或者就是庄子本身有自相矛盾处，单是说庄子为了使常人能知道而悟道，惯用具象之比喻喻抽象之大道，已成为《庄子》一书中常用手法，也不能完全得出此段是“庄文无内心处”的结论。庄子传说中的人如神仙、帝王、圣贤都是通过宗道、师道、得道而取得令人仰慕的成就的，从而说明道的普遍存在并不虚幻，而是真实可寻的，虽然道是无形的，但它是万物的根本。

如此说来，“道”是派生万物、超越时空的绝对，是无所不在的主宰。这种万事万物的主宰超越了人的感性认识和理性推求，所以“自本有根”，“自古以固存”，“在太极之先而不为高，在六极之下而不为深，先天地之生而不为久，长于上古而不为老”。

南伯子葵问乎女偊曰：“子之年长矣，而色若孺子[1]，何也？”曰：“吾闻道矣。”南伯子葵曰：“道可得学邪？”曰：“恶！恶可！子非其人也。夫卜梁倚有圣人之才而无圣人之道，我有圣人之道而无圣人之才。吾欲以教之，庶几其果为圣人乎？不然，以圣人之

① 色若孺子：面色如童子。

道，告圣人之才，亦易矣。吾犹守而告之，参日而后能外天下；已外天下矣，吾又守之，七日而后能外物，已外物矣，吾又守之，九日而后能外生；已外生矣，而后能朝彻；朝彻，而后能见独；见独，而后能无古今；无古今，而后能入于不死不生。杀生者不死，生生者不生。其为物，无不将也，无不迎也，无不毁也，无不成也，其名为撄宁。撄宁也者，撄而后成者也。”

南伯子葵曰：“子独恶乎闻之？”曰：“闻诸副墨之子，副墨之子闻诸洛诵之孙，洛诵之孙闻之瞻明，瞻明闻之聂许，聂许闻之需役，需役闻之於讴，於讴闻之玄冥，玄冥闻之参寥，参寥闻之疑始。”

得道过后的外在表现形态，既像女偊年高而像一个小女孩子，同时也像《逍遥游》中所说的姑射山之神人“肌肤若冰雪，绰约若处子”，这既是为了让普通人知道得“道”的表征，同时也是对得“道”具象性的寓言式形容。修道的程序是朝彻——见独的两个悟道阶段，而修道有“外天下”“外物”“外生”三个程度深浅不同的区别，这就像后面颜回讲修(得)道的程序“忘仁义”“忘礼乐”“坐忘”也有三个不同程度的区别一样。正是从这种意义上讲，已有诸多先哲时贤认为，后面“颜回曰”一段应紧接此段，方才合义以类聚的要求，显得文义贯通与完足。

如果说天地万物是相对的，那么只有到了“道”的层次，才没有与其相对的，从而现出了绝对，由“朝彻”而至所谓“见独”。关于“见独”，成玄英说其“非无非有，不古不今，独往独来，绝待绝对”，正如冯友兰所说：“所谓见独，就是与道相见了。庄周认为，道是绝对，没有跟它相对立的，所以称之为独。”(《中国哲学史新编》)庄子齐万物，等生死，泯是非，皆因他认为有“道”统领万物而包含之，道就统一了。他强调的绝对的相对，至“独”的时候，便没有了相对的，万物的丰富都统一于此。如果这只是修道境界、哲学探讨，也就罢了。一旦统治者将其运用到统治术中，便会降而为成为儒家的“罢黜百家，独尊儒术”局面，尽管这里面仍有区别。这也是庄子虽然在高层次上反对百家争鸣，而在低层次上落入了统治者利用圈套之中的宿命。

子祀、子舆、子犁、子来四人相与语曰：“孰能以无为首，以生为脊，以死为尻；熟知死生存亡之一体者，吾与之友矣。”四人相视而笑，莫逆于心，遂相与为友。俄而子舆有病，子祀往问之。曰：“伟哉，夫造物者将以予为此拘拘也！”曲偻发背，上有五管，颐隐于齐，肩高于顶，句赘指天，阴阳之气有沴[①]，其心闲而无事，跰𨇤[②]而鉴于井，曰：“嗟乎！夫造物者又将以予为此拘拘也！”

子祀曰：“女恶之乎？”曰：“亡，予何恶！浸假而化予之左臂以为鸡，予因以求时夜；浸假而化予之右臂以为弹，予因以求鸮炙；浸假而化予之尻以为轮，以神为马，予因以乘之，岂更驾哉！且夫得者，时也；失者，顺也，安时而处顺，哀乐不能入也，此古之所谓县解也。而不能自解者，物有结之。且夫物不胜天久矣，吾又何恶焉！”

俄而子来有病，喘喘然将死。其妻子环而泣之。子犁往问之，

---

① 沴：乖戾。

② 跰（𨇤）：走路艰难的样子。

曰："叱！避！无怛化！"倚其户与之语曰："伟哉造化！又将奚以汝为？将奚以汝适？以汝为鼠肝乎？以汝为虫臂乎？"子来曰："父母于子，东西南北，唯命之从，阴阳于人，不翅于父母。彼近吾死而我不听，我则悍矣，彼何罪焉？夫大块载我以形，劳我以生，佚我以老，息我以死。故善吾生者，乃所以善吾死也。今大冶铸金，金踊跃曰：'我且必为镆铘！'大冶必以为不祥之金。今一犯人之形而曰：'人耳！人耳！'夫造化者必以为不祥之人。今一以天地为大炉，以造化为大冶，恶乎往而不可哉！"成然寐，蘧然觉。

常言道：鸟之将亡，其鸣也哀；人之将死，其言也善。但在庄子看来这只不过是囿于生死大关的浅见，拘泥于此，永不得修道之正途。子舆病了将死，却高声赞叹伟大的造物主所具备的神奇力量，将他变成这副病态模样，这在常人是断不可理喻的事。子来快要死了，他不仅不悲伤，而且认为这是听任道的吩咐，如同子女对父母的顺从一样。因而"夫大块载我以形，劳我以生，佚我以老，息我以死。故善吾生者，乃所以善吾死也"，所以感谢造物主"道"，就是再自然不过的事。造物主要我生，我便生；要我死，我便死，无所选择，从而可以达到"成然寐，蘧然觉"，也就是"其觉无忧"的境界。

生有所欢欣，死有所悲戚，这是人之常情，而庄子提倡要得道，必须放弃此种妄念，那么不妨说庄子的修道过程，是一种反人性的过程。当然这种所谓的人性过程，是一种社会判断，而社会判断对庄子来说，是可以鄙弃不顾的。因为他的观念从本质上说，都是反社会从而反社会价值取向的。

子桑户、孟子反、子琴张三人相与友，曰："孰能相与于无相与，相为于无相为？孰能登天游雾，挠挑无极，相忘以生，无所终穷？"三人相视而笑，莫逆于心，遂相与为友。

莫然有间，而子桑户死，未葬。孔子闻之，使子贡往侍事焉，或编曲，或鼓琴，相和而歌曰："嗟来桑户乎！嗟来桑户乎！而已反其真，而我犹为人猗！"子贡趋而进曰："敢问临尸而歌，礼乎？"二人相视而笑曰："是恶知礼意！"子贡反，以告孔子曰："彼何人者邪？修行无有，而外其形骸，临尸而歌，颜色不变，无以命之。彼何人者邪？"孔子曰："彼游方之外者也，而丘游方之内者也。外内不相及，而丘使女往吊之，丘则陋矣！彼方且与造物者为人，而游乎天地之一气。彼以生为附赘县疣，以死为决𤴯[①]溃痈。夫若然者，又恶知死生先后之所在！假于异物，托于同体；忘其肝胆，遗其耳目；反复终始，不知端倪；芒然彷徨乎尘垢之外，逍遥乎无为之业。彼又恶能愦愦然[②]为世俗之礼，以观众人耳目哉！"

子贡曰："然则夫子何方之依？"孔子曰："丘，天之戮民也。虽然，吾与汝共之。"子贡曰："敢问其方？"孔子曰："鱼相造乎水，人相造乎道。相造乎水者，穿池而养给；相造乎道者，无事而生定。故曰：鱼相忘乎江湖，人相忘乎道术。"子贡曰："敢问畸人。"曰："畸人者，畸于人而侔于天。故曰：天之小人，人之君子；人之君子，天之小人也。"

庄子修道，尽管用尽众多方法，但可以概括为"坐忘""心斋"

① 𤴯：身上的小肿块。

② 愦愦然：烦乱的样子。

等数个术语，而这些术语虽有区别，皆不出“忘”字核心。如“相忘以生，无所终穷”“忘其肝胆，遗其耳目”“鱼相忘乎江湖，人相忘乎道术”，包括后面将及的“坐忘”，无不意在一个“忘”字。用白话文来表达，这些方法中有一点共同的是，便是用“减法”，这减法减到直到忘记所有的一切，当然包括生死。

既然子桑户死，而孟子反、子琴张临尸而歌，就说明他们已达常人所不能达到的忘生死的最高境界，那么子贡却说他们不懂丧葬礼节，便是盲目之徒永不可能知晓的浅陋之见。能忘生死，那么忘仁义、忘是非、忘礼俗等，简直不在话下。甚至可以说忘礼俗、忘是非、忘仁义，是修炼忘生死的必要准备。子贡执著于人间礼义，其与得道的孟子反、子琴张的区别，就是“人之君子，天之小人”的区别，真是不可同日而语。

颜回问仲尼曰：“孟孙才，其母死，哭泣无涕，中心不戚，居丧不哀。无是三者，以善处丧盖鲁国，固有无其实而得其名者乎？回壹怪之。”仲尼曰：“夫孟孙氏尽之矣，进于知矣，唯简之而不得，夫已有所简矣。孟孙氏不知所以生，不知所以死。不知就先，不知就后。若化为物，以待其所不知之化已乎！且方将化，恶知不化哉？方将不化，恶知已化哉？吾特与汝，其梦未始觉者邪！且彼有骇形而无损心，有旦宅而无情死。孟孙氏特觉，人哭亦哭，是自其所以乃。且也相与‘吾之’耳矣，庸讵知吾所谓‘吾之’乎？且汝梦为鸟而厉乎天，梦为鱼而没于渊。不识今之言者，其觉者乎？其梦者乎？造适不及笑，献笑不及排，安排而去化，乃入于寥天一。”

孟孙才“进于知矣”，知之进者，便是不知，不知乃是真知，真知就是真人才能获得的道。“孟孙氏不知所以生，不知所以死。不知就先，不知就后”，这也是天与人，亦即孟孙才与颜回的区别。通过孔子与颜回的问答，来达到否定儒家之浅陋——尽管此处的孔子与颜回亦并不全是儒家的化身，但他们作为儒家的符号，不可能消散殆尽——的目的。孟孙才认为尘世只是一个大梦而已，生死之事，哪能萦怀于心呢？因此“安排而去化”，就会达到“入于寥天一”亦即天人合一的至境。

意而子见许由，许由曰：“尧何以资汝？”意而子曰：“尧谓我：‘汝必躬服仁义而明言是非。’”许由曰：“而奚来为轵？夫尧既已黥汝以仁义，而劓汝以是非矣。汝将何以游夫遥荡恣睢转徙之涂乎？”

意而子曰：“虽然，吾愿游于其藩。”许由曰：“不然。夫盲者无以与乎眉目颜色之好，瞽者无以与乎青黄黼黻[①]之观。”意而子曰：“夫无庄之失其美，据梁之失其力，黄帝之亡其知，皆在炉捶之间耳。庸讵知夫造物者之不息我黥而补我劓，使我乘成以随先生邪？”许由曰：“噫！未可知也。我为汝言其大略：吾师乎！吾师乎！整万物而不为义，泽及万世而不为仁，长于上古而不为老，覆载天地、刻雕众形而不为巧，此所游已！”

在《庄子》一书中，许由一直扮演着否定想禅让给他帝位的尧的角色，看来许由逃避帝位不只是用洗耳朵这种后人悉知的招数。许由

① 黼黻：古人所穿的礼服上所绣的斧形花纹。

本来没有可教训的了，庄子于是替他杜撰了一个意而子，来供其借机调侃儒家所祖述的尧舜二帝之浅陋。许由告诉意而子，尧帝用仁义这种黥刑抹黑你的脸，用是非这种劓刑割掉你的鼻子，如此一来，你怎么能逍遥得大道呢？因为在庄子看来，仁义与是非，都是社会判断，而非从道生发出来的，而社会判断与个人是截然对立的，而许由所说之大宗师，既不为仁义，也不为时间限制。换言之，所师法的老师亦即大宗师，是无限的大道。

颜回曰："回益矣。"仲尼曰："何谓也？"曰："回忘仁义矣。"曰："可矣，犹未也。"他日复见，曰："回益矣。"曰："何谓也？"曰："回忘礼乐矣。"曰："可矣，犹未也。"他日复见，曰："回益矣。"曰："何谓也？"曰："回坐忘矣。"仲尼蹴然曰："何谓坐忘？"颜回曰："堕肢体，黜聪明，离形去知，同于大通，此谓坐忘。"仲尼曰："同则无好也，化则无常也。而果其贤乎！丘也请从而后也。"

儒家重师承，而在庄子眼中，无所谓学生与老师。所倡导的"大宗师"也只是至大无边、至久无时的道，而非哪一个具体可以师范的人。如此一来，将儒家固有的师生关系打破，因而孔子向颜回请教就是顺理成章的事，因而有"丘也请从而后也"的事发生。修道可以如前所说通过忘仁义、忘礼乐而达到坐忘的目的，进而与大道同游，即所谓"同则无好也，化则无常也"。

"坐忘"是《庄子》中的重要概念，除了颜回的阐说外，历来论家很多，然不外陆平泉所说："端坐而忘，一切放下，如禅家面壁之功”(转引自刘凤苞《南华雪心编》)；又如陈庆坤所说：“坐忘、心斋都是向内的修养法，目的是从内心虚静，忘掉自己，达到精神上无待的浑沌状态。”(《庄子哲学的道和闻道之方试析》)

子舆与子桑友。而霖雨十日，子舆曰：“子桑殆病矣！”裹饭而往食之。至子桑之门，则若歌若哭，鼓琴曰：“父邪？母邪？天乎？人乎？”有不任其声而趋举其诗焉。子舆入，曰：“子之歌诗，何故若是？”曰：“吾思夫使我至此极者而弗得也。父母岂欲吾贫哉？天无私覆，地无私载，天地岂私贫我哉？求其为之者而不得也。然而至此极者，命也夫！”

“命”字是本段文字的中心，就像“大宗师”是本篇的中心词一样，其实“命”就是道的作用，这就是万物之所以为万物的本性使然。万物虽然有异，也就是各有其分，但它们都有一点是共同的——“命”。因此要做到“安分守命”，才能真正看到“天无私覆，地无私载”。生老病死，贫穷富贵，都是自然的流行——“命”亦即道作用的结果，不足以怨，亦不足以喜。这等对有限的超越，也不是一般人所能获得的。

从一般的教育原则包括从经验主义的教育原则出发，都只能得出老师的重要，老师的重要来源于“知”的重要。因为“知”也并非一般人能够获得，必须要有老师教，才能逐步获得。从篇首之“知天之所为，知人之所为”到“以其知之所知以养其知之所不知”，就体现了从“知之所知”到“知之所不知”。“知之所知”需要老师的引导，“知之所不知”则需要“大宗师”的引领，而“大宗师”是无始无终、无生无死之大道，而非哪一个具体的人。一个人知之所不知，就得了大道。就像西方许多思想家只知道所知，而不知“知之所不知”一样，那么古希腊哲学家苏格拉底和法国思想家蒙田就近于得大道的人，因为他们说过——我知道我一无所知。

从“知其所知”到“知之所不知”，不只是一般意义上的老师与大宗师的区别，而且也是人与天的区别。人与天的区别，是社会与大道的分野。同时也是有限与无限的区别：“知其所知”是有限，而“知其所不知”是用无限超越了有限。而要由有限达到无限的境界，必须用朝彻、见独的方法，通过外仁义、外是非、外生死等步骤，最终达到“坐忘”的状态，才能完全实现。因此我们要宗法于大道，因为它是我们的“大宗师”。

应帝王

“应帝王”自然是怎样当帝王，庄子认为当帝王无非是“游心于淡，合气于漠，顺物自然而无容私”，而不是苦心孤诣去有所作为，自然与马基雅维里的《君主论》中所论之做帝王没有多少可比性。在20世纪初兵燹纷乱、专制横行的现实环境中，严复第一个以敏锐的眼光将约翰·穆勒《群己权界论》(即密尔《论自由》)译出，但此稿一度遗失，失而复得，严复忍不住感叹到：“将四百兆同胞待命于此者深，而天不忍塞其一隙之明欤？”不特如此，他还推崇密尔的观点而贬斥卢梭的自由观，这实在是敏锐的识见。

同时，严复也是个对中国传统文化有极深研究的人，其浸淫庄子实非一日。在《庄子评点》一书中他对《应帝王》篇有一总评，全录如下：“此篇言治国宜听民之自由自化，故狂接舆以日中始之言为欺德。无名人之告殷阳曰：‘顺物自然而无容私焉，而天下治矣。’老聃告阳子居曰：‘明王之治，功盖天下而似不自己，化贷万物而民弗恃。’郭注云：‘夫无心而任乎自化者，应为帝王也。’此解与挽近欧西言治者所主张合。凡国无论其为君主，为民主，其主治行政者，即帝王也。为帝王者，其主治行政，凡可以听民自为自由者，应一切听其自为自由，而后国民得各尽其天职，各自奋于义务，而民生始有进化之可期。”严复对作为一个帝王的见解，固然有其道理。但他认为无论是专制国家还是民主国家的帝王，“凡可以听民自为自由者，应一切听其自为自由”，其实只是一厢情愿的书生之见而已。真正的民主政体固无论矣，因为它的确可以做到。而专制国家怎能保证帝王“凡可以听民自为自由者，应一切听其自为自由”呢？其实这正是庄子与严复的共同难题。

严复的理论不能解决专制国家的帝王“凡可以听民自为自由者，应一切听其自为自由”的问题，庄子也不能。庄子为了解决此一难题，在退守消极的手段上采取的是“无为”“返朴”，在进攻激进的手段上采取的是“无君”。前者，只有在无阶级的原始社会或者邈远的三代以上之社会始能得现，而在有阶级的社会里，“无为”“返朴”几乎只有理论上的意义，而无多大的现实可操作性；而对于后者，为后世鲍敬言的“无君论”所倡发，至20世纪初被中国的无政府主义者如刘师培、太虚等人申说。悟虚封庄子为无政府主义大师，其证据是《马蹄》篇里庄子反对一切束缚。要言之，无政府主义虽对专制制度有一定的消解作用，然也只是一种幻想而已，最终被寻求完美制度的改名换姓的专制制度利用。这就像普通人在专制制度下，只有两种选择：在平常时期做奴才，在非常时期做暴民，始终不可能做一理性之公民；而专制制度下仅存的制度设计者，要么倡导无政府，以发泄对暴君的不满；要么倡导邈不可见、原始的完美无缺的制度，不可能依据人为最高目的设计(当然，与其说制度是一种设计，不如说是一种选择和认同，以及逐步的改进)民主制度。而民主制度，不是不要政府，而是要一个依靠外在法律，权力受到限制的、实施宪政的政府；也不是预设一个不用更改、一劳永逸的所谓美好制度。正如丘吉尔所说，民主并不是完美无缺的制度，而只是所有制度中缺点较少的一种。我们不是苛求庄子，而是说，中国历来有这样的传统，喜欢在无政府与所谓的完美制度之间、暴民与奴才之间做非此即彼的选择，而不愿意寻得一个更具操作性、更具人性如民主制度一样的制度选择。

啮缺问于王倪，四问而四不知。啮缺因跃而大喜，行以告蒲衣子。蒲衣子曰："而乃今知之乎？有虞氏不及泰氏。有虞氏其犹藏仁以要人，亦得人矣，而未始出于非人。泰氏其卧徐徐，其觉于于。一以己为马，一以己为牛。其知情信，其德甚真，而未始入于非人。"

"四问而四不知"，在《齐物论》已有详问及论述。其中的第二问为："子知子之所不知邪？"知只是非常浅表的，知其所不知才能最终得大道。由这种认识论或者修道方式推及政治社会理论中，便是放弃仁义，采取无为。仁义是浅表的，是欺世的，而无为才能达到真正的天下大治。

尧舜一直是庄子挞伐的对象，其关键在于庄子认为他们"藏仁以要人"，用仁的目的是要巴结人，这是庄子认为他们作伪的地方。其实按儒家圣人治国的理想固然不可行，即便像泰氏那样什么也不做，顺其自然，以无为无心君临天下，如柏拉图所谓政治的目的在于合于宇宙理性的秩序，也是办不到的。因为泰氏之纯任自然，是建立在民不失朴素的本性之基础上的，这是另一种意义上的类同于儒家的人性善，所以主张人内在自修，而非依靠外在法律制度来对人本性之恶尤其是政权之恶加以限制，最终不可能达到效果。

肩吾见狂接舆。狂接舆曰："日中始何以语女？"肩吾曰："告我：君人者以己出经式义度，人孰敢不听而化诸？"狂接舆曰："是欺德也。其于治天下也，犹涉海凿河，而使蚊负山也。夫圣人之治也，治外乎？正而后行，确乎能其事者而已矣。且鸟高飞以避矰[①]弋之害，鼷鼠深穴乎神丘之下以避熏凿之患，而曾二虫之无知？"

庄子用"君人者以己出经式义度，人孰敢不听而化诸"这样的极端例子，来否定制度设立之必要，这就像放大一个人的缺点，必然会认为其十恶不赦一样。"君人者以已出经式义度"，是以帝王一己之意愿来制定制度，以便保护自己的利益，剥夺其他人的利益，是"欺德"，用此治天下，"犹涉海凿河而使蚊负山"，但不能说所有的制度设计，即人为都是人伪，即是欺德，这是说不通的。纯任百姓自化自为，是建立在去知无智，加之没有私有财产的基础上的，庄子所处之世已无可能，只是庄子向后退的理想而已。

虽然我赞赏庄子用鸟鼠尚且知道纯任自然而避害，而有的人却连低级动物都不如的比喻，但人却不能通过像鸟鼠那样用自己的特性——如鸟之高飞、鼠之潜土——来避害，以达到自化自由。这里存在着对人的特性的认识问题，也许庄子认为人是无欲的，其实人的本性欲望却是无法阻遏的，这就使得人不可能学鸟鼠。因为人所处之世界，不像鸟鼠所处之世界是纯粹的自然世界，而是以群为组织的人类社会，它和自然社会的区别，注定了不可能照搬纯然之自然界之规

① 矰：鸟网。

律。社会不是不需要法度，而是需要一个真正以民众意志为定夺的法度。这样来治天下，天下才可能治好。

天根游于殷阳，至蓼水之上，适遭无名人而问焉，曰："请问为天下。"无名人曰："去！汝鄙人也，何问之不豫也！予方将与造物者为人，厌则又乘夫莽眇之鸟，以出六极之外，而游无何有之乡，以处圹埌之野。汝又何帠[1]以治天下感予之心为？"又复问，无名人曰："汝游心于淡，合气于漠，顺物自然而无容私焉，而天下治矣。"

治理天下不能以任何私意去强制百姓，这是对的，但以为治理天下纯粹需要淡漠无为，顺物自然，就不一定行得通。庄子总是通过他的文字如取名字——天根是为天地之根，无名氏是老子所谓"无名天地之始"——来阐发其观点，但他经常所用的均为无意治天下者之高妙，来对比那些整天想些法子来治理天下者的浅陋，这种可比性是值得怀疑的。要言之，所谓的自治而天下大治，必须要保证它得以实现的制度，否则就只会像庄子自己所批评的儒家倡导的仁义一样，被人去其实、袭其皮而遭窃用。

阳子居见老聃，曰："有人于此，向疾强梁，物彻疏明，学道不倦。如是者，可比明王乎？"老聃曰："是于於圣人也，胥易技系，劳形怵心者也。且也虎豹之文来田，猨狙之便、执斄之狗来藉。如是者，可比明王乎？"阳子居蹴然曰："敢问明王之治。"老聃曰："明王之治：功盖天下而似不自己，化贷万物民弗恃。有莫举名，使

① 帠：方法，办法，见陆德明《经典释文》引司马彪说。

物自喜。立乎不测，而游于无有者也。”

一个人办事敏捷果敢，见识广博通达，学习勤奋努力，固然可以作为英明的国王的条件之一；但道德和知识修养并不能保证一个国王英明，他英明在于制度对他权力的约束，而不只在于他的道德修养和知识积累。虎豹因有美丽的皮纹而招来猎杀，其过错并不在于虎豹，它们是顺其自然而已，最大的问题在于没有保护虎豹的制度，而不仅仅是因为人类缺乏道德修养。

英明的国王功盖天下而不把功劳归于自己，不显露自己的声名，老百姓受到教化并没有感到国王的存在，这当然是很高的境界。但这样的国王近乎“无有”。把治理好天下全部押在一个不现实的、所谓完美的英明国王身上，以无为而治，从而达到天下大治，这只是庄子一厢情愿的梦想。

郑有神巫曰季咸，知人之死生、存亡、祸福、寿夭，期以岁月旬日，若神。郑人见之，皆弃而走。列子见之而心醉，归，以告壶子，曰：“始吾以夫子之道为至矣，则又有至焉者矣。”壶子曰：“吾与汝既其文，未既其实。而固得道与？众雌而无雄，而又奚卵焉！而以道与世亢，必信，夫故使人得而相汝。尝试与来。以予示之。”

明日，列子与之见壶子。出，而谓列子曰：“嘻！子之先生死矣！弗活矣！不以旬数矣！吾见怪焉，见湿灰焉。”列子入，涕泣沾襟以告壶子。壶子曰：“乡吾示之以地文，萌乎不震不止，是殆见吾杜德机也。尝又与来。”明日，又与之见壶子。出，而谓列子曰：“幸矣，子之先生遇我也！有瘳矣，全然有生矣！吾见其杜权矣。”

列子入，以告壶子。壶子曰："乡吾示之以天壤，名实不入，而机发于踵，是殆见吾善者机也。尝又与来。"明日，又与之见壶子。出而谓列子曰："子之先生不齐，吾无得而相焉。试齐，且复相之。"列子入，以告壶子。壶子曰："吾乡示之以太冲莫胜，是殆见吾衡气机也，鲵桓之审为渊，止水之审为渊，流水之审为渊。渊有九名，此处三焉。尝又与来。"明日，又与之见壶子。立未定，自失而走。壶子曰："追之！"列子追之不及。反，以报壶子曰："已灭矣，已失矣，吾弗及已。"壶子曰："乡吾示之以未始出吾宗。吾与之虚而委蛇，不知其谁何，因以为弟靡，因以为波流，故逃也。"然后列子自以为未始学而归。三年不出，为其妻爨，食豕如食人，于事无与亲。雕琢复朴，块然独以其形立。纷而封哉，一以是终。

壶子通过给巫师季咸"上课"，从而教导了他的弟子列子。季咸以能知人之生死寿夭相标榜，结果在壶子面前大丢颜面。如果说壶子是"立乎不测"的胜利，那么季咸便是有测的破产。壶子所显示于季咸的，按前贤所释共有四层含意：示妙本虚凝，寂而不动；示垂迹应感，动而不寂；本迹相即，动寂一时；本迹两忘，动寂双遣。正如庄学家王元泽所说："夫郑巫者，所谓人知其神而不神也；壶子者，所谓人不知其神而入神也。夫庄子言帝王之道而言及于神者，以帝王之道入神则方尽于妙也。故引壶子之事而明之，言其如此则方可为帝王也。"(《南华真经新传·应帝王》)像壶子这样的开导，还是有神化帝王之嫌疑，说明虚己无为，立乎不测，不能让一般百姓窥测帝王之用意。帝王的方法神神秘秘，和自然界一样，百姓不知，反而达到天下大治的目的。当然好的寓言在于想象的奇特。

无为名尸，无为谋府，无为事任，无为知主。体尽无穷，而游无朕。尽其所受乎天而无见得，亦虚而已！至人之用心若镜，不将不迎，应而不藏，故能胜物而不伤。

庄子的比喻非常卓越，如“至人之用心若镜，不将不迎，应而不藏，故能胜物而不伤”，但是治理天下，却不是两个比喻就解决问题的。要让百姓做到自化自治，单有帝王的虚已任物，游于无有，是绝对不够的。帝王的下级哪能达到这种水准？帝王既然有下级，那么他要管理下级，使下级能按其旨意去办，哪是虚已任物能够做到的呢？因此，总的说来，庄子的政治哲学或者帝王术，我认为幻想多于实用，无论是在古代还是在现代，都是比较幼稚的。换言之，把治理天下或者国家，完全当做帝王一人的一门自修课，实在看得过于便当。

南海之帝为儵[①]，北海之帝为忽，中央之帝为浑沌。儵与忽时相与遇于浑沌之地，浑沌待之甚善。儵与忽谋报浑沌之德，曰：“人皆有七窍以视听食息。此独无有，尝试凿之。”日凿一窍，七日而浑沌死。

仅从得道的角度看，浑沌被开凿七窍而死，是道亏而亡的象征，这是很有道理的。但从治理天下的角度看，破坏虚已无为，便会使国家大乱而致灭亡，这是无法解释通的。虽然庄子似乎可以自圆其说，

① 儵：与“忽”同义，迅疾之意。

但他的观点不可能行诸古，更不可能用于今。虽然如此，庄子比喻之妙、想象之奇，千古以来无人比肩，这也是不可否认之事实。

庄子是绝顶睿智之人，但他犯了一个大的错误，就是想将修道的程序与得道的方式，“放之四海而皆准”。他的理论本来是解决个人问题的，但拿来判断解决社会问题尤其是治理国家的问题，就显得格格不入。当然如果你说他是通过说明一个帝王怎样治理国家，来论证一个英明的国王可以达到一个多么不可企及的高度，是一种对个人的要求，那么这种论证就比较费力而没有达到实效，比《逍遥游》《大宗师》等篇章差了一等。虽然庄子的帝王治国理论，对他那个时候的专制统治有消解作用，但真要做到民众的自化自治，庄子所贡献的方子是做不到的。

庄子的视野中既没有现在，更没有未来，他的视角是向后的，无论是修道还是治理国家，他都主张用减法，减到为零，亦即无有，就是他理想之最高境界。庄子对人类文明是个典型的悲观主义者；另一方面，其主张让民众纯任自然，安于本朴，不开启其智慧，最终为法家所用，而成为愚民统治的理论基础，至少是客观上为愚民统治张了目。这一点大概出乎庄子之预料，此所谓任何见解如走向极端，就极易被各派别的利益集团利用，古今皆然，中国尤甚。

外篇

对假仁假义之激烈批评，「骈拇」是一篇横贯古今的檄文。中国自有文明以降，强调道德的劝讽作用，甚于有效公正、合理合法的制度建设，这就必然导致将道德的作用推广到荒唐的地步。一旦将道德作用泛化，易言之，放之四海而皆准，没有独立公正的法律做后盾，道德成为统治阶层所掌握的强势话语，统治阶层必然以自己的意志，让民众在无法选择中接受其繁缛虚假的说教，以达成统治阶层对自己利益最大化的追求，从而让弱势群体心不甘、情不愿，然而又无可奈何地承认自己正当利益被剥夺的残酷现实。

骈拇

对假仁假义之激烈批评，《骈拇》是一篇横贯古今的檄文。中国自有文明以降，强调道德的劝讽作用，甚于有效公正、合理合法的制度建设，这就必然导致将道德的作用推广到荒唐的地步。一旦将道德作用泛化，易言之，放之四海而皆准，没有独立公正的法律做后盾，道德成为统治阶层所掌握的强势话语，统治阶层必然以自己的意志，让民众在无法选择中接受其繁缛虚假的说教，以达成统治阶层对自己利益最大化的追求，从而让弱势群体心不甘、情不愿，然而又无可奈何地承认自己正当利益被剥夺的残酷现实。也就是说，将统治阶层的意志装饰上“公意”的花环，使一种貌似大家都在遵守的道德，成为深入普通民众骨髓的、变相的刑具而已。所谓“天下莫不奔命于仁义”，就是因为戴着“仁义”的面具，可以大肆地巧取豪夺。设若没有利益在其中，“仁义”便没有去“奔”的必要。一个“奔”字用于“仁义”，实在妙绝古今。

庄子眼看是非纷起、强盗横行、诸侯争霸愈演愈烈的现实，而各家学说尤其是儒墨两派显学，大讲仁义礼节，到了泛滥成灾的地步。仁义礼节由于没有相应的措施和制度，便无法真正约束统治阶层，那么就会变成统治阶层向弱势群体宣讲大道而自己从中渔利的工具，可达欺世盗名之效。顺理而推，便会得出庄子《在宥》一篇所说的“焉知曾、史之不为桀、跖嚆矢也”，亦即圣人成为强盗的响箭的尴尬局面。倡导道德上的圣人，从逻辑上讲，说明道德之堕落已成不可阻挡之颓势，不然没有号召的必要。更直接地说，成为道德圣人是不可能的，所以才须要号召大家学习。其实号召大家去学习一个子虚乌有的、不可能的道德圣人，“使天下簧鼓以奉不及之法”，是对我们智商的侮辱。但这种侮辱人的“事件”却屡屡发生，说明庄子的批评在我们这个伪道德泛滥的国度，仍旧有着相当普遍的意义。而且作为现代人，个人有自主选择权，领导阶层既没有号召普通民众学习圣人的权利，普通民众也没有接受他们号召的义务。

按旧式之标准，伯夷与盗跖本属于截然相反的类型：前者是道德的化身，后者是恶的代表。但在庄子看来，他们的区别只在于，前者殉于名，后者殉于利。不能保持作为一个人的自然本性，也就是说不能在道德的上线(圣人)和道德的下线(盗跖)之间做一个真实的人，那么只有汲汲殉于名义的份。所以庄子在本篇结尾中似乎自谦地说：“余愧乎道德，是以上不敢为仁义之操，而下不敢为淫僻之行也。”证实他又一次触及了伪道德、假仁义的实质。换言之，我只能在道德的上线和下线之间做一个保持自然本性的人，既不敢仿效伯夷殉名于首阳，这太高不可攀；也不屑学盗跖劫利而遭害于东陵山，那太无耻而悲惨。所谓“余愧乎道德”，一个“愧”看似自轻自贬，其实表明庄子身在那个竞相标榜仁义道德实则贪婪无度的时代一种与世抗争的大勇。这种勇气，对于素来信奉大概率价值观，亦即主张羊随大群不挨打的中国人来说，尤为难得。

骈拇枝指出乎性哉，而侈于德；附赘县疣出乎形哉，而侈于性；多方乎仁义而用之者，列于五藏哉，而非道德之正也。是故骈于足者，连无用之肉也；枝于手者，树无用之指也；多方骈枝于五藏之情者，淫僻于仁义之行，而多方于聪明之用也。

是故骈于明者，乱五色，淫文章，青黄黼黻之煌煌非乎！而离朱是已！多于聪者，乱五声，淫六律，金、石、丝、竹、黄钟、大吕之声非乎？而师旷是已！枝于仁者，擢德塞性以收名声，使天下簧鼓以奉不及之法非乎？而曾、史是已！骈于辩者，累瓦、结绳、窜句，游心于坚白同异之间，而敝跬誉无用之言非乎？而杨、墨是已！故此皆多骈旁枝之道，非天下至正也。

庄子用骈拇枝指设喻，证明儒墨各家强加给人的仁义，只不过是“多骈旁枝之道”，如同长在人身上无用之赘疣之物而已。赘疣之物，不只是无用，而且累赘；不只是累赘，而且人要恢复到他原来的本真状态，几乎不可能。这就是所谓“且夫骈于拇者，决之则泣；枝于手者，龁之则啼”，何况那些给别人“决”“骈拇”者，事实上经常弄错。视听最佳者离朱、师旷，仁义之最当属曾、史，说空话、猎虚名，巧于诡辩者当是杨、墨。这些所谓之“最”，都超过了人应该有的本真状态以及应该谨守的限度，只不过是多余的东西，不足以成为“天下之至正”，不是人自然心性的真实体现。

彼至正者，不失其性命之情。故合者不为骈，而枝者不为跂；长者不为有馀，短者不为不足。是故凫胫虽短，续之则忧；鹤胫虽长，断之则悲。故性长非所断，性短非所续，无所去忧也。

意仁义其非人情乎！彼仁义何其多忧也。且夫骈于拇者，决之则泣；枝于手者，龁[①]之则啼。二者或有馀于数，或不足于数，其于忧一也。今世之仁人，蒿目而忧世之患；不仁之人，决性命之情而饕富贵。故意仁义其非人情乎！自三代以下者，天下何其嚣嚣也。

且夫待钩绳规矩而正者，是削其性者也；待绳约胶漆而固者，是侵其德者也；屈折礼乐，呴俞[②]仁义，以慰天下之心者，此失其常然也。天下有常然。常然者，曲者不以钩，直者不以绳，圆者不以规，方者不以矩，附离不以胶漆，约束不以纆[③]索。故天下诱然皆生，而不知其所以生；同焉皆得，而不知其所以得。故古今不二，不可亏也。则仁义又奚连连如胶漆纆索而游乎道德之间为哉！使天下惑也！

夫小惑易方，大惑易性。何以知其然邪？自虞氏招仁义以挠天下也，天下莫不奔命于仁义。是非以仁义易其性与？

故尝试论之：自三代以下者，天下莫不以物易其性矣！小人则以身殉利，士则以身殉名，大夫则以身殉家，圣人则以身殉天下。故此数子者，事业不同，名声异号，其于伤性以身为殉，一也。

臧与谷[④]，二人相与牧羊而俱亡其羊。问臧奚事，则挟筴[⑤]读书；问谷奚事，则博塞以游。二人者，事业不同，其于亡羊均也。

伯夷死名于首阳之下，盗跖死利于东陵之上。二人者，所死不同，其于残生伤性均也。奚必伯夷之是而盗跖之非乎？

---

① 龁：咬掉。

② 呴俞：和悦的情状。

③ 纆：黑色之绳。

④ 臧与谷：奴隶与小童。

⑤ 挟筴：带着羊鞭。筴：同“策”，此处指羊鞭。

天下尽殉也：彼其所殉仁义也，则俗谓之君子；其所殉货财也，则俗谓之小人。其殉一也，则有君子焉，有小人焉。若其残生损性，则盗跖亦伯夷已，又恶取君子小人于其间哉！

伯夷与盗跖、君子与小人，他们看似有区别，或殉于名，或殉于利，但从“失其性命之情”这一实质上来看，并没有什么不同。故“小人则以身殉利，士则以身殉名，大夫则以身殉家，圣人则以身殉天下”。因此分出个君子与小人、圣人与大盗，实在没有那个必要。那些以仁义蛊惑民众，以使民众失去“常然”的人，大抵都是些巧取名利之徒。鸭的短腿和鹤的长脚，均是其自然进化的结果，而不是人为故意使其短和有意使其长的，倘使违背其自然本性，那么无论是鸭还是鹤都只有死掉的份。

但庄子为了批评当世儒墨显学，所用的方法却是向后看，所谓“自三代以下者，天下何其嚣嚣”，“自有虞氏招仁义以挠天下也，天下莫不奔命于仁义”。用一种虚幻的、完美的存在来反证现实之污烂，似乎可以自圆其说，但其间的悖谬亦不少。因为问题在于，用一种完美的社会做诱饵，使人们对现实不满，以获得对自己学说最大限度的支持，这已经被后世许多残酷的现实证明为欺世之谈。其实求仁得义都是人的一种自然本性，关键是，不要过度，所谓不要“奔命”，而不是完全不必讲仁义，庄子有些时候不免有太过要求完美、吹毛求疵的嫌疑。完美的东西以及完美的制度，都是不存在的。英国谚语说得好：最好的东西是好的东西的敌人。这正是庄子思维以及思想方法上的缺陷，也是不少时候使自己陷入悖论的原因之一。当然庄子有时对仁义的看法，也正如严复所说：“庄生之意以谓，使仁义而

为人情，则行之宜愈乐，而诱然同然，皆生皆得。乃今不然，以是知其非性命之正，而为道德之骈枝也。”（《庄子评点》）

且夫属其性乎仁义者，虽通如曾、史，非吾所谓臧也；属其性于五味，虽通如俞儿，非吾所谓臧也；属其性乎五声，虽通如师旷，非吾所谓聪也；属其性乎五色，虽通如离朱，非吾所谓明也。吾所谓臧，非仁义之谓也，臧于其德而已矣；吾所谓臧者，非所谓仁义之谓也，任其性命之情而已矣；吾所谓聪者，非谓其闻彼也，自闻而已矣；吾所谓明者，非谓其见彼也，自见而已矣。夫不自见而见彼，不自得而得彼者，是得人之得，而不自得其得者也，适人之适，而不自适其适者也。夫适人之适，而不自适其适，虽盗跖与伯夷，是同为淫僻也。余愧乎道德，是以上不敢为仁义之操，而下不敢为淫僻之行也。

“夫不自见而见彼，不自得而得彼者，是得人之得，而不自得其得也，适人之适，而不自适其适者也”，是一个很重要的观点。这就是说一个人迁自我就别人，以他人的是非为是非，以他人的判别准绳为准绳，这便是丧失本性的真正表现。如果是这样，那么伯夷、盗跖都是思维不正常。换个角度思考，庄子主张保持人的本性，是肯定人的自我，是对个性的张扬，从而批评社会或者他人强加于自己的标准就是所谓“仁义”害人的根源。而社会由统治阶层之强势群体掌握着发言权、话语霸权，那么统治阶层要想对仁义怎么解释就怎么解释，唯一尺度便是符不符合统治阶层自己的利益。以他人的是非为是非，这个他人也是强势群体之个体，因此具有话语霸权。这样“适人之适”，便是行为怪诞，思维不正常。

庄子批评假仁义伪道德所用之设喻如骈拇枝指等，犹如《老子》中之余食赘行，说明自夸的仁义之人都是远于大道的；又如《老子》中之“失道而后德，失德而后仁，失仁而后义”这样的层层下递之关系，“仁义”只是最底层的东西，离道甚远。讲仁义是道亏的表现，因此仁义乃赘疣之物，是多余的。

庄子生当乱世，发出偏激之言，犹如刘凤苞给《骈拇》写总论时所说：“南华老人，目击心伤，发此奇快透辟之论，将仁义一齐抹煞，使之无可假托，反而求诸性命之情，真有芦灰止水，铁锁横江之妙。”(《南华雪心编》)而对于本篇最后一句：“余愧乎道德，是以上不敢为仁义之操，而下不敢为淫僻之行也。”前人陆西星也有的解：“上下俱不为，则虚静、恬淡、寂寞、无为，而道德之正，性命之情，于是乎得之矣。”(《南华真经副墨》)这就近于在固守道德底线到道德上线之间的广阔地带活着，便是得“性命之情”的说法。至于说著名思想家王夫之认为庄子“内篇虽极意形容，而自说自扫，无所沾滞；外篇则固执粗说，能死而不能活。内篇虽轻尧舜、抑孔子，而格外相求，不党邪以丑正；外篇则忿戾诅诽，徒为轻薄以快其喙鸣”(《庄子解》)。虽不无道理，但“外篇则忿戾诅诽，徒为轻薄以快其喙鸣”的说法，是不大站得住脚的。其一是预设庄子文风一成不变，否定庄子为文方式的丰富性；另外则是王夫之对庄子内、外篇遽下泾渭分明之论断，实质上进入了他自己批评庄子的圈套，固然不是“徒为轻薄”，但“以快其喙鸣”的指责，他是免不了的。

马蹄

《马蹄》篇可看做是《骈拇》篇思路和内容之继续，两篇都倡导人的自然本性的恢复和保持。但后者偏重于对本性之“性”的阐发，前者着眼于对“治”的探讨，认为治天下和善治天下不只是两个层次的差别，而是根本的不同。治天下是用一套人为的规范使得人去就范，马去适应；善治天下就是“不治天下”，因为善治并不是治，而是不治。因为庄子一直将社会意识及其相应的价值观念当做对人的自然本性之伤害，使二者对立起来。野马与伯乐驯导过的马、天然黏土和陶匠制作成的器皿等之间，有着不可调和、境界殊异的二重对立，前者天然，后者人为。人为是人伪，庄子就反对，这是他的一贯做法。

庄子是长于比喻的大师、想象的高手，既可写神奇怪诞之物，亦可以从日常生活中比譬而来，如伯乐之于马匹、陶匠之于黏土、木匠之于木头，无不是常人眼中皆有，却是人们笔下皆无。所谓佛家只讲家常话，庄子为文之妙为何启迪禅宗不得不动用文字时的许多做法，我们不难从此窥出点崖略，这也许是后世许多佛门弟子或者研究佛教的人，都喜欢庄子，或者不可能不研究庄子的一个原因。

庄子为了批评当下人伪之丑恶、道德(自然本性的)之堕落、仁义之虚假，所采用的一律是虚造一个上古之世的理想社会出来抵御现实的不堪。我曾经说过，在庄子的眼里，没有未来，因为随着知识的增长，只会越来越让他伤心，以至于要极端地绝圣弃智。不只是庄子，似乎先秦诸子，都是这种思考问题的路数。虽然他们对同一问题有诸种争论，但都逃不脱向后看的宿命套路。吾国文化，是否因了这种已经侵入了我们骨髓的思维方式和看待问题的视野，而留下了难以根治之痼疾？我认为值得研究传统文化的人认真对待。

马，蹄可以践霜雪，毛可以御风寒。龁草饮水，翘足而陆，此马之真性也。虽有义台路寝[①]，无所用之。及至伯乐，曰："我善治马。"烧之，剔之，刻之，雒之。连之以羁馽，编之以皁栈[②]，马之死者十二三矣！饥之，渴之，驰之，骤之，整之，齐之，前有橛饰之患，而后有鞭筴之威，而马之死者已过半矣！陶者曰："我善治埴。圆者中规，方者中矩。"匠人曰："我善治木。曲者中钩，直者应绳。"夫埴木之性，岂欲中规矩钩绳哉！然且世世称之曰："伯乐善治马，而陶匠善治埴木。"此亦治天下者之过也。

伯乐是一位我们耳熟能详的人，至今仍将他当做知人善任的典范，哪知庄子早在两千年前就反对这种做法。庄子当然是从马的本性

---

① 义台：天子及诸侯行礼之仪台；路寝：正寝亦即大寝，古代所谓天子六寝，路寝一，小寝五。

② 连之以羁馽，编之以皂栈：给马络上笼头，套上足绊，然后用马绳将马成群地纠集在一起，拖进马棚，押上栈床，关入槽枥。馽：马络头；絷：牵绊马足的绳子；皁：马槽。

遭受扼杀的角度，来看待这个问题的，进而说明那些善治天下者，犯了与伯乐相同的错误。庄子认为伯乐对于马来说，完全没必要存在；或者反过来，对于马来说，完全不需要什么伯乐。其实我们可以从另外的角度来阐发伯乐之存在并非充分必要。后人还将伯乐善于相马的故事引申为“世有伯乐，然后有千里马；千里马常有，而伯乐不常有”来加以褒扬，以至于今。其实只要有人能尽其才、物能尽其用的良好制度，也就是良好的制度不以个人意志为转移，或者被“民意”的形式专断而遭破坏，那么伯乐的存在固然有其一定的作用，但绝非必要——所谓“世有伯乐，然后有千里马”。也就是说，我们指望靠他来解决人不能尽其才的问题，正好表明制度之被扭曲、不合理、不符人性。就从用人制度上看，人能尽其才，也有顺乎本性的意思，马自然更是如此。马除了其天性以外，还有每匹马各有区别，不可混同。同理，陶匠与木匠也是如此，不可以自己的意志去伤黏土和木头的本性。

吾意善治天下者不然。彼民有常性，织而衣，耕而食，是谓同德。一而不党，命曰天放。故至德之世，其行填填，其视颠颠。当是时也，山无蹊隧，泽无舟梁；万物群生，连属其乡；禽兽成群，草木遂长。是故禽兽可系羁而游，乌鹊之巢可攀援而窥。夫至德之世，同与禽兽居，族与万物并，恶乎知君子小人哉？同乎无知，其德不离；同乎无欲，是谓素朴。素朴而民性得矣。及至圣人，蹩躠[1]为仁，踶

① 蹩躠：行走困难之情状，引申为勉力为仁。

跂[1]为义，而天下始疑矣。澶漫[2]为乐，摘僻[3]为礼，而天下始分矣。故纯朴不残，孰为牺樽！白玉不毁，孰为珪璋！道德不废，安取仁义！性情不离，安用礼乐！五色不乱，孰为文采！五声不乱，孰应六律！

好的国王管理百姓，治理天下，就要如同对大草原上的野马一样，让其自由发展，而不是用自己的意志强加于民众。而有的"国王强奸民意，还以为百姓应该谢他的恩。似乎大家喜欢被整治，被管，被奴。他永远不晓得自己有什么错，正如七十二行大大小小的伯乐，洋洋得意，死不觉悟"(流沙河《〈庄子现代版〉增订本》)。于是庄子据此推到远古的理想社会，认为那个时候，才真正做到了保持人的真性，儒家圣人最大的过错便是"毁道德以为仁义"，圣人不死，假仁假义不休不止。

夫残朴以为器，工匠之罪也；毁道德以为仁义，圣人之过也。夫马陆居则食草饮水，喜则交颈相靡，怒则分背相踶。马知已此矣！夫加之以衡扼，齐之以月题，而马知介倪闉扼鸷曼诡衔窃辔[4]。故马之知而能至盗者，伯乐之罪也。夫赫胥氏之时，民居不知所为，行不知所之，含哺而熙，鼓腹而游。民能已此矣！及至圣人，屈折礼乐，以匡天下之形，县跂仁义，以慰天下之心，而民乃始踶跂好知，争归于利，不可止也。此亦圣人之过也。

---

① 踶跂：踮起脚尖之貌，引申为用心为仁义。

② 澶漫：放纵。

③ 摘僻：烦琐拘牵。

④ 介倪：毁损车輗；闉扼：谓马弯曲脖颈，以拒人逃脱；鸷曼：狂突不羁，试图挣脱束缚；诡衔：狡猾地吐出衔子；窃辔：偷偷地咬断辔头。

马的天性本来只限于知道自由自在奔跑，渴则饮水，饥则食草；远古的民众只要吃饱穿暖就了事。但现在不一样，马也像人一样知道迎合主人的意愿。伯乐逼马学会虚假，儒家的圣人逼民众学坏。这就使得他们的真性丧失殆尽。但庄子这种极端观点，犹如《应帝王》中浑沌凿而七日死的故事一样，主张让民众处于本朴无知的状态，很容易为后世专制统治者的愚民政策张目。尽管这不是庄子学说的过错，但说明他的学说有可供利用的漏洞，确实不算栽赃于他。

庄子是擅长用比喻来说明事理的人，如果只把他所写的文章当做纯粹的文学作品来看，那么无疑是千古独步的。但由于先秦时文体体裁分割还不像今天这样细，也就缺乏各种文体所必需的、一定的分野，再加上庄子用寓言或者散文的形式，虽有妙不可言的文句及想象，但说理成分也很重，这就使得后世许多方面比如研究哲学、逻辑学或者政治学等方面的研究者，都要在其中找到支持自己学说的观点。这就使得对庄子文本的阐释众说纷纭，尤其是把它当做先秦整体文明的一部分，比喻在所指与能指之间存在的巨大缝隙，就不可避免地显现出来了。名与实的问题，本身就存在着天然的不可能绝对对等的关系，所谓名实相符在哲学研究上，只是一个比喻而已。

这就是说庄子的文本虽然用词设喻，神奇怪诞，间或也很具体，但其间所表现出来的思想，却和先秦诸子的其他学派一样，呈现出它的极端性和排他性。比如一批判当下社会之弊端，所设的批评坐标，一直就推到邈不可及的上古，认为那里曾经存在着一个理想社会的范本，可供后世效仿。我们固然不可苛责庄子，但我们古代文明的局限，却是不言自明的。庄子反对人伪反对假仁假义，其所取的无非是一个道德，即人要保持自己的本性，最终不可能达到真正解决假仁假义泛滥的问题。这不只是由于大讲特讲仁义的儒家占据着中国文化包括统治阶层意识形态的中心位置，而且关键是庄子所倡导的一套，本质上不可能解决并且消除儒家所包含的虚仁假义，一直到今天中国的社会也是如此，伪道德泛滥成灾。这不是因为我们不强调道德，而是因为我们的道德没有真正公正的制度(比如法律制度、公民意识等)做保障，人性自然会被扭曲，虚假道德必然泛滥。质言之，用道德不可能解决道德本身的缺陷。

胠 箧

《胠箧》篇确如流沙河先生所言："立论之怪，之险，之绝，古今罕见。"(《〈庄子现代版〉增订本》)亦如杨士奇所谓："庄子矢口而言，粗而实精，矫俗而论，正而若反。"(转引自马其昶《庄子故》)又如陆西星所谓："局儒读之，未免骇汗。"(《南华真经副墨》)黄口小儿皆知知识之有用，因而急欲学习，而庄子违反常识，主张灭绝知识，此其立论之怪；圣人为儒家所着力倡导，为官方所鼎力号召，为世俗所景仰，为小民所则效，而庄子喊出打倒圣人的口号，不惜得罪官方及众多喊着学习圣人的人，此其立论之险；绝圣弃知，是因为圣人和知识，往往被强盗利用，成为坏人的帮手，以此搅乱天下，使得人们包括卑小之昆虫也异化自己，变得狡诈异常，此其立论之绝。如只从文章学的角度看，漆园惯走险道，好立异论，笔走偏锋，不合时宜，本不足怪，不然千古以来逢庄子即拜的知识分子为何如此众多便无法解释。

然而问题在于，庄子主张绝圣弃知，把知识判断和道德判断混为一谈，认为知识即是淆乱之源，亦是道德堕落之渊薮。他不知人类的知识有其中立性，即有价值中立的特性。知识既可为好的人利用，也可以为坏的人利用，也就是说，知识既可以服务于人类，也可以对人类有害，关键在于如何使其最大限度地服务于人类，最小限度地伤害人类。其实庄子在文章中也经验主义地说过类似的话："善人不得圣人之道不立，跖不得圣人之道不行。天下之善人少而不善人多，则圣人之利天下也少而害天下也多。"既然"道"既可能利善人亦可以利盗跖，已从侧面证明知识的中立性质，问题不在于知识本身，而在于怎么最大限度利于善人，而最小限度利于或不利于盗跖。所以弃知不仅没必要，而且没可能。至于说圣人之利天下少而害天下多，问题在于圣人之言论有很多是虚假的道德，是违反人性本能的，所以它反而容易被盗跖利用而有害于普通人。提倡圣人便是将道德的作用置入人类社会中一个不适当的位置，这种有害性，即使在今天的中国也非常明显。单是从此点上判断，中国也尚未进入一个真正现代文明的社会。立道德楷模，号召甚至强迫众多人去效仿，我认为这是剥夺个人的信仰权和判断权以及选择权的，所以我也主张绝圣人，让每个人在法律制度和人性的伦理制度范畴内自行决断。

但是庄子绝圣弃知的原由，除了圣人和知识有危害外，还从正面作了一个不能使人信服的立论，即在知识和圣人尚未诞生之前有一个"至德之世"的参考性坐标在那里，向他证实着以前的美好，这是庄子万变不离其宗的招数。用自己向壁虚造、不能证实的理想，来作为自己批评现实的基点，除了证明你的理想高远，使人们徒添向往以外，不可能再有什么真正的益处。

将为胠[①]箧探囊发匮之盗而为守备，则必摄缄縢[②]，固扃𫔎[③]，此世

① 胠：从旁开箱子。

② 摄缄縢：用绳子捆好箱子。

③ 固扃𫔎：上好门闩，锁好箱子。扃：关钮；𫔎：箱子上加锁的铰钮。

俗之所谓知也。然而巨盗至，则负匮揭箧担囊而趋，唯恐缄縢扃鐍之不固也。然则乡之所谓知者，不乃为大盗积者也？

适切之比喻，带来痛快的结论，毫无寻常文士作文时叠床架屋、穿靴戴帽之弊，开门见山，直截了当：知识犹如门锁，防小盗尚可，大盗哪能防住呢？防小盗的人最终是为大盗积攒所盗之财物，使大盗盗得更多，自然是对大盗有利。这就像一家人，安装门锁防住了众多的小盗，防住一个小盗保住了一些财物，依此类推，防住了众多的小强盗，必然可以保住众多的财物。但不幸的，最终被一个大强盗明火执仗地盗走，这就是安装门锁变成为大强盗积攒财物。从逻辑推论上讲，这是说得过去的，而且有一定道理。庄子据此便延伸出知识和圣人就像寻常人家的门锁一样，不仅防不住大盗，而且是帮大盗积攒了财物，并最终帮大盗守住了财物。

故尝试论之：世俗之所谓知者，有不为大盗积者乎？所谓圣者，有不为大盗守者乎？何以知其然邪？昔者齐国邻邑相望，鸡狗之音相闻，罔罟之所布，耒耨之所刺，方二千馀里。阖四竟之内，所以立宗庙社稷，治邑屋州闾乡曲者，曷尝不法圣人哉？然而田成子一旦杀齐君而盗其国，所盗者岂独其国邪？并与其圣知之法而盗之，故田成子有乎盗贼之名，而身处尧、舜之安。小国不敢非，大国不敢诛，十二世有齐国，则是不乃窃齐国并与其圣知之法以守其盗贼之身乎？

尝试论之：世俗之所谓至知者，有不为大盗积者乎？所谓至圣者，有不为大盗守者乎？何以知其然邪？昔者龙逢斩，比干剖，苌弘胣[①]，子胥靡。故四子之贤而身不免乎戮。故跖之徒问于跖曰："盗亦有道乎？"跖曰："何适而无有道邪？夫妄意室中之藏，圣也；入先，勇也；出后，义也；知可否，知也；分均，仁也。五者不备而能成大盗者，天下未之有也。"由是观之，善人不得圣人之道不立，跖不得圣人之道不行。天下之善人少而不善人多，则圣人之利天下也少而害天下也多。故曰：唇竭则齿寒，鲁酒薄而邯郸围，圣人生而大盗起。掊击圣人，纵舍盗贼，而天下始治矣。

夫川竭而谷虚，丘夷而渊实。圣人已死，而大盗不起，天下平而无故矣！圣人不死，大盗不止。虽重圣人而治天下，则是重利盗跖也。为之斗斛以量之，则并与斗斛而窃之；为之权衡以称之，则并与权衡而窃之；为之符玺以信之，则并与符玺而窃之；为之仁义以矫之，则并与仁义而窃之。何以知其然邪？彼窃钩者诛，窃国者为诸侯，诸侯之门而仁义存焉，则是非窃仁义圣知邪？故逐于大盗，揭诸侯，窃仁义并斗斛权衡符玺之利者，虽有轩冕之赏弗能劝，斧钺之威弗能禁。此重利盗跖而使不可禁者，是乃圣人之过也。

故曰：鱼不可脱于渊，国之利器不可以示人。彼圣人者，天下之利器也，非所以明天下也。故绝圣弃知，大盗乃止；擿玉毁珠，小盗不起；焚符破玺，而民朴鄙；掊斗折衡，而民不争；殚残天下之圣法，而民始可与论议；擢乱六律，铄绝竽瑟，塞瞽旷之耳，而天下始人含其聪矣；灭文章，散五采，胶离朱之目，而天下始人含其明矣；毁绝钩绳而弃规矩，攦工倕[②]之指，而天下始人有其巧矣。故曰：大巧若拙。削曾、史之行，钳杨、墨之口，攘弃仁义，而天下之德始玄

---

① 胣：刳肠。

② 攦：折断。

同矣。彼人含其明，则天下不铄矣；人含其聪，则天下不累矣；人含其知，则天下不惑矣；人含其德，则天下不僻矣。彼曾、史、杨、墨、师旷、工倕、离朱者，皆外立其德，而以爚[①]乱天下者也，法之所无用也。

田成子盗了齐国的国政，而且把仁义礼乐包括诸如周公、管仲、孔子盗来为自己所盗之国政服务，免除群众的言语、他国的非议；关龙逢、比干、苌弘、伍子胥这样的贤人却不惜为那比大盗还恶的君王殉身，而大盗跖却说盗亦有道，也讲仁义礼智信。庄子据此继续证明其绝圣弃知的观点。田成子杀了齐景公而专权，便将田成子比做大盗，这是将姜氏齐国当做正统来看的眼光在作怪，其实齐景公得齐国又何尝有正义可言？这是古代政治不能进行有效的利益分配，从而不能将政权交接进行和平让渡的结果，不存在谁正统谁不正统。由此来看，庄子的论证就有不能自圆其说的问题。至于说制度不能保障一个人的生命，人臣为主子尽忠，尽谏臣之义，成为最大限度的愚忠，但错不在关龙逢这样的贤人。而盗跖之道，虽然与仁义之道看上去有联系，其实还是有所区别，至少在概念的内涵、外延上都有不同，不可完全等同。但仁义若没有相应的制度保障，必成虚假的东西，人人可得而利用之，任何人都不按号召学习的圣人标准去做，但大家都在嘴上喊学习圣人，以致贻害无穷。

没有准则，泯去正义与非正义，“窃钩者诛，窃国者为诸侯”的事，虽然让人痛心疾首，却层出不穷。庄子由于痛感圣人和知识的危害，因此在一定程度上陷入愚民之怪圈，因而得出“彼圣人者，天下

---

① 爚：火乱飞的样子。

之利器也，非所以明天下也”的类似法家道术之见，这无论如何不算高明。而且我还认为像师旷、离朱等这样有特殊天分的人，只要不是他们自己想去当圣人，被人号召着让大家都去学习他们，就不能说要灭掉他们，天下的普通百姓才能发挥自己的才干，这里不存在逻辑上的顺延。其实要批判的是那些号召人们学习离朱、师旷的人，而不是离朱、师旷们自己，因为圣人不是他们自封的。

子独不知至德之世乎？昔者容成氏、大庭氏、伯皇氏、中央氏、栗陆氏、骊畜氏、轩辕氏、赫胥氏、尊卢氏、祝融氏、伏戏氏、神农氏，当是时也，民结绳而用之。甘其食，美其服，乐其俗，安其居，邻国相望，鸡狗之音相闻，民至老死而不相往来。若此之时，则至治已。今遂至使民延颈举踵，曰“某所有贤者”，赢粮而趣之，则内弃其亲而外去其主之事，足迹接乎诸侯之境，车轨结乎千里之外。则是上好知之过也！

上诚好知而无道，则天下大乱矣！何以知其然邪？夫弓弩毕弋机变之知多，则鸟乱天上矣；钩饵罔罟罾笱[①]之知多，则鱼乱于水矣；削格罗落罝罘[②]之知多，则兽乱于泽矣；知诈渐毒、颉滑[③]坚白、解垢同异之变多，则俗惑于辩矣。故天下每每大乱，罪在于好知。故天下皆知求其所不知，而莫知求其所已知者，皆知非其所不善，而莫知非其所已善者，是以大乱。故上悖日月之明，下烁山川之精，中堕四时之施，喘耎[④]之虫，肖翘之物，莫不失其性。甚矣夫，好知之乱天下

① 罾：鱼网；笱：捕鱼的竹器。

② 罘：捕兽用的器具。

③ 颉滑：不正之语。

④ 喘耎：无足之虫蠕动的样子。

也！自三代以下者是已。舍夫种种之民，而悦夫役役之佞；释夫恬淡无为，而悦夫啍啍[①]之意，啍啍已乱天下矣！

至德之世，我早已说过，是庄子向壁虚造的，不足以坐实，这使其批评现实的力度和可信度就会大为减弱。庄子向后看的批评社会思路和方法论，使我想起这种方法论所导致的后继者(请注意我这里说的是庄子方法论及观察思路的后继者，而非庄子思想的后继者)如“新左派”，他们“往往用的不是向前看的眼光批判现代社会，而是向后看，流露出浓郁的怀旧复古、浪漫悲观的情调，他们缅怀想像中的古代田园牧歌式的宁静与悠闲，想退回到前现代时期，他们一味推崇精神，否定物质，鄙弃大众但又以大众的导师和代言人自居，表现出十足的贵族和精英倾向。又如，他们想把与科学技术、物质进步相伴随的弊病与科学技术、物质进步本身混为一谈”(徐友渔《自由的言说》)。但二者有一个相同点，就是在物质相对贫困下来批评物质的危害性，“新左派”更是忽视西方在物质上的极大丰富及制度上的高度民主，把西方人士批评其内部制度的思路拿来批评物质还有不少欠缺、制度还很不民主的当下现实境况。庄子固然用的是文学描写，但他的思想资源不够充足也是毋庸讳言的，虽然我们不能就此苛求他。鸟类、鱼类以及其他昆虫，均因为人类的猎杀而懂得巧于躲避，趋利避害乃包括人在内的动物之本能，本能就是本性之使然，为躲避新的灾难之降临，鸟类、鱼类等据此作出新的反应，实是“物竞天择，适者生存”之进化的必然，不足以拿来反证其是对鸟类等动物之异化。其实这是庄子将自己的主观认识加诸其他动物的结果。

① 啍啍：言语往复谆切，以申明仁义。

庄子研究者止庵曾说："从个人出发，不从社会出发；从一己出发，不从他人出发；从意识出发，不从行为出发；从否定什么出发，不从肯定什么出发，庄与非庄，大致由此可以判定。"(《樗下读庄》)这样的说法，固然不会有什么大错，但不足与疏漏确是明显的。这种判定思路为历来研究庄子者所认同，甚至使用名物制度及其他相关手段——包括其间的内容文笔之别，来验证庄与非庄之别，比如思想家王夫之在论及《骈拇》批评社会过于激烈时，就大发了一通庄子内篇与外篇相差过于悬殊的议论，说外篇是那些学庄子"求肖而不能"者所作，多为"浅薄虚嚣之说"。

但我不太同意这种判定问题的思路。我认为内外篇在精神理路上的一致性大于它的差异性，虽有文采及境界上的差异，也不能如此判定其非庄子所作。我倒是比较赞同崔大华在《庄学研究》中认为《庄子》一书是庄子及学派思想的一个延续，混杂而成的说法。但许多论者对庄子思想言论的矛盾，就用是庄学思想的延续、或者系后人伪作来作为解释这一问题的捷径。我认为把庄子作为一个人所具有的思想的矛盾性、丰富性给否定了，这不符合一个人思想的发展过程。一个人不只是随着自己的成长，思想有不断的变化，就是在同一个时期，甚至同一篇文章中都可能出现矛盾的情况，尤其是那些创新能力很强而非集大成性的思想家如庄子，是难以避免的，何况他所用的是议论生风、汪洋恣肆而又歧义迭生的文学语言。哪能如止庵所说的那般泾渭分明呢？这主要是论者奠定了一个立论基础：庄子是从个人出发，而不从社会出发，于是出现了相反的不利于论述基调的，便采取简便的取舍态度。我认为这样对认识庄子的丰富性、矛盾性是不利的。

在宥

宽然自存，保持现状，就是“在宥”的意思。宽之恕之，任其自然，使人保存自己的本性，而不加任何干涉和约束，这就是治理国家、管理社会的人唯一应当做的。诚如老子所言之“无为而无不为”，与儒家主张的进取有为、积极拼搏、高倡道德、充当教师相比，相去甚远。

统治者管理国家，任民之本性而无为，不加任何干涉和约束，在自由民主的健全制度之下，从经济上讲，就有点政府不干涉(或者不过分干涉)经济的经济自由主义味道，经济由市场这只看不见的手来进行自我调节，实现经济和贸易自由化；政治上讲就有点“不做什么的权利”的消极自由。但天下或者国家的管理者纯然无为，那么就没有说国家管理治与不治的必要，就连不治即是治都没有必要说，就连让其保持完全浑然本朴的状态都没有必要说出来，那么庄子也没有用文字来对其加以言说的必要。这就说明，要做到纯然的无为是不可能也没有必要的。庄子的说法，虽然充满想象力，但不合人类发展的情理，完全是他的主观感受和自我精神的遨游而已。

既然如此，政府的存在就更没有必要了。管理者无为，无为主义最终导致的是无政府主义。无政府主义和要求一个完美无缺的制度，看似有很大区别，其实它们有着可以共通的精神通道和思想基础。几千年来的中国文化中，都用一种臆造出来的最完美的社会来批判当下社会，很容易陷入乌托邦的怪圈之中。无论是无政府主义还是对完美无缺的制度的过度期许，庄子所运用的虽然是文学家的手段，但他的文本一旦出笼就不可能对中国人的思想建构没有影响。因此“无为”虽有其意义，但在制度不健全的情况下，无为反而会变成政府推托其所负之责任的借口，或者使人们陷入专制制度的泥坑而万劫不复。或许你会说，他就是要主张恢复到混沌无为的状态，根本就不存在国家或者制度，但庄子主张“至德之世”“无为”“不治”，这些思路在不可真正退回去的情况下(事实上永无可能退回去)，就会变成人们对完美无缺制度的疯狂期许，变向为专制制度张目。这样的文化土壤，其有害之深远是不容忽视的。我并非要苛求庄子，而是陈述一种阅读其文本及思想理路后的感受。

闻在宥天下，不闻治天下也。在之也者，恐天下之淫其性也；宥之也者，恐天下之迁其德也。天下不淫其性，不迁其德，有治天下者哉？昔尧之治天下也，使天下欣欣焉人乐其性，是不恬也；桀之治天下也，使天下瘁瘁焉人苦其性，是不愉也。夫不恬不愉，非德也；非德也而可长久者，天下无之。

人大喜邪，毗[①]于阳；大怒邪，毗于阴。阴阳并毗，四时不至，寒暑之和不成，其反伤人之形乎！使人喜怒失位，居处无常，思虑不自得，中道不成章。于是乎天下始乔诘卓鸷，而后有盗跖、曾、史之

① 毗：伤。

行。故举天下以赏其善者不足，举天下以罚其恶者不给。故天下之大不足以赏罚。自三代以下者，匈匈焉终以赏罚为事，彼何暇安其性命之情哉！

而且说明邪，是淫于色也；说聪邪，是淫于声也；说仁邪，是乱于德也；说义邪，是悖于理也；说礼邪，是相于技也；说乐邪，是相于淫也；说圣邪，是相于艺也；说知邪，是相于疵也。天下将安其性命之情，之八者，存可也，亡可也。天下将不安其性命之情，之八者，乃始脔卷獊囊而乱天下也。而天下乃始尊之惜之。甚矣，天下之惑也！岂直过也而去之邪！乃齐戒以言之，跪坐以进之，鼓歌以儛之。吾若是何哉！

故君子不得已而临莅天下，莫若无为。无为也，而后安其性命之情。故贵以身于为天下，则可以托天下；爱以身于为天下，则可以寄天下。故君子苟能无解其五藏，无擢其聪明，尸居而龙见，渊默而雷声，神动而天随，从容无为，而万物炊累焉。吾又何暇治天下哉！

庄子文章作得漂亮，不用我来饶舌。开篇便直端出“闻在宥天下，不闻治天下”之中心议题。在庄子看来，无论是暴君还是仁君都不是正德，丧失了“在宥”之宗旨，因而“在宥”是治理天下的最高境界。只有那些把自己自然生命看得比天下还重的人，才可以把天下托付给他，并且因不治理天下而管理好天下。其实一个人适不适合管理天下，固然与他的道德操守有关，但这决不是主要的，自然更不是唯一的。因为好而有效的制度，可以制衡统治者为恶。尽管庄子主张堕聪明、弃仁义、放礼乐、绝圣知，但他的倡导和要求，也是将人包括统治者往圣人的上线去要求，认为道德是万能的结果，这是在制度不健全的情况下，对人包括统治者的必然要求。一般说来，要求和倡导的人，都没有统治者的权力，不可能制衡统治者，那么最终便会诞生虚假的伪道德，因为统治者为了应付民意，而虚与委蛇地应付那些幕僚策士或者专家学者的观点，实际上实行的是专制而非仁政。

能真正管理天下的君子，庄子曾形容过他应“无擢其聪明，尸居而龙见，渊默而雷声，神动而天随”，这是很富于想象力的说法。“尸居”“渊默”是一种主观感受，而“龙见”“雷声”则是近乎客观描述，能将主观感受和客观描述，来说明真正的君子莅临天下的心性状态及外在特征，实在是很高明的。可惜的是，这样管理天下的君子永远只可能是庄子的精神遨游而已。

崔瞿问于老聃曰：“不治天下，安藏人心？”老聃曰：“女慎，无撄人心。人心排下而进上，上下囚杀，淖约柔乎刚彊，廉刿雕琢[①]，其热焦火，其寒凝冰，其疾俯仰之间而再抚四海之外。其居也，渊而静；其动也县而天。偾骄而不可系者，其唯人心乎！昔者黄帝始以仁义撄人之心，尧、舜于是乎股无胈，胫无毛，以养天下之形，愁其五藏以为仁义，矜其血气以规法度。然犹有不胜也。尧于是放讙兜于崇山，投三苗于三峗，流共工于幽都，此不胜天下也。夫施及三王而天下大骇矣。下有桀、跖，上有曾、史，而儒墨毕起。于是乎喜怒相疑，愚知相欺，善否相非，诞信相讥，而天下衰矣；大德不同，而性命烂漫矣；天下好知，而百姓求竭矣。于是乎釿锯制焉，绳墨杀焉，椎凿决焉。天下脊脊大乱，罪在撄人心。故贤者伏处大山嵁[②]岩之

① 廉刿雕琢：刚烈贞节之气被凌削殆尽；廉刿：凌削，消磨。

② 嵁：山岩高深之情状。

下，而万乘之君忧栗乎庙堂之上。今世殊死者相枕也，桁杨[①]者相推也，刑戮者相望也，而儒墨乃始离跂攘臂乎桎梏之间。意，甚矣哉！其无愧而不知耻也甚矣！吾未知圣知之不为桁杨椄槢也，仁义之不为桎梏凿枘也，焉知曾、史之不为桀、跖嚆矢也！故曰：绝圣弃知，而天下大治。"

道德没有公正独立的法律作辅助，必将流于虚伪而桎梏人的伪道德，因为道德的实施及其发挥相应的作用，必然有待于其他配套措施的完善，且能切实执行，才能有真正的功效。但这并不是道德本身的过错，而是道德万能的主张者和实施者的过错，这应该是庄子批评"儒墨乃始离跂攘臂乎桎梏之间"的深层原因，尽管庄子本人并没有这样想，亦即他的批评角度并不着眼于此。"绝圣弃知"的鲜明主张，以及"焉知曾、史之不为桀、跖嚆矢也"的绝大疑问，便是庄子不知知识有其中立性，认为面对知识既可以为强盗所用亦为善人所用的矛盾，只有去知了事。其实知识，只要能最大限度为人类服务，而最小限度伤害人类，就可以了，要完全做到无害，既无可能亦无必要。

人心只可任其自然而不可撄，这是庄子借老子之口教导崔瞿而阐述的思想，否则天下便会大乱。这就好比说开启民智能让其知道自己的权利后，而实行的仍是专制制度，这必然导致民众的不满以至混乱，因此"弃知"就成了必要，因此保持民众的质朴天性就成了逻辑上的必然。当然要解决这个问题，虽然不可一蹴而就，但现在已有许多国家通过制度解决了这种"难题"。再者，人有自然的一面，应该

① 桁杨：加在刑犯颈上或者脚上的刑具。

尽量不撄；一旦进入社会便是社会属性，完全不开启其心智，那么整个社会便无法有效地组织起来，共同创造人人可以享用自己权利所得的那一份财富，人就不可能充分人性化，满足人的本能需求。

黄帝立为天子十九年，令行天下，闻广成子在于空同之山，故往见之，曰："我闻吾子达于至道，敢问至道之精。吾欲取天地之精，以佐五谷，以养民人。吾又欲官阴阳，以遂群生，为之奈何？"广成子曰："而所欲问者，物之质也；而所欲官者，物之残也。自而治天下，云气不待族而雨，草木不待黄而落，日月之光益以荒矣，而佞人之心翦翦者，又奚足以语至道！"黄帝退，捐天下，筑特室，席白茅，闲居三月，复往邀之。广成子南首而卧，黄帝顺下风，膝行而进，再拜稽首而问曰："闻吾子达于至道，敢问治身，奈何而可以长久？"广成子蹶然而起，曰："善哉问乎！来！吾语女至道。至道之精，窈窈冥冥；至道之极，昏昏默默。无视无听，抱神以静，形将自正。必静必清，无劳女形，无摇女精，乃可以长生。目无所见，耳无所闻，心无所知，女神将守形，形乃长生。慎女内，闭女外，多知为败。我为女遂于大明之上矣，至彼至阳之原也；为女入于窈冥之门矣，至彼至阴之原矣。天地有官，阴阳有藏。慎守女身，物将自壮。我守其一，以处其和。故我修身千二百岁矣，吾形未常衰。"黄帝再拜稽首曰："广成子之谓天矣！"广成子曰："来！余语女：彼其物无穷，而人皆以为有终；彼其物无测，而人皆以为有极。得吾道者，上为皇而下为王；失吾道者，上见光而下为土。今夫百昌皆生于土而反于土。故余将去女，入无穷之门，以游无极之野。吾与日月参光，吾与天地为常。当我缗乎，远我昏乎！人其尽死，而我独存乎！"

想象中的黄帝，按世俗的标准来要求，虽然将天下治理得不错，达到了“令行天下”的地步，但当他以有为之心去请教广成子“至道之精”时，遭到了广成子的呵斥，碰了一鼻子灰。黄帝退身修心，进而以“治身”相问时，广成子便欣然解答他的许多疑问。当然“治身”之要义，只是顺其自然，而非延年益寿。

云将东游，过扶摇之枝而适遭鸿蒙。鸿蒙方将拊脾雀跃而游。云将见之，倘然止，贽然立，曰：“叟何人邪？叟何为此？”鸿蒙拊脾雀跃不辍，对云将曰：“游！”云将曰：“朕愿有问也。”鸿蒙仰而视云将曰：“吁！”云将曰：“天气不和，地气郁结，六气不调，四时不节。今我愿合六气之精以育群生，为之奈何？”鸿蒙拊脾雀跃掉头曰：“吾弗知！吾弗知！”云将不得问。又三年，东游，过有宋之野，而适遭鸿蒙。云将大喜，行趋而进曰：“天忘朕邪？天忘朕邪？”再拜稽首，愿闻于鸿蒙。鸿蒙曰：“浮游不知所求，猖狂不知所往，游者鞅掌，以观无妄。朕又何知！”云将曰：“朕也自以为猖狂，而民随予所往；朕也不得已于民，今则民之放也！愿闻一言。”鸿蒙曰：“乱天之经，逆物之情，玄天弗成，解兽之群而鸟皆夜鸣，灾及草木，祸及止虫。意！治人之过也。”云将曰：“然则吾奈何？”鸿蒙曰：“意，毒哉！ 僊僊[①]乎归矣！”云将曰：“吾遇天难，愿闻一言。”鸿蒙曰：“意！心养！汝徒处无为，而物自化。堕尔形体，吐尔聪明，伦与物忘，大同乎涬溟[②]。解心释神，莫然无

① 僊僊：轻柔劝说。

② 涬溟：自然之气。

魂。万物云云，各复其根，各复其根而不知。浑浑沌沌，终身不离。若彼知之，乃是离之。无问其名，无窥其情，物固自生。”云将曰：“天降朕以德，示朕以默。躬身求之，乃今也得。”再拜稽首，起辞而行。

云将与鸿蒙的对话，尤其是鸿蒙的举止，颇有意趣，其情态跃然纸上。如果我们把云将当做学生，视鸿蒙为老师，那么这与儒家的师生关系差别甚大。一个得道者，才可能像鸿蒙那样近乎无理由地在那里欢呼雀跃，好像有点癫狂。而一个严肃在那里工作如云将那样的人，离道很远，便是自然的。因此“堕尔形体，吐尔聪明，伦与物忘”便是真正得道的方式，最后达到“浑浑沌沌”，内外皆忘的境界。

世俗之人，皆喜人之同乎己，而恶人之异于己也。同于己而欲之，异于己而不欲者，以出乎众为心也。夫以出乎众为心者，曷尝出乎众哉？因众以宁，所闻不如众技众矣。而欲为人之国者，此揽乎三王之利，而不见其患者也。此以人之国侥幸也。几何侥幸而不丧人之国乎？其存人之国也，无万分之一；而丧人之国也，一不成而万有馀丧矣！悲夫，有土者之不知也！夫有土者，有大物也。有大物者，不可以物物。而不物，故能物物。明乎物物者之非物也，岂独治天下百姓而已哉！出入六合，游乎九州，独往独来，是谓独有。独有之人，是谓至贵。

大人之教，若形之于影，声之于响。有问而应之，尽其所怀，为天下配。处乎无向，行乎无方。挈汝适复之挠挠，以游无端，出入无旁，与日无始。颂论形躯，合乎大同。大同而无己。无己，恶乎得有有。睹有者，昔之君子；睹无者，天地之友。

贱而不可不任者，物也；卑而不可因者，民也；匿而不可不为者，事也；粗而不可不陈者，法也；远而不可不居者，义也；亲而不可不广者，仁也；节而不可不积者，礼也；中而不可不高者，德也；一而不可不易者，道也；神而不可不为者，天也。故圣人观于天而不助，成于德而不累，出于道而不谋，会于仁而不恃，薄于义而不积，应于礼而不讳，接于事而不辞，齐于法而不乱，恃于民而不轻，因于物而不去。物者莫足为也，而不可不为。不明于天者，不纯于德；不通于道者，无自而可；不明于道者，悲夫！何谓道？有天道，有人道。无为而尊者，天道也；有为而累者，人道也。主者，天道也；臣者，人道也。天道之与人道也，相去远矣，不可不察也。

“因众以宁所闻，不如众技众矣”，亦即依据大众的认同来坚信自已的见闻，比大众的才智还要低下，我认为这看法虽不无偏颇，还是算很有见地的看法。他要想表达的，无非是适人不如适已，否则便是拿社会的标准来绳墨自已，用他人的见解来作为套住自已的绳索。世俗的人，都喜欢与自已见解相同的人，不喜欢与自已见解不相同的人，这就好比“物以类聚，人以群分”，是一种人的本能。而庄子认为这是不可取的，这就多少有点违背人之本能亦即人性之嫌。当然，他主张齐万物，所以不存在你的观点、我的观点，所以在他看来，上述观点全都是世俗之见。

庄子的行文历来以两种观点或者人物对举，如本篇崔瞿对老聃、黄帝对广成子、云将对鸿蒙，而本段采取的是“世俗之人”“有土者”与“大人”对比，以扬“大人”而贬“世俗之人”“有土者”。这种二元对立及这种思维，其实也变相证明庄子一些观点之不能自圆其说，如齐万物，等生死，泯是非。既然不能做到齐万物，等生死，泯是非，那么做到混沌本朴就是不可能的。如果我们把他的文字当做其学说的反映的话，那么庄子的学说链，无疑会因其诸多的矛盾和悖论之类，形成多米诺骨牌似的消解效应。

在宥天下，而非治天下，这是一种很理想的境界。但正由于它只是一种理想，不可能拿来在现实中操作，付诸实施。所以像这样的论述除了作为想象力的范本，以及作为一种学说的极端性说明外，用处是不大的。如果将其当做个人精神追求和修养的一部分，不推之于社会，那么这无疑是个人的自我追求及权利，而这也不是常人所能企及的。因此庄子著书立言的游戏成分较重，以此自娱罢了，有时当不得真。

庄子的思维特点之一，如二元对立，人物对举；庄子的思考视角，如向后看，推崇“至德之世”；庄子的主张，绝圣弃知，“堕尔形体，吐尔聪明”，使民愚昧等——都在本篇中有所体现——可以说贯穿庄子整个思想学说之中，这对中国文化的影响是深远而长久的。其中的负面影响之重，是超出我们寻常想象的。

天地

庄学研究者胡朴安说："庄子之宙宇论是虚无，庄子之人生论是自然，庄子之政治论是无为。虚无、自然、无为，是一贯的思想。"(《庄子章义》)确实，不管庄子的设象譬喻如何纷繁万千，批评或温和或尖刻，境界或高妙或低下，谋篇布局如何错落有致或者杂陈淆乱，但万变总不离其宗的，就是虚无、自然、无为等一贯的思想，无不充溢书中。

《天地》十四大段各自成章，看似紊乱，实则一线穿珠，都在阐发庄子政治论上的"无为"。为什么庄子连篇累牍地大讲特讲无为之重要呢？其所谈事理的基础如果仅仅是无为，就是顺其自然，不必有为，才能真正达到天下大治。但是连那些才德高妙、办事果敢敏捷之君，都在其贬斥之下，这就很难为一般人所接受。事实上"无为"的前提正是建立在否定"有为"的基础上，一旦国家需要有为之君去治理的时候，说明这国家已经很有问题了；这就像提倡并号召圣人，让人们去学习，正好表明道德堕落、社会已经糜烂到了不可收拾的地步。对于国家出了问题，有为只不过是应急的不得已的方子，与其如此，不如一开始就处于无为状态，使有为没有生发的空间，也就是说有为不是本然应该有的，而是非常状态即已经违道的状态下才产生的，因此无为才是最高境界；对于提倡学习圣人，号召大家都以圣人为榜样，其实这只不过是不得已的措施，并不是高妙的方法。因为提倡并号召学习圣人，最终诞生的却是那些表面上学习圣人，骨子里捞取利益的狡猾巧佞之徒，就像曾参演孝子、史鱼演忠臣，最终成为强盗的响箭，而那些号召大家学习圣人，而自己从中趁机得益者，就成了最大的强盗，这强盗就是统治者。

“无为”作为庄子政治论的中心思想，并无什么规范和系统，因此其实际可操性是非常小的，只是作为一种可意会不可言传的最高统治守则，悬拟在那里，供后世的人去揣摸。而真正的帝王没有哪一位是按照他的教导来行事的，即便是西汉文景之治之所谓休养生息，也与其倡导的“无为”相去甚远。“无为”不是制订一种规则，而是一种精神上可意会的境界而已；“无为”因其无具体的法则，因此它是一种减法，而不像有为的统治术一条一款，越来越多，越来越繁复，事无巨细，十分清楚，因而用的是一种加法。但在吾国历史上，无为之治和有为之治的差别虽大，却有相同之处，都有法先王，向后看的传统。庄子之至德之世，儒家的祖述尧舜、宪章文武，就是真正的帝王如李世民创造了所谓的“贞观之治”，但教训其儿子李治时所说的却是：“汝当更求古之哲王以为师，如吾，不足法也。夫取法于上，仅得其中；取法于中，不免为下。”(《资治通鉴》)这就是我们的思维，总是超验地认为，越古老的统治术——无论是无为还是有为——就越好，因为它总是后世统治者所应该取法的“上”，只是庄子所倡导的“上”是“至德之世”的“无为”而已。庄子获得所取法的“上”之思路与其反对的儒家并无不同。

天地虽大，其化均也；万物虽多，其治一也；人卒虽众，其主君也。君原于德而成于天，故曰：玄古之君天下，无为也，天德而已矣。以道观言而天下之君正，以道观分而君臣之义明，以道观能而天下之官治，以道泛观而万物之应备。故通于天地者，德也；行于万物者，道也；上治人者，事也；能有所艺者，技也。技兼于事，事兼于义，义兼于德，德兼于道，道兼于天。故曰：古之畜天下者，无欲而天下足，无为而万物化，渊静而百姓定。《记》曰："通于一而万事毕，无心得而鬼神服。"

夫子曰："夫道，覆载万物者也，洋洋乎大哉！君子不可以不刳心焉。无为为之之谓天，无为言之之谓德，爱人利物之谓仁，不同同之之谓大，行不崖异之谓宽，有万不同之谓富。故执德之谓纪，德成之谓立，循于道之谓备，不以物挫志之谓完。君子明于此十者，则韬乎其事心之大也，沛乎其为万物逝也。若然者，藏金于山，藏珠于渊；不利货财，不近贵富；不乐寿，不哀夭；不荣通，不丑穷。不拘一世之利以为己私分，不以王天下为己处显。显则明，万物一府，死生同状。"

夫子曰："夫道，渊乎其居也，漻[1]乎其清也。金石不得无以鸣。故金石有声，不考不鸣。万物孰能定之！夫王德之人，素逝而耻通于事，立之本原而知通于神，故其德广。其心之出，有物采之。故形非道不生，生非德不明。存形穷生，立德明道，非王德者邪？荡荡乎！忽然出，勃然动，而万物从之乎！此谓王德之人。视乎冥冥，听乎无声。冥冥之中，独见晓焉；无声之中，独闻和焉。故深之又深而

① 漻：清澈之貌。

能物焉，神之又神而能精焉。故其与万物接也，至无而供其求，时骋而要其宿，大小、长短、修远。”

道贯穿于万事万物之中，万事万物，无论贵贱贫富，均有道深藏其间，正所谓“夫道，覆载万物者也，洋洋乎大哉”。而“道”反映在统治者身上，最核心的体现便是“无为”。君臣关系和政府的功能等等，无一方面不可以通过“道”来澄清和理顺，正所谓“以道观分而君臣之义明；以道观能而天下之官治”，一言以蔽之，无为便是得道。人君要做到“无德”“无为”，只须采取“刳心”与因物的主张，也就是心斋坐忘与顺物，从而达到顺从民众之天心，以实现“大德完善，百姓恬淡，鬼神称赞”(流沙河《〈庄子现代版〉增订版》)的最高境界。

黄帝游乎赤水之北，登乎昆仑之丘而南望。还归，遗其玄珠。使知索之而不得，使离朱索之而不得，使喫诟索之而不得也。乃使象罔，象罔得之。黄帝曰：“异哉！象罔乃可以得之乎？”

黄帝在我们常人看来，本是上古虚渺的人物，但他显然还不属于庄子所谓“至德之世”中所称赞的人，否则不会有《在宥》中的广成子来教训他，也不会有他登上昆仑山南望中国而志得意满，进而丢掉玄珠的故事发生。志得意满离天道崇尚玄默自然相去甚远，既如此，从逻辑上就必然“遗其玄珠”。黄帝丢掉了天道，自然不悟，于是派一些与天道根本不着边的人去查找，如前后用知识取巧的“知”、用视力冠军离朱、用善辩的喫诟这三人分别去找，均未奏效，于是派了个无形之象罔一去便找到了。庄子的意思其实非常明了，有形找无形，自然找不到，只有无形找无形，才能找到。换句说，象罔可能就是天道，相当于黄帝所遗之玄珠，于是一寻便得。

尧之师曰许由，许由之师曰啮缺，啮缺之师曰王倪，王倪之师曰被衣。尧问于许由曰："啮缺可以配天乎？吾藉王倪以要之。"许由曰："殆哉，圾乎天下！啮缺之为人也，聪明睿知，给数以敏，其性过人，而又乃以人受天。彼审乎禁过，而不知过之所由生。与之配天乎？彼且乘人而无天。方且本身而异形，方且尊知而火驰，方且为绪使，方且为物絯[①]，方且四顾而物应，方且应众宜，方且与物化而未始有恒。夫何足以配天乎！虽然，有族有祖，可以为众父而不可以为众父父。治，乱之率也，北面之祸也，南面之贼也。"

儒家尊师若父，这是众人皆知的事实。但庄子对此有所反弹，不过采取的方式较为隐讳，但一有时机便抓住开涮不放，或者干脆反其道而行之。颜回与孔子固然是庄子为阐述已意安排的人物，与实际存在的颜回与孔子也不可同日而语，这正是庄子调侃儒家之处。儒家是不可能有学生教老师一说的——像韩愈《师说》中的发挥是儒家偏门之发挥而非正道——而像《大宗师》中孔子听了颜回的教导后由衷发出"丘也请从而后也"的感叹，简直是开儒家师生关系的玩笑。

既如此，许由为开导其学生尧——而尧抬出许由的太老师王倪，以说服许由的老师啮缺出来当天子，这就是儒家尊师若父的思路，自然要遭到庄子所撰之代言人许由的批评——而尽情批评其老师啮缺，

① 物絯：为外物所束缚。

啮缺一聪二明三圣四智，自然不配做天子，只能充当臣属，你去找他来当天子，只有搞乱天下。换言之，悟道和得道，并不按照师承关系，更不完全按照师生关系的存在，因而出现某种得道先后的秩序上的一一对应。

尧观乎华，华封人曰："嘻，圣人！请祝圣人，使圣人寿。"尧曰："辞。""使圣人富。"尧曰："辞。""使圣人多男子。"尧曰："辞。"封人曰："寿，富，多男子，人之所欲也。女独不欲，何邪？"尧曰："多男子则多惧，富则多事，寿则多辱。是三者，非所以养德也，故辞。"封人曰："始也我以女为圣人邪，今然君子也。天生万民，必授之职。多男子而授之职，则何惧之有？富而使人分之，则何事之有？夫圣人，鹑居而彀食，鸟行而无彰。天下有道，则与物皆昌；天下无道，则修德就闲。千岁厌世，去而上仙，乘彼白云，至于帝乡。三患莫至，身常无殃，则何辱之有？"封人去之，尧随之，曰："请问。"封人曰："退已！"

尧本人在庄子的描述之中，多属于被贬低的人物，但庄子为了打破读者对其行文范式之预期，于是欲抑先扬，让华山一位老人先虔诚地拜见尧这位圣人，祝其多子多寿多富裕。多子多寿多富裕固是寻常百姓所追求，自以为得道的尧当然毫不考虑就拒绝。哪知华山老人听了就很不以为然，认为多子多寿多富裕并不影响其得道。因为多子多寿多富裕只要不是争，亦即不是有为、有心、有我的结果，获得的人也不能拒斥，拒斥就是有心、有为、有我，因而这不是顺乎天意，不是得道的正途。所以像尧这样的人永远只能是儒家意义上的君子，得道那是断然不可能的。

尧治天下，伯成子高立为诸侯。尧授舜，舜授禹，伯成子高辞为诸侯而耕。禹往见之，则耕在野。禹趋就下风，立而问焉，曰："昔尧治天下，吾子立为诸侯。尧授舜，舜授予，而吾子辞为诸侯而耕。敢问其故何也？"子高曰："昔尧治天下，不赏而民劝，不罚而民畏。今子赏罚而民且不仁，德自此衰，刑自此立，后世之乱，自此始矣！夫子阖行邪？无落吾事！"俋俋[①]乎耕而不顾。

大禹自以为治大水有功，应该是万民景仰，无人不附。但一个在尧时做诸侯的家伙——伯成子高到了禹临朝，便到荒野去耕田自食了，因而打断了他这种用"有为"之心获得的成就感。大禹赏罚分明的有为之治，便是使世风日下的罪魁祸首。这样的嘲笑有如楚狂接舆之教训孔丘。

泰初有无无，有无名。一之所起，有一而未形。物得以生谓之德；未形者有分，且然无间谓之命；留动而生物，物成生理谓之形；形体保神，各有仪则谓之性。性修反德，德至同于初。同乃虚，虚乃大。合喙鸣。喙鸣合，与天地为合。其合缗缗，若愚若昏，是谓玄德，同乎大顺。

关于道之来源、有无的产生，老子比庄子说得更为透彻，但道是万物的根本，在他们却是没有区别的，这也是历来的论家以老庄

① 俋俋：用力耕作之情状。

并举其学说的核心之处。道虽是一种绝对虚无的境界，但其可能孕育万物。简言之，一切有形的世界只不过是虚无的道所产生的附属品而已，近乎道的本体论。这种超验的东西不可检验，只可意会不可言传，因此其近乎一种冥冥之中的主宰，这与欧陆哲学中的超验性，以及其间的第一推动力，虽不完全等同，但自有其相似之处。这样的思路，拿在俗世来就很容易被窃取，暴君以天子自居，就是万物本于或受制于天道的另一种版本。

夫子问于老聃曰："有人治道若相放，可，不可，然，不然。辩者有言曰：'离坚白，若县寓。'若是则可谓圣人乎？"老聃曰："是胥易技系，劳形怵心者也。执留之狗成思，猨狙之便自山林来。丘，予告若，而所不能闻，与而所不能言：凡有首有趾、无心无耳者众，有形者与无形无状，而皆存者尽无。其动止也，其死生也，其废起也，此又非其所以也。有治在人，忘乎物，又忘乎天，其名为忘已。忘已之人，是之谓入于天。"

老子用狗猿逞能而被拘牵，不得自由的现实来比喻一个勤敏的小公务员，推出一技之长捆死自己的结论。一个人有为便是用自己一技之长将自己捆住了，所谓自铸牢笼，为害尚小；而统治者有为不只是自铸牢笼，最终淆乱天下，害了黎民百姓，这是大害。无论是作为个人还是作为统治者，最重要的都是做一个"忘已之人"，亦即做到"坐忘""吾丧我"的境界，才真正做到"是之谓入于天"，犹如《大宗师》之"人于寥天一"。

蒋闾葂见季彻曰："鲁君谓葂也，曰：'谨受教。'辞不获命。既已告矣，未知中否。请尝荐之。吾谓鲁君曰：'必服恭俭，拔出公忠之属，而无阿私，民孰敢不辑！'"季彻局局然笑曰："若夫子之言，于帝王之德，犹螳螂之怒臂以当车轶，则必不胜任矣！且若是，则其自为处危，其观台多物将往，投迹者众。"蒋闾葂覤覤[①]然惊曰："葂也汒若于夫子之所言矣！虽然，愿先生之言其风也。"季彻曰："大圣之治天下也，摇荡民心，使之成教易俗，举灭其贼心，而皆进其独志。若性之自为，而民不知其所由然。若然者，岂兄尧、舜之教民溟涬然弟之哉？欲同乎德而心居矣！"

庄子反对"榜样的力量是无穷的"说法。在他看来，提倡和树立什么让众人则效的榜样，就会出现许多跟随榜样进行表演的假道学出来，造成世间的奔竞矫诈之风。《在宥》说的圣人是强盗的响箭，树立榜样就会出现季彻所说："且若是，则其自为处危，其观台多物，将往投迹者众"的局面。

但庄子的理论将其推到极端，自然也会现出自己的纰漏。譬如"若性之自为，而民不知其所由然"，本意是阐述让人顺着自己的本性自由发展，而没有意识到自己的本性正在自由自在地发展，真正做到了无痕迹的无为状态。就像雨露滋润禾苗壮，禾苗并不知道雨露的功劳，雨露也不向禾苗去夸奖炫耀自己的功劳。由于庄子语言的文学性，并不能有效地做到思想上的真正自洽——加之他对惠施、公孙龙等虽有诡辩色彩，但也不乏谨严逻辑的人之思路的鄙弃——容易被人变相误解为儒家的"民可使由之，不可使知之"，就像其所创设之浑

① 覤覤：惊惧惶恐的样子。

沌凿而七日死的妙喻，终被法家拿去作为暴君统治术的一部分一样。庄子是先秦诸子中比较倡导个人精神自由的人，但其言论所被阐释的结局却是如此——虽然他不能控制别人对其文本的利用和阐释，但有的思想家的文本之内在严密自洽，被自己思想完全不相侔甚至敌对的人利用的情况是很少见的，这样的思想除了自洽外，还必须是一个开放的系统。而庄子的思想除了一定的内在自洽外，其排他性有余而开放性不足，甚至为其论敌提供了思想资源——不亦悲乎？！

子贡南游于楚，反于晋，过汉阴，见一丈人方将为圃畦，凿隧而入井，抱瓮而出灌，搰搰[①]然用力甚多而见功寡。子贡曰："有械于此，一日浸百畦，用力甚寡而见功多，夫子不欲乎？"为圃者卬而视之曰："奈何？"曰："凿木为机，后重前轻，挈水若抽，数如泆汤，其名为槔[②]。"为圃者忿然作色而笑曰："吾闻之吾师，有机械者必有机事，有机事者必有机心。机心存于胸中，则纯白不备；纯白不备，则神生不定；神生不定者，道之所不载也。吾非不知，羞而不为也。"子贡瞒然惭，俯而不对。有间，为圃者曰："子奚为者邪？"曰："孔丘之徒也。"为圃者曰："子非夫博学以拟圣，於于以盖众，独弦哀歌以卖名声于天下者乎？汝方将忘汝神气，堕汝形骸，而庶几乎！而身之不能治，而何暇治天下乎！子往矣，无乏吾事。"

子贡卑陬失色，顼顼[③]然不自得，行三十里而后愈。其弟子曰："向之人何为者邪？夫子何故见之变容失色，终日不自反邪？"曰："始吾以为天下一人耳，不知复有夫人也。吾闻之夫子，事可求，功

① 搰搰：用力使劲的情状。

② 槔：即桔槔，一种用于井上汲水的工具。

③ 顼顼：自失的样子。

求成，用力少，见功多者，圣人之道。今徒不然。执道者德全，德全者形全，形全者神全，神全者，圣人之道也。托生与民并行而不知其所之，汒乎淳备哉！功利机巧，必忘夫人之心。若夫人者，非其志不之，非其心不为。虽以天下誉之，得其所谓，謷然不顾；以天下非之，失其所谓，傥然不受。天下之非誉，无益损焉，是谓全德之人哉！我之谓风波之民。”反于鲁，以告孔子。孔子曰：“彼假修浑沌氏之术者也。识其一，不知其二；治其内而不治其外。夫明白入素，无为复朴，体性抱神，以游世俗之间者，汝将固惊邪？且浑沌氏之术，予与汝何足以识之哉！”

在庄子的书中，儒家的人物都要碰到些怪异之人。孔子遇接舆，子贡遇灌园叟，都是用来狠狠教训他们的，能收醍醐灌顶之功效。灌园叟一听子贡是孔子门徒，便说他们是假装博学来想表演圣人，而且“独弦哀歌以卖名声于天下”，可谓批驳得入理。

但灌园叟将其老师所说的“有机械者必有机事，有机事者必有机心”，拿来批评子贡主张使用现代化的工具，提高灌溉水平，以收事半功倍之效。这种批评与反驳不存在逻辑上的必然，而且就是使用机械导致机心机巧，也未必全是坏事。我们拿工具的改进以及科学导致的副作用，来以偏概全地说明科学的作用，就像我们用唯科学主义来全面肯定科学的作用一样，都必然与事实不符。

如果是机械导致了机事机心，从而要求退回到纯朴鸿蒙的时代，不仅不可能，而且违背人之天性。因为至今没有什么能够证明，人要把自己的日子过好，开启自己的智慧，就不是人的本能和天性中的一部分。因为无法恢复到“无为复朴”的状态，而硬要人们去做，这实在也是往最高线去要求人的表现，在方法论上，与儒家倡导圣人是一样的，都进入了不符人性的死胡同。

谆芒将东之大壑，适遇苑风于东海之滨。苑风曰："予将奚之？"曰："将之大壑。"曰："奚为焉？"曰："夫大壑之为物也，注焉而不满，酌焉而不竭。吾将游焉。"苑风曰："夫子无意于横目之民乎？愿闻圣治。"谆芒曰："圣治乎？官施而不失其宜，拔举而不失其能，毕见其情事，而行其所为，行言自为而天下化。手挠顾指，四方之民莫不俱至，此之谓圣治。""愿闻德人。"曰："德人者，居无思，行无虑，不藏是非美恶。四海之内共利之之谓悦，共给之之谓安。怊乎[①]若婴儿之失其母也，傥乎若行而失其道也。财用有馀，而不知其所自来，饮食取足，而不知其所从出，此谓德人之容。""愿闻神人。"曰："上神乘光，与形灭亡，此谓照旷。致命尽情，天地乐而万物销忘，万物复情，此之谓混冥。"

庄子主张的是，与其有为，不如一开始就无为，这自然是再好不过的事。不过，这种"无为"的政治论如果碰巧说得上也算"制度设计理论"中的一种，那么这种设计就是往完美的极致推，而不允许任何人出错，这是很可怕的。如此一来，就没有人管理天下或者国家，那就可能真正做到"无为"了。涉及政治理论，而想到有一个完美的东西摆在那里，让人们来接受其役使，这样的恶梦太可怕了。

实在的办法是，如果一开始就不是无为，而是有为，那么纠正有为造成的错误，最终也只能靠有为来改变。因此为了阐述一个自以为

① 怊乎：惆怅的样子。

完美的社会，而一味地攻击仍不免有“官施”“拔举”的圣治，就不是很公平。胸次空明、蹑道凌虚、超然物外的神人虽好，但不是有缺点的社会所敢期望出现的，那就让神人去统治他自以为理想的社会好了，我们只要圣人、德人就够了。

门无鬼与赤张满稽，观于武王之师，赤张满稽曰：“不及有虞氏乎！故离此患也。”门无鬼曰：“天下均治而有虞氏治之邪？其乱而后治之与？”赤张满稽曰：“天下均治之为愿，而何计以有虞氏为！有虞氏之药疡也，秃而施髢，病而求医。孝子操药以修慈父，其色燋然，圣人羞之。至德之世，不尚贤，不使能，上如标枝，民如野鹿，端正而不知以为义，相爱而不知以为仁，实而不知以为忠，当而不知以为信，蠢动而相使，不以为赐。是故行而无迹，事而无传。”

这是一个“九斤老太”故事的庄子版。关于治天下，武王之治不及有虞氏，有虞氏不及至德之世。至德之世，民无忠信礼义之干扰，欢如野鹿，固然欢快，但为求温饱之艰辛，总是不像庄子所赞叹的那么轻而易举。总是赞叹上古人精神上的欢快自由，然人终究要以物质维持自己身体的存在，不然所谓的精神欢快，不说要落空，至少要打折扣。庄子不能以自己能接受物质上的贫困、喜爱精神上的自由，就来断定古代人视精神欢快高于一切，而将物质贫困视而不见。事实上至德之世的人，是因为物质上不丰，生活上太艰辛，不知物质丰富对精神提升也有好处，从而毫无选择只有“追求”(当然大多时候并非有意如此)精神的欢愉，至少有点苦中作乐的意味。

孝子不谀其亲，忠臣不谄其君，臣、子之盛也。亲之所言而然，所行而善，则世俗谓之不肖子；君之所言而然，所行而善，则世俗谓之不肖臣。而未知此其必然邪？世俗之所谓然而然之，所谓善而善之，则不谓之道谀之人也！然则俗故严于亲而尊于君邪？谓己道人，则勃然作色；谓己谀人，则怫然作色。而终身道人也，终身谀人也，合譬饰辞聚众也，是终始本末不相坐。垂衣裳，设采色，动容貌，以媚一世，而不自谓道谀；与夫人之为徒，通是非，而不自谓众人，愚之至也。知其愚者，非大愚也；知其惑者，非大惑也。大惑者，终身不解，大愚者，终身不灵。三人行而一人惑，所适者，犹可致也，惑者少也；二人惑则劳而不至，惑者胜也。而今也以天下惑，予虽有祈向，不可得也。不亦悲乎！大声不入于里耳，《折杨》、《皇荂》，则嗑[①]然而笑。是故高言不止于众人之心；至言不出，俗言胜也。以二缶钟惑，而所适不得矣。而今也以天下惑，予虽有祈向，其庸可得邪！知其不可得也，而强之，又一惑也！故莫若释之而不推。不推，谁其比忧！厉之人，夜半生其子，遽取火而视之，汲汲然唯恐其似己也。

孝子谀亲，忠臣谄君，按世俗的标准和要求，实在是免不了的。俗语说，孝父母，不如顺父母。所谓“顺”就是不违逆，那当然只有“谀”法才能办到；而忠臣不谄，就只有关龙逢、比干、苌弘的下场等着他，这样一来，也只是对大盗有利而对贤者有害(参见《庄子·胠箧》篇)，自然忠臣也只好选择谄君一途。因此社会上谄谀成风，就是无可避免的了。

---

① 嗑：笑声。

“知其愚者，非大愚也；知其惑者，非大惑也”，实在是很道理的。知道自已知道得有限，就不至于以什么都知道自诩，这样一来，所犯愚蠢之事，就会少得多。庄子毕竟是聪明绝顶之人，知道天下那些糊涂虫不会跟着他的教导走，仍然还在那里滔滔不绝地教育一通，于是来个自我解嘲：“知其不可得也,而强之，又一惑也。故莫若释之而不推。”

百年之木，破为牺樽，青黄而文之，其断在沟中。比樽于沟中之断，则美恶有间矣，其于失性一也。跖与曾、史，行义有间矣，然其失性均也。且夫失性有五：一曰五色乱目，使目不明；二曰五声乱耳，使耳不聪；三曰五臭熏鼻，困惾中颡[①]；四曰五味浊口，使口厉爽；五曰趣舍滑心，使性飞扬。此五者，皆生之害也。而杨、墨乃始离跂，自以为得，非吾所谓得也。夫得者困，可以为得乎？则鸠鸮之在于笼也，亦可以为得矣。且夫趣舍声色以柴其内，皮弁鹬冠搢笏绅修[②]以约其外。内支盈于柴栅，外重缰缴，睆睆[③]然在缰缴之中，而自以为得，则是罪人交臂历指，而虎豹在于囊槛，亦可以为得矣。

五声、五色、五臭、五味等“害人的五条渠道”，老子是早已说过了的，这算不得庄子自己的出彩之处。总之，不是自然本朴的东西，就会使人丧失真情本性。不过，庄子自有其立异出人之处，如那些被五音等淆乱的，而自以为得道的人，庄子所用之比喻，便是横绝

① 困惾中颡：以上五种气味冲逆鼻孔而上，直伤脑门。困惾：冲逆。

② 皮弁：皮帽；搢笏：古时臣子朝见天子时手中所执的狭长板子；绅修：长带。

③ 睆睆：目光呆滞，了无神气。

古今："脘脘然在缨缴之中，而自以为得，则是罪人交臂历指，而虎豹在于囊槛，亦可以为得矣。"流沙河白话诠释得也绝妙无比："你的身被箍紧被套紧被束缚，等于肉体五花大绑。身心皆受困了，你还作高瞻远瞩状，傲然宣称：'我得啦！我得啦！'这时候大街上有一名被捕的案犯，双臂反缚，十指串捆。他认为你说得很对，应该向你学习，所以跟着喊：'我也得啦！我也得啦！'这时候，动物园虎豹齐吼：'我们也得啦！'"非庄子，无人出此大辛辣、大幽默，千古之下，读之令人绝倒。

《天地》各篇看似互不相干，但精神气韵却有贯通之处，"有为"之无取，"无为"之可取，就是文章不惜反复申说——"或正言，或反言，或喻言，或述古，或征今"(陈寿昌《南华真经正义》)——的真正主旨。但是庄子拿"无为"作为对完美社会的期许，来要求社会回复到它或者追求它，这种可能性几乎是不存在的，而且最终会被与无为相去甚远的暴君暴政利用。"无为"作为精神的历练，也许都只适合庄子一人，而不能普及。而一概地以"有机械者必有机事，有机事者必有机心"来否定所有人为改善自己的生存境遇所作的努力，就像全盘肯定工具改进和科学的作用，其害处也许并不相同，但无疑都有害处。庄子思想的缺陷大多起源于他追求一种不存在的完美，或者自觉不自觉运用他在《齐物论》中的绝对的相对主义，而相对论与二元对立最终在他思维中长久盘旋，使得他肯定的事物与否定的事物对举时，显得绝对化而不能自圆其说。

天 道

天道而与人道对举，使明者高下立判，本是庄子一贯思路。但《天道》之不同，不只在于讲天道与人道之对立，而在于讲其间须配合使用，才可使天道更发挥其作用。虽然结论最终还是在于无为之天道，但臣道、人道也是不可忽略的一环，固然人道是手段而非目的，但也不是毫无用处。这就是庄子大讲特讲君道与臣道的目的。君道效法天道，是以无为为贵的。臣道拘于人道，有为自然就比无为卑下。君道贵而臣道贱，这在客观上迎合了君尊臣卑的社会统治秩序。正如刘凤苞所说："《天地》篇只重无为，是从源头上说道；《天道》篇兼言有为，是因原以竟委，仍由委以溯原，可见庄子并非扫却有为，致落玄门窠臼也。"(《南华雪心编·天道》)

谋篇布局上，与《天地》一样，《天道》历来被论家认为系杂纂而成——有的甚至认为系杂纂而成，便径直删除其间的文字，如当代庄子研究家陈鼓应便是如此——因此各段虽各自独立而存，而每篇之间只凭其间的精神气韵相连接。但各篇之间互相连接的内在逻辑确实较内篇中那些神完气足的作品来说，是杂乱的。文章自然是人为的，如果我们开个玩笑，用庄子的天道与人道的思想，或许这种杂乱未始不是一种类乎将每段进行排列组合而成的游戏，这样刚好符合“天道”。这种杂乱之中内含一种游戏态度——绝妙的比喻、伟大的想象，包括自我调侃及否定、意蕴深长的幽默等无不体现着他对社会对人类整个深为悲观的情况下，从中超脱出来所获得的游戏态度，可以说浸透在《庄子》一书的字里行间——这在先秦诸子中是绝无仅有的。流沙河先生在《〈庄子现代版〉增订本·天道》的“引读”中说：“其中第四、第五、第七这三章，当做小说读颇有味。”这正是识得庄子为文之游戏态度的点睛之笔和过人手眼。夫天道，任自然，游戏态度是人近于“任自然”的一种方式，所以庄子之行文大多数也得任自然亦即天道之神髓。

天道运而无所积，故万物成；帝道运而无所积，故天下归；圣道运而无所积，故海内服。明于天，通于圣，六通四辟于帝王之德者，其自为也，昧然无不静者矣！圣人之静也，非曰静也善，故静也。万物无足以铙心者，故静也。水静则明烛须眉，平中准，大匠取法焉。水静犹明，而况精神！圣人之心静乎！天地之鉴也，万物之镜也。夫虚静、恬淡、寂漠、无为者，天地之平而道德之至也。故帝王、圣人休焉。休则虚，虚则实，实则备矣。虚则静，静则动，动则得矣。静则无为，无为也，则任事者责矣。无为则俞俞。俞俞者，忧患不能处，年寿长矣。夫虚静、恬淡、寂漠、无为者，万物之本也。明此以南乡，尧之为君也；明此以北面，舜之为臣也。以此处上，帝王、天子之德也；以此处下，玄圣素王之道也。以此退居而闲游，江海、山林之士服；以此进为而抚世，则功大名显而天下一也。静而圣，动而王，无为也而尊，朴素而天下莫能与之争美。夫明白于天地之德者，此之谓大本大宗，与天和者也。所以均调天下，与人和者也。与人和者，谓之人乐；与天和者，谓之天乐。庄子曰：“吾师乎，吾师乎！𩐎次万物而不为戾，泽及万世而不为仁，长于上古而不为寿，覆载天地、刻雕众形而不为巧。此之谓天乐。故曰：‘知天乐者，其生也天行，其死也物化。静而与阴同德，动而与阳同波。’故知天乐者，无天怨，无人非，无物累，无鬼责。故曰：‘其动也天，其静也地，一心定而王天下；其鬼不祟，其魂不疲，一心定而万物服。’言以虚静，推于天地，通于万物，此之谓天乐。天乐者，圣人之心，以畜天下也。

“夫帝王之德，以天地为宗，以道德为主，以无为为常。无为也，则用天下而有馀；有为也，则为天下用而不足。故古之人贵夫无为也。上无为也，下亦无为也，是下与上同德。下与上同德，则不臣。下有为也，上亦有为也，是上与下同道。上与下同道，则不主。上必无为而用天下，下必有为为天下用。此不易之道也。

“故古之王天下者，知虽落天地，不自虑也；辩虽雕万物，不自说也；能虽穷海内，不自为也。天不产而万物化，地不长而万物育，帝王无为而天下功。故曰：‘莫神于天，莫富于地，莫大于帝王。’故曰：‘帝王之德配天地。’此乘天地，驰万物，而用人群之道也。

“本在于上，末在于下；要在于主，详在于臣。三军五兵之运，德之末也；赏罚利害，五刑之辟，教之末也；礼法度数，形名比详，治之末也；钟鼓之音，羽旄之容，乐之末也；哭泣衰绖[1]，隆杀之服，哀之末也。此五末者，须精神之运，心术之动，然后从之者也。末学者，古人有之，而非所以先也。君先而臣从，父先而子从，兄先

---

① 衰绖：衰是古时用粗麻布制成的丧服，披于胸前；绖是古时用麻布做的丧带。

而弟从，长先而少从，男先而女从，夫先而妇从。尊卑先后，天地之行也，故圣人取象焉。天尊地卑，神明之位也；春夏先，秋冬后，四时之序也；万物化作，萌区有状，盛衰之杀，变化之流也。夫天地至神，而有尊卑先后之序，而况人道乎！宗庙尚亲，朝廷尚尊，乡党尚齿，行事尚贤，大道之序也。语道非其序者，非其道也。语道而非其道者，安取道！

“是故古之明大道者，先明天，而道德次之，道德已明，而仁义次之，仁义已明，而分守次之，分守已明，而形名次之，形名已明，而因任次之，因任已明，而原省次之，原省已明，而是非次之，是非已明，而赏罚次之，赏罚已明，而知愚处宜，贵贱履位，仁贤不肖袭情。必分其能，必由其名。以此事上，以此畜下，以此治物，以此修身，知谋不用，必归其天。此之谓太平，治之至也。故书曰：‘有形有名。’形名者，古人有之，而非所以先也。古之语大道者，五变而形名可举，九变而赏罚可言也。骤而语形名，不知其本也；骤而语赏罚，不知其始也。倒道而言，迕道而说者，人之所治也，安能治人！骤而语形名赏罚，此有知治之具，非知治之道。可用于天下，不足以用天下。此之谓辩士，一曲之人也。礼法度数，形名比详，古人有之。此下之所以事上，非上之所以畜下也。”

自然变化的规律，就是天道，顺理而推帝道就是治国的方法，圣道是圣人安定民众的主张。但是不管天道、帝道还是圣道，所根据的修炼方法无非是虚空、静止、恬淡、寂寞、无为的“减法”，简言之，就是“心斋”“坐忘”“吾丧我”等，通过这种方法可达宇宙的精神并认识其规律。

君道臣道各不相同，君道在无为，臣道在有为，各自应守着自己的本分而不僭越，以免使上下倒错，等级失序。如是从工作的分工来说的话，这说法不是没有道理的。但如是臣必听君之绝对权力而不管其对错，必然为专制张目。好在庄子并非完全如此，下段之臣训君亦即舜训尧的深意如果不在谴责其僭越上，必是对所谓君臣秩序的一种破坏和打击。因此对“上必无为而用天下，下必有为为天下用”，懂得西方民主自由思想理念的严复的阐释，就不太能服人。他的解释是：“上必无为而用天下者，凡一切可以听民自为者，皆宜任其自由也；下必有为为天下用者，凡属国民宜各尽其天职，各自奋于其应尽之义务也。”(《庄子评点》)听民自为，宜任其自由，用来解释“上必无为而用天下”，固然有一定道理；但用“凡属国民宜各尽其天职，各自奋于其应尽之义务”来阐释“下必有为为天下用”，就不是十分得体。国民有应尽的义务，那么他们的权利何在，而统治者宜任国民自由，就是他的职责了吗？如没过上好的生活，那么他是否没尽责呢？除了任民自由，便没了责任，这样的解释是说不通的。

昔者舜问于尧曰：“天王之用心何如？”尧曰：“吾不敖无告，不废穷民，苦死者，嘉孺子而哀妇人，此吾所以用心已。”舜曰：“美则美矣，而未大也。”尧曰：“然则何如？”舜曰：“天德而出宁，日月照而四时行，若昼夜之有经，云行而雨施矣。”尧曰：“胶胶扰扰乎！子，天之合也；我，人之合也。”夫天地者，古之所大也，而黄帝、尧、舜之所共美也。故古之王天下者，奚为哉？天地而已矣！

庄子作文有时采取的是很奇特的路数，思想也违反常规而怪招迭出，譬如反儒家固有的师若父之师生关系，今又用臣来教育君，一反儒家为主的主流社会所规定的“君君、臣臣、父父、子子”的礼数。舜作为臣子倒是说了一大通“无为”思想，而尧竭尽心力去实现的目标，全是有为的结果，自然是不得君道之正体亦即无为。舜所说之“日月照而四时行，若昼夜之有经，云行而雨施”，全是自然界的规律，不是自然界有意为之，而是自然界本来就如此。就像一个无为之君，通过无为把国家治(其实是不治)理好，并不是要去谋取别人的赞扬和老百姓的传颂。所以本来很邈远的黄帝、尧、舜都要去称赞更加邈远的“古之王天下者”，亦即“至德之世”的君王。

孔子西藏书于周室，子路谋曰：“由闻周之征藏史有老聃者，免而归居，夫子欲藏书，则试往因焉。”孔子曰：“善。”往见老聃，而老聃不许，于是繙[①]十二经以说。老聃中其说，曰：“太谩，愿闻其要。”孔子曰：“要在仁义。”老聃曰：“请问：仁义，人之性邪？”孔子曰：“然，君子不仁则不成，不义则不生。仁义，真人之性也，又将奚为矣？”老聃曰：“请问：何谓仁义？”孔子曰：“中心物恺，兼爱无私，此仁义之情也。”老聃曰：“意，几乎后言！夫兼爱，不亦迂乎！无私焉，乃私也。夫子若欲使天下无失其牧乎？则天地固有常矣，日月固有明矣，星辰固有列矣，禽兽固有群矣，树木固有立矣。夫子亦放德而行，循道而趋，已至矣！又何偈偈[②]乎揭仁义，若击鼓而求亡子焉！意，夫子乱人之性也！”

---

① 繙：反复言说。

② 偈偈：用力使劲的样子。

庄子用孔子去求老子藏其满纸(当然应该是竹简)仁义道德的书，这固然是为了贬斥仁道，而阐扬无为。当然也不妨算庄子借用孔子寻开心，自然可当做是小说家的游戏之言。历代的庄学研究者，对庄子的游戏态度不说毫无涉猎，但多半语焉不详。对于那些想象的人物，研究者倒可以寓言或以神话目之，但对于真名实姓者，往往胶柱鼓瑟，作徒劳无功的考证，以致丧失领会庄子机锋迭出、言辞诙谐之妙文的机会，进而不可能在更高的层次上，去理解庄子写作时的一分自由娱己而并不存心想去有用于社会的游戏态度。这种时常流露的游戏性的写作态度，是一种真正无为的态度。因为他写完并不是要发表，不是要表现自己，不是要讨官做，所以与“有为”无关。

庄子作文的游戏态度，如同林希逸谈及《大宗师》中许由说的句子，在本篇中却直接为“庄子曰”时的发挥一样，“此数句(指“吾师乎”至“刻雕众形而不为巧”数句——引者注)，与《大宗师》篇同，却又著‘庄子曰’三字，前曰许由之言，今以为自言，可见件件寓言，岂可把作实话看”(《南华真经口义》)。读庄子时，要如此看，才庶几近于探得这位文章幻手的高妙之处。

士成绮见老子而问曰：“吾闻夫子圣人也。吾固不辞远道而来愿见，百舍重趼而不敢息。今吾观子，非圣人也，鼠壤有馀蔬，而弃妹之者，不仁也！生熟不尽于前，而积敛无崖。”老子漠然不应。士成绮明日复见，曰：“昔者吾有刺于子，今吾心正却矣，何故也？”老子曰：“夫巧知神圣之人，吾自以为脱焉。昔者子呼我牛也而谓之牛，呼我马也而谓之马。苟有其实，人与之名而弗受，再受其殃。吾服也恒服，吾非以服有服。”士成绮雁行避影，履行遂进而问：“修身若何？”老子曰：“而容崖然，而目冲然，而颡頯然，而口阚然，而状义然，似系马而止也，动而持，发也机，察而审，知巧而睹于泰。凡以为不信。边竟有人焉，其名为窃。”

庄子通过两个人物栩栩如生的对话，既阐发君道与臣道之差别，也印证无为与有为的高下。先是士成绮很唐突地来跟老子较劲，用儒家的仁义来批评老子不仁不义，滔滔不绝，老子漠然；接下来便是第二天峰回路转，士成绮让老子教训了一大通，而士成绮除说了一句替自己昨日的冒失道歉的话和一句如何修身两句话外，再没有多余的言语。前者老子之漠然，是不想说，是不屑；后者士成绮之无言，是无话可说，是悦服。其实这可能正好寓示着一个修道和得道的过程。士成绮班门弄斧，但只不过是露其骄顽之气而已，老子却是高处应对，使读者借此可窥见“吾服也恒服，吾非以服有服”的高妙境界。

夫子曰：“夫道，于大不终，于小不遗，故万物备。广广乎其无不容也，渊乎其不可测也。形德仁义，神之末也，非至人孰能定之！夫至人有世，不亦大乎，而不足以为之累；天下奋棅[①]而不与之偕；审乎无假而不与利迁；极物之真，能守其本。故外天地，遗万物，而神未尝有所困也。通乎道，合乎德，退仁义，宾礼乐，至人之心有所定矣！”

天道既然是自然规律，也就无所不在，无所不包；人若得道，必

① 奋棅：奋力争夺权柄。棅：通“柄”。

然胸襟广阔，无所不容。既然无所不容无所不包，那么专谈仁义忠信还有什么意思呢？如果说仁义忠信合乎大道的话，那么就没有摒弃的必要了。可惜的是，仁义忠信做不到。因摒弃仁义忠信而超然物外，就成了得道之必修课。对仁义忠信的摒弃便是对社会价值的摒弃，是赞同合乎人的本性的最高精神追求。此段是庄子安排老子在教训士成绮后的理论总结。

世之所贵道者，书也。书不过语，语有贵也。语之所贵者，意也，意有所随。意之所随者，不可以言传也，而世因贵言传书。世虽贵之哉，犹不足贵也，为其贵非其贵也。故视而可见者，形与色也；听而可闻者，名与声也。悲夫！世人以形色名声为足以得彼之情。夫形色名声，果不足以得彼之情，则知者不言，言者不知，而世岂识之哉！

桓公读书于堂上，轮扁斫轮于堂下，释椎凿而上，问桓公曰："敢问：公之所读者，何言邪？"公曰："圣人之言也。"曰："圣人在乎？"公曰："已死矣。"曰："然则君之所读者，古人之糟魄已夫！"桓公曰："寡人读书，轮人安得议乎！有说则可，无说则死！"轮扁曰："臣也以臣之事观之。斫轮，徐则甘而不固，疾则苦而不入，不徐不疾，得之于手而应于心，口不能言，有数存焉乎其间。臣不能喻臣之子，臣之子亦不能受之于臣，是以行年七十而老斫轮。古之人与其不可传也死矣，然则君之所读者，古人之糟魄已夫！"

桓公被一木匠教训，亦是颇得舜教训尧的路数。人的高下，并不因为权力，而是因为得道与否而判高下，这也是对权力的变相消解。

桓公读书专唯古之圣人所从，而不是看有无大道深藏其间。这里提出一命题：书——语言——意义，最重要的是意义而不是书本身。齐桓公但得古人所留下之言，而想得君道亦即无为大道，那只不过空欢喜一场。这就犹如陈详道所言："书言之于意，犹形色名声之于情。情不可得之于形色名声，意不可传之于书言，必矣。故善《易》者，得意而忘象，得象而忘言；善《诗》者，得志而忘辞，得辞而忘文，岂非所谓祠祀毕，刍狗捐，醇精流，糟粕弃者哉！"(褚伯秀《南华真经义海纂微》引)

语言与意义之间有着深深的横沟——连木匠想将他高超的手艺这等实际活传授给他儿子，都只可意会不可言传，更何况靠语言传载的意义是如此地抽象难言呢？——欲得道应该舍语言而重意义。意义的重要性正如日本庄子研究家福永光司所言："人类的语言与真实之间，无论如何努力，终留着无可填满的一道沟堑，而在这无可填满的沟堑之那一边的，却又是最重要的。"(《庄子——古代中国的存在主义》)

《天道》讲无为与有为的分野，讲天道、帝道、圣道的高下区别，都不是它不同于其他诸篇的独特价值。其独特处有二：一是庄子在其他篇什中偶尔也有的游戏态度，在本章愈加彰显，如老子拒绝帮孔子藏书、士成绮闯入老子的住宅、工匠批评齐桓公读死书诸章，其生动活泼，绝顶文心，绝妙机锋，绝不能用拘泥之法来读。庄子之游戏态度正是得写作态度之神髓——这不是对写作无所措意，而是其超越了一般人的"作"文章——在中国的文人学者普遍不擅于以游戏态度作高文妙句的大环境下，他不独超迈先秦诸子，就是千古以来，恐怕也是一人而已。其二，对语言抽象性的特殊探讨，以及对语言与意义亦即名与实之横沟，也就是能指与所指之间巨大缝隙的关注，同时也对语言与道的关系有特殊的注意，均意味深长。刘凤苞对此的评价真是一语中的："薪者，火之所从生，而薪非即火也；履者，迹之所由托，而履非即迹也；书者，道之所由载，而书非即道也。执薪以求火，而火在薪外；执履以求迹，而迹在履外；执书以求道，而道在书外。"(《南华雪心编》)

天 运

庄子借谈自然界不可更易的规律，来谈他所理解的“天”，因此他不惜用《天地》《天道》《天运》等篇什来强调道的普遍存在。因为在古人的知识判断中，认为大地是不转动的，而只有天穹在旋转。但庄子并不意在讲天的运转等类似于自然科学的东西，因为在他看来“知”是妨碍得“道”的障蔽术，他主张“绝圣弃知”，所以本篇第一段中类似于屈原《天问》的东西，绝非是对自然界的运转什么有兴趣，而是借机说明此种琐碎知识之无用。

《天运》与其他借“天”来讲“道”的篇什略有不同的是，它强调天道是不断发展变化的自然之道，而帝道、圣道、人道等要效仿天道，因此它们都不能墨守成规，应与时俱化，绝不滞留于陈规旧迹。于是庄子借此批评儒家死守仁义教条，效法周公之礼的做法无异于舟行于陆，沐猴而冠。行文反复设喻，议论生风，十分出彩。庄子批评儒家僵化地法先王之法、依三代之礼的做法，精彩独到。但问题在于，庄子自己所效仿和追慕的“至德之世”也只不过舟行于陆而已。你也许会说，庄子所倡导的“至德之世”与孔子之效先王之法有根本的不同，因为庄子并不是要倡导什么规矩礼数，创设制度，而“至德之世”便是无为而治，人心本朴，大道无亏的时代。其实，在这点上，庄子与孔子的不同并没有千百年来研究庄、孔的人所强调的那么大。他们向后看的思路并没有实质的区别，有所区别的只是，孔子看到了所效法的一些可操作的制度，而庄子看到了比一般具体制度更高一层的、所谓的“道”的存在及其重要性。

之所以要去效法“至德之世”，其原因在于道的普遍性，无所不在，而道是浑朴不亏的，只有那时才有真正的有“道”，后来的便损失不少，或者干脆可称无道。但道既然是无所不在，充溢宇宙，且永恒不变的，那为什么道又因为人类社会的发展变化而亏损呢？道是不变的，天道又是不断变化的，岂不自相矛盾吗？道如果永恒不变，就表明庄子预设了一个主宰性的东西，来分配宇宙世间的变化发展，换言之，就是倡导有一个绝对的主宰。而这个绝对主宰既不可怀疑亦不可论证，那么他的理论平台，我认为缺乏逻辑和哲学上的内在自洽。但庄子看到了制度变革与社会发展，须与时俱进，不能墨守成规，我认为这对开放性的制度建设是十分有益的，尽管庄子历来主张无为，并不在意制度创设。

“天其运乎？地其处乎？日月其争于所乎？孰主张是？孰维纲是？孰居无事推而行是？意者其有机缄而不得已邪？意者其运转而不能自止邪？云者为雨乎？雨者为云乎？孰隆施是？孰居无事淫乐而劝是？风起北方，一西一东，有上彷徨。孰嘘吸是？孰居无事而披拂是？敢问何故？”巫咸袑曰：“来，吾语女。天有六极五常，帝王顺之则治，逆之则凶。九洛之事，治成德备，监照下土，天下戴之，此谓上皇。”

单从对日月、天地、云雨等自然现象提出的疑问来看，似乎庄子对探索大自然的奥秘有很深的兴趣，其实这只看到了事实的表象。首先，这些疑问都在看似没有答案的怀疑中，内在包含着一个可解的答案。天穹运转不息，变动不居，体现了天道的本质，也就借巫咸之口表达“天有六极五常”观念，并借此将天道与帝道、圣道联系起来，所谓“帝王顺之则治，逆之则凶”，亦即帝王统治术须效法天道。其次，这些疑问，根本就不是疑问，不只是因为疑问中自有答案，而是因为要了解这些疑问，需要一些与道无关甚至违背道的琐碎知识，从绝圣弃知的角度看，解答这些疑问是毫无必要的。林云铭曾评庄子此段文字：“文如晴云出岫，倏忽之间，奇形怪状，无不备有，吾不知其何以至是。屈子《天问》虽奇，尚逊此游行披拂之致。”(《庄子因》)但庄子这些疑问与屈原《天问》中的牢骚还是有着本质的区别。

商太宰荡问仁于庄子。庄子曰：“虎狼，仁也。”曰：“何谓也？”庄子曰：“父子相亲，何为不仁！”曰：“请问至仁。”庄子曰：“至仁无亲。”太宰曰：“荡闻之，无亲则不爱，不爱则不孝。谓至仁不孝，可乎？”庄子曰：“不然。夫至仁尚矣，孝固不足以言之。此非过孝之言也，不及孝之言也。夫南行者至于郢，北面而不见冥山，是何也？则去之远也。故曰：以敬孝易，以爱孝难；以爱孝易，以忘亲难；忘亲易，使亲忘我难；使亲忘我易，兼忘天下难；兼忘天下易，使天下兼忘我难。夫德遗尧、舜而不为也，利泽施于万世，天下莫知也，岂直太息而言仁孝乎哉！夫孝悌仁义，忠信贞廉，此皆自勉以役其德者也，不足多也。故曰：至贵，国爵并焉；至富，国财并焉；至愿，名誉并焉。是以道不渝。”

庄子批评儒家的仁，用得最佻挞刻薄的句子便是“虎狼，仁也”。如果仁仅仅是动物相亲相爱的本能，那么庄子的表达无疑是站得住脚的；可惜的是，儒家的仁确实不像庄子所说的那么简单，因而他的“虎狼，仁也”难免有偷换概念之嫌。当然，偷换概念对庄子来说，是不足挂齿的，因为他主张绝圣弃知，因此对逻辑也是一概否定。既而庄子用至仁来否定儒家的仁，至仁就是达到极致的仁，而任何东西一旦达其极致，便向否定该事物的方向转化，所谓两极相通，便是如此。那么至仁便是无仁，由此不难断定仁和孝都是破坏自然之道的僵死教条。因此，仁孝不足效法。

北门成问于黄帝曰：“帝张《咸池》之乐于洞庭之野，吾始闻之惧，复闻之怠，卒闻之而惑，荡荡默默，乃不自得。”帝曰：“女殆其然哉！吾奏之以人，征之以天，行之以礼义，建之以太清。夫至乐者，先应之以人事，顺之以天理，行之以五德，应之以自然，然后调理四时，太和万物。四时迭起，万物循生。一盛一衰，文武伦经。一清一浊，阴阳调和，流光其声。蛰虫始作，吾惊之以雷霆。其卒无尾，其始无首。一死一生，一偾①一起，所常无穷，而一不可待。汝故惧也。吾又奏之以阴阳之和，烛之以日月之明。其声能短能长，能柔能刚，变化齐一，不主故常。在谷满谷，在阬满阬。涂郤守神，以物为量。其声挥绰，其名高明。是故鬼神守其幽，日月星辰行其

① 偾：意指扑倒，引申为音乐声寂灭。

纪。吾止之于有穷，流之于无止。子欲虑之而不能知也，望之而不能见也，逐之而不能及也。傥然立于四虚之道，倚于槁梧而吟：‘目知穷乎所欲见，力屈乎所欲逐，吾既已不及，已夫！’形充空虚，乃至委蛇。女委蛇，故怠。吾又奏之以无怠之声，调之以自然之命。故若混逐丛生，林乐而无形，布挥而不曳，幽昏而无声。动于无方，居于窈冥，或谓之死，或谓之生，或谓之实，或谓之荣。行流散徙，不主常声。世疑之，稽于圣人。圣也者，达于情而遂于命也。天机不张而五官皆备。此之谓天乐，无言而心说。故有焱氏为之颂曰：‘听之不闻其声，视之不见其形，充满天地，苞裹六极。’女欲听之而不可接焉，而故惑也。乐也者，始于惧，惧故祟；吾又次之以怠，怠故遁；卒之于惑，惑故愚；愚故道，道可载而与之俱也。”

庄子为使人明了其“道”，可谓用尽办法，曲尽喻设万世万物之妙，自然借黄帝给北门成讲音乐并非着眼于音乐，而是用音乐之演奏使人明性见道。因此北门成听音乐的三个阶段便成其闻道修道的三个阶段：始惧，既怠，终惑。简言之，开始不悟，既而稍悟其旨，最终开悟到堕聪明，进而达到大道的境界。后世的禅宗修炼的程序——所谓的看山是山，既而看山不是山，最终山还是山的阶段，与此有相似之处。就像《天道》中木匠训齐桓公意在言外，以及其他篇什中蕴藏的得鱼忘筌、得意忘形等，都是后世禅宗习用的东西。这也可以从侧面解释，后世的庄子研究者中，为什么佛教研究者占了很大比重这一现象。

北门成的修道闻道过程，看似清晰有序，但其实在最高境界也与“吾丧我”“坐忘”“心斋”没有什么区别。坐忘与心斋境界的获得，所用的无非是一减法，那么北门成所用的也无非是去伪复朴的过程，即所谓“损之又损之”。也就是将天性以外的人为痕迹消除殆尽，即达始惧、既惑、终怠的得道效果。

孔子西游于卫，颜渊问师金曰：“以夫子之行为奚如？”师金曰：“惜乎！而夫子其穷哉！”颜渊曰：“何也？”师金曰：“夫刍狗之未陈也，盛以箧衍，巾以文绣，尸祝齐戒以将之。及其已陈也，行者践其首脊，苏者取而爨之而已。将复取而盛以箧衍，巾以文绣，游居寝卧其下，彼不得梦，必且数眯焉。今而夫子亦取先王已陈刍狗，聚弟子游居寝卧其下。故伐树于宋，削迹于卫，穷于商周，是非其梦邪？围于陈蔡之间，七日不火食，死生相与邻，是非其眯邪？夫水行莫如用舟，而陆行莫如用车。以舟之可行于水也，而求推之于陆，则没世不行寻常。古今非水陆与？周鲁非舟车与？今蕲行周于鲁，是犹推舟于陆也！劳而无功，身必有殃。彼未知夫无方之传，应物而不穷者也。且子独不见夫桔槔者乎？引之则俯，舍之则仰。彼，人之所引，非引人者也。故俯仰而不得罪于人。故夫三皇五帝之礼义法度，不矜于同而矜于治。故譬三皇五帝之礼义法度，其犹柤梨橘柚邪！其味相反而皆可于口。故礼义法度者，应时而变者也。今取猨狙而衣以周公之服，彼必龁啮挽裂，尽去而后慊[1]。观古今之异，犹猨狙之异乎周公也。故西施病心而矉其里，其里之丑人见而美之，归亦捧心而矉其里。其里之富人见之，坚闭门而不出；贫人见之，挈妻子而去走。彼知矉美而不知矉之所以美。惜乎，而夫子其穷哉！”

---

① 慊：心满意足。

刍狗之形容，舟行于陆、沐猴而冠之比喻，实在表现出文字形容之绝妙、比喻之精彩，确非文章高手莫办。古今做一切事情之胶柱鼓瑟者，无不可用这段文字来做药石针砭。无论是社会制度还是理论体系，均应顺时而变，拘泥牵拘实足贻守株待兔、刻舟求剑之讥。社会制度改革顺时而变，才不会使僵化的制度拘束了人的创造力以及人的天性。如果天性是道，那么只有如此才能得道；理论体系或者理论思想也好，都要有开放的空间和态度，以便随时做出修订、增补删改，才能使人不受制于自己创设的理论，而利用好创设的理论，成全人的天性，使人发展得神完气足。

可惜，庄子虽然看得到儒家法先之王、效三代之礼的弊端，却不能洞察自己理论，诸如倡导“至德之世”的弊端之所在，以近乎不变的“至德之世”来应付变化不居的社会发展，不仅无补于现实，而且有违其理论的自洽，从而使其矛盾重重。

孔子行年五十有一，而不闻道，乃南之沛，见老聃。老聃曰：“子来乎？吾闻子，北方之贤者也！子亦得道乎？”孔子曰：“未得也。”老子曰：“子恶乎求之哉？”曰：“吾求之于度数，五年而未得也。”老子曰：“子又恶乎求之哉？”曰：“吾求之于阴阳，十有二年而未得也。”老子曰：“然。使道而可献，则人莫不献之于其君；使道而可进，则人莫不进之于其亲；使道而可以告人，则人莫不告其兄弟；使道而可以与人，则人莫不与其子孙。然而不可者，无他也，中无主而不止，外无正而不行。由中出者，不受于外，圣人不出；由外入者，无主于中，圣人不隐。名，公器也，不可多取。仁义，先王之蘧庐也，止可以一宿而不可久处觏，而多责。古之至人，假道于仁，托宿于义，以游逍遥之墟，食于苟简之田，立于不贷之圃。逍遥，无为也；苟简，易养也；不贷，无出也。古者谓是采真之游。以富为是者，不能让禄；以显为是者，不能让名。亲权者，不能与人柄，操之则慄，舍之则悲，而一无所鉴，以窥其所不休者，是天之戮民也。怨、恩、取、与、谏、教、生、杀八者，正之器也，惟循大变无所湮者，为能用之。故曰：正者，正也。其心以为不然者，天门弗开矣。”

孔子作为庄子书中的受教者，多次出现，已经使人见惯不怪。其实道家与儒家的思想本来就有所不同，没有谁更高，以至于更有资格教育对方。孔子之接受老子的训诫教导，只是庄子为了展现自己的思想而进行的安排，正所谓寓言而已。老子认为道不是个具体可传的东西，否则上可进献给国君，下可授贻与自己的亲朋好友，正所谓一人得道，鸡犬升天。事实上，大道不可传授，而需要自身的体悟，与《天道》篇中的“轮扁斫轮”的寓言有异曲同工之妙。因此要想得道，求之于阴阳、度数、仁义等，无异于南辕北辙。

在别的地方，庄子是完全否认仁之存在及其作用的，在此处，他借老子之口说：“仁义，先王之蘧庐也，止可以一宿而不可久处。”这是最低限度地承认了仁的一点作用，既可以看做是其思想矛盾之处，也可看做是其思想的发展演化之过程。而那些断定这必然不是庄子思想的论点，未免过于武断。

孔子见老聃而语仁义。老聃曰：“夫播糠眯目，则天地四方易位矣；蚊虻噆[①]肤，则通昔不寐矣。夫仁义憯然[②]，乃愦吾心，乱莫大焉。吾子使天下无失其朴，吾子亦放风而动，总德而立矣！又奚杰杰然若负建鼓而求亡子者邪！夫鹄不日浴而白，乌不日黔而黑。黑白之朴，不足以为辩；名誉之观，不足以为广。泉涸，鱼相与处于陆，相呴以湿，相濡以沫，不若相忘于江湖。"

孔子见老聃归，三日不谈。弟子问曰："夫子见老聃，亦将何规哉？"孔子曰："吾乃今于是乎见龙。龙，合而成体，散而成章，乘乎云气而养乎阴阳。予口张而不能嗋[③]。予又何规老聃哉？"子贡曰："然则人固有尸居而龙见，雷声而渊默，发动如天地者乎？赐亦可得而观乎？"遂以孔子声见老聃。老聃方将倨堂而应微曰："予年运而往矣，将何以戒我乎？"子贡曰："夫三王五帝之治天下不同，其系声名一也。而先生独以为非圣人，如何哉？"老聃曰："小子少进！子何以谓不同？"对曰："尧授舜，舜授禹。禹用力而汤用兵，文王顺纣而不敢逆，武王逆纣而不肯顺，故曰不同。"老聃曰："小子少进，余语女，三皇五帝之治天下：黄帝之治天下，使民心一。民有其亲死不哭，而民不非也。尧之治天下，使民心亲。民有为其亲杀其杀，而民不非也。舜之治天下，使民心竞。民孕妇十月生子，子五月而能言，不至乎孩而始谁，则人始有夭者矣。禹之治天下，使民心变，人有心而兵有顺，杀盗非杀，人自为种而'天下'耳。是以天下大骇，儒墨皆起。其作始有伦，而今乎妇女，何言哉！余语女：三皇五帝之治天下，名曰治之，而乱莫甚焉，三皇之知，上悖日月之明，

① 噆：叮咬。

② 憯然：狠毒的样子；憯：通"惨"。

③ 嗋：合拢。

下睽山川之精，中堕四时之施，其知憯于蛎虿[①]之尾，鲜规之兽，莫得安其性命之情者，而犹自以为圣人，不可耻乎？其无耻也！”子贡蹴蹴[②]然立不安。

本来道不同不相为谋，是儒家所遵奉的，而孔子偏要找痛批仁义的老聃去宣讲仁义，再次证明庄子将孔子当做箭靶的用心。老子讽刺孔子高举仁义大旗，以期救世，就像丢失小孩，沿街打鼓来寻找，是非常可笑的。还有更可笑的是，孔子已被老子教导得无话可说，而孔子门下的论辩高手子贡硬是不服，竟去质问老子，结果自然是心神不安地结束他与老子之间的质问与反质问。而儒家以孔子为群首，孔门以子贡为代表，都被老子驳得体无完肤，儒家的其他人物简直就不值一驳。

三皇五帝之治，之所以一代不如一代，在其他地方，是因为他们越来越违背无为而治的大道，而在此处是为了应证他们与多变发展的自然之道相悖。如果真以变化发展的眼光看，就不能用一代不如一代的想法来概括三皇五帝之治；而且向后看的思路，与变动不居顺时而变的思想也是矛盾的。这些矛盾之处，靠庄子自己的思想资源是无法解决的。

孔子谓老聃曰：“丘治《诗》《书》《礼》《乐》《易》《春秋》六经，自以为久矣，孰知其故矣，以奸者七十二君，论先王之道而明周、召之迹，一君无所钩用。甚矣夫！人之难说也？道之难

---

① 蛎虿：蝎虫的异名。

② 蹴蹴：心神不安的样子。

明邪？”老子曰：“幸矣，子之不遇治世之君也！夫六经，先王之陈迹也，岂其所以迹哉！今子之所言，犹迹也。夫迹，履之所出，而迹岂履哉！夫白鶂[①]之相视，眸子不运而风化；虫，雄鸣于上风，雌应于下风而风化。类自为雌雄，故风化。性不可易，命不可变，时不可止，道不可壅。苟得于道，无自而不可；失焉者，无自而可。”孔子不出三月，复见，曰：“丘得之矣。乌鹊孺，鱼傅沫，细要者化，有弟而兄啼。久矣夫，丘不与化为人！不与化为人，安能化人？”老子曰：“可，丘得之矣！”

孔子被老聃教育那么久后，终于得道，不知是老子的教育之功，还是孔子的悟性较高而终于开窍。按只可体悟而不可言传的思想，老子的点化作用，毕竟不能掩盖孔子自己的体悟，因此庄子在看似对孔子的贬斥之中，也蕴含一份应有的尊敬。

孔子以其治《诗》《书》《礼》《乐》《易》《春秋》的心得，及他具体拿来干谒七十二君的行迹自诩，这种以术自高的心态，自然是以讲道为要而不讲术的庄子所不取的。因而得出“夫六经，先王之陈迹也”的结论。当然，关键的是，孔子认识到“不与化为人，安能化人”的问题，就是说自己要变化，才能说服别人变化，而不僵化固守教条，而有用于社会。这种得圣道之举，也是顺应天道的必然结果。

如果说以前诸多篇章，庄子讲道偏重于其道的普遍性、广博性的话，那么本篇着重于道的变化性。道之所以要变，就像天穹一样，常处于变化之中。天穹不运转，天就要出问题，就违反天道之自然；道

① 鶂：水鸟，形似鹭鸶。

不变化，道的普适性就无法真正在各个时代得以贯穿并影响人类社会生活。

道的变化就像天穹的运转，不是什么外力和他人影响的结果，而是它本身就具有变动不居的性质。虽然道有其规律可言，但在规律之中也不是一成不变，以应无穷的。这就比前面只强调道的普遍性，而不强调道的变化性的观点，有更强的现实可操作性。尽管从哲学的成分看，前者更突出，而后者更强调道的器用层面。但文章中庄子思想矛盾之处屡屡出现，这是后世许多论家把庄子的杂篇、外篇看成非庄子思想，或者系庄子学派及后人拟作(伪作)的原因。但假设庄子杂篇、外篇是庄子青年时代较为芜杂的思想，而内篇是其老年成熟之作的话，那么这种矛盾也是可以说得通的。或许庄子满意而编定的只有内篇，他也有悔其少作的意思，因而并没有将杂、外篇编入，这也就像明清文人侯方域定其书名为“壮悔集”的用心。但后人在编辑其书时，对其吉光片羽均不放过，而自行剪辑增删成篇，也是可能的。或许这就是庄子杂、外篇思想比较芜杂的一个外在原因吧。

刻意

异举以鸣高，励志矫情，以清高自诩，都是庄子所反对的。后世的编辑者取庄子起首“刻意”作篇名，其意在反对“刻意”，因为那些求寿考、求财富、求名声、求仁义等之类的人，都以自己的追求相标榜，从而伤害一个人的自然真性。庄子主张去情寡欲，体悟纯素，虚静无为，顺其自然，才能真正保养精神的实质。这些思想和《养生主》《大宗师》《天道》诸篇的道理或有相同，或有互相补充申说之处，从开始的阐述到篇章的结尾，正如刘凤苞所说：“此篇以圣人作提纲，以真人作结穴。”(《南华雪心编》)

《刻意》所阐述的题旨，虽然不算十分高妙，但它讲究养神如一。所谓养神如一，既不是主张延年益寿，也不讲羽化而登仙，更不是提倡诸如气功、炼丹之类的法术。当然从文章的角度看，确实不是庄子文章中的上品，于是有许多人便认为本篇是庄子门徒发挥或后世的伪作，但这种判断并不一定完全有理，诚如流沙河先生所说：“文章固然差些，但也无须怀疑。谁的笔下篇篇皆是好文章呢？”(《〈庄子现代版〉增订本》)我认为这种对待庄子文章和思想的态度，是最为可取的，因为任何一个人，以及他写的所有作品，我们都没有理由将其神化，而只能逐一根据文本来分析，确定其文章和思想的高下。

刻意尚行，离世异俗，高论怨诽，为亢而已矣。此山谷之士，非世之人，枯槁赴渊者之所好也。语仁义忠信，恭俭推让，为修而已矣。此平世之士，教诲之人，游居学者之所好也。语大功，立大名，礼君臣，正上下，为治而已矣。此朝廷之士，尊主强国之人，致功并兼者之所好也。就薮泽，处闲旷，钓鱼闲处，无为而已矣。此江海之士，避世之人，闲暇者之所好也。吹呴呼吸，吐故纳新，熊经鸟申，为寿而已矣。此道引之士，养形之人，彭祖寿考者之所好也。若夫不刻意而高，无仁义而修，无功名而治，无江海而闲，不道引而寿，无不忘也，无不有也。淡然无极而众美从之。此天地之道，圣人之德也。

励行清高，宣讲仁义，追求声名，注重政绩，保养身体，对于人来说，固然属于各有不同的志向，但都不可避免地同属于偏滞一隅，丧失真性的行为，则是无可疑议的。因此，要真正做到得“天地之道，圣人之德”，那么“不刻意而高，无仁义而修，无功名而治，无江海而闲，不道引而寿”，便是最好的办法。如此一来，忘掉这些丧失真性的世俗追求，行如同“坐忘”“心斋”之类的“减法”，就能够真正得道，保持精神元气，顺其自然，而不受到追求自以为是的外在俗务的干扰。刘凤苞说得妙：“《刻意》篇，摹写圣人之德。开手撰出五个样子，衬托圣人，闲闲布置，体密气疏。转入圣人，将五者一齐压倒。层层脱卸，有回风舞雪之姿。”(《南华雪心编》)

故曰，夫恬惔寂漠，虚无无为，此天地之平而道德之质也。故曰，圣人休焉，休则平易矣。平易则恬惔矣。平易恬惔，则忧患不能入，邪气不能袭，故其德全而神不亏。故曰，圣人之生也天行，其死也物化。静而与阴同德，动而与阳同波。不为福先，不为祸始。感而后应，迫而后动，不得已而后起。去知与故，循天之理。故无天灾，无物累，无人非，无鬼责。其生若浮，其死若休。不思虑，不豫谋。光矣而不耀，信矣而不期。其寝不梦，其觉无忧。其神纯粹，其魂不罢。虚无恬惔，乃合天德。故曰，悲乐者，德之邪也；喜怒者，道之过也；好恶者，德之失也。故心不忧乐，德之至也；一而不变，静之至也；无所于忤，虚之至也；不与物交，惔之至也；无所于逆，粹之至也。故曰，形劳而不休则弊，精用而不已则劳，劳则竭。水之性不杂则清，莫动则平；郁闭而不流，亦不能清，天德之象也。故曰，纯粹而不杂，静一而不变，惔而无为，动而以天行，此养神之道也。

对上面五等俗士的批评，是否定；而承接其而来的便是六个“故曰”，是讲圣人如何修身治国以及保养精神的方法，是正面的肯定。将五种俗士集合起来进行批评，主要是为了反对励志矫情之妨碍精神的保养守一；让六个“故曰”正面立论，联袂证明虚无恬淡，顺其自然，是保养精神元气、葆光晦迹的最佳方法。只有如此，才能做到“纯粹而不杂，静一而不变”，得养神之大道。

夫有干越之剑者，柙而藏之，不敢用也，宝之至也。精神四达并流，无所不极，上际于天，下蟠[1]于地，化育万物，不可为象，其名为同帝。纯素之道，唯神是守。守而勿失，与神为一。一之精通，合于天伦。野语有之曰："众人重利，廉士重名，贤人尚志，圣人贵精。"故素也者，谓其无所与杂也；纯也者，谓其不亏其神也。能体纯素，谓之真人。

良剑不可妄用，妄用则毁了良剑；精神更是如此，如其乱用，便不能做到"一之精通，合于天伦"的境界。精神之大道犹如一块没沾任何污点的纯白布，神只有一个，是全身的主宰，而精神散布全身各个角落，不可随便透支，否则便不能"体纯素"，而会离"真人"的境界越来越远。

矫情励志，立异以鸣高，如伯乐相马之穿牛络马，失其自然，便是失道失德的开始。诚如褚伯秀所言："盖养生以纯素为本，纯素以守神为先，至于与神为一，则道之大本既立，又何必区区于其末而以刻意尚行为哉！"(《南华真经义海纂微》)当然，人守其精神，要做到毫无杂念，却是很难的。所谓得道之人，最终也只不过是个理想化的人物，而非现实中人，任何人想真正着意学习，而在其中有所获得，都是困难的。先秦诸子的著作，作为中国传统文化一个硕大的平台，虽然他们的思想不尽相同，但他们总是将人往最高线上去要求，就使得我们的文化把侵入别人自我思考的精神领地，当成家常便饭，是再正常不过的事情。换言之，即每个人都拥有积极要求别人往高线走的自由，却往往不朝最低线去考虑，别人有不做什么的自由。

---

① 蟠：遍及。

缮 性

缮，就是修，缮性就是修心养性。缮性，从最保守的方面看，是涵养情性；从最积极的方面看，是修复天性。前者指天性既存，必须努力涵养而不使其丧失，后者表明天性既丧，还可有些补救措施。天性丧失后，修复起来就要困难得多，如俗语所谓衣破难补，覆水难收，因此保存天性，涵养它，而不使其丧失，就成了一个欲得道的人最重要的任务。《缮性》就是对保持天性的肯定和对丧失天性的批判。

一代不如一代的想法，是庄子思想的套路，也是他思考各种问题的路径，似乎形成了某种“路径依赖”。尽管如此，像“逮德下衰”“德又下衰”之类开宗明义的句式，还是很少的。以前的都是畅想“至德之世”如何地好，而不是像如上的句式那样近乎楼梯式下滑堕落，真所谓“世丧道矣，道丧世矣”。社会及其道德往后愈来愈糟糕，以至于不可收拾，许多人因此成为“倒置之民”而不知。当然庄子的方子，稍微熟悉的人都是知晓的，即向上古之世的人学习，做到以知养恬，穷乐无忧。庄子既然要倡导无为思想，自然要找虚无缥缈的时代来作为无为主义的“实验田”，那样才可能实现其在理论上仅有的一点内在自洽。

庄子反对儒家的仁义道德，更反对儒家将仁义当做要求的规范，去束缚普通民众。顺理而推，自然不应该将“得道”作为绳墨普通民众的标尺，否则很强调无为而治的个人主义者庄子，便在某种层面上无法自圆其说。不过，庄子倡导民众要处于浑朴状态，统治者才好管的思想，虽然可以作为理论聊备一说，但这种理论由于其超验悬想的味道，很容易被各取所需的利益集团朝着本意相反的方向利用。这是庄子被后世许多专制制度者(庄子主张无政府，自然专制政府首当其冲在废除之列，但由于其所采取的无为无政府态度，往往在最深处与专制制度成为不可避免的“兄弟”)利用的一大宿命。

缮性于俗学，以求复其初；滑欲于俗思，以求致其明：谓之蔽蒙之民。古之治道者，以恬养知。知生而无以知为也，谓之以知养恬。知与恬交相养，而和理出其性。夫德，和也；道，理也。德无不容，仁也；道无不理，义也；义明而物亲，忠也；中纯实而反乎情，乐也；信行容体而顺乎文，礼也。礼乐偏行，则天下乱矣。彼正而蒙己德，德则不冒。冒则物必失其性也。古之人，在混芒之中，与一世而得澹漠焉。当是时也，阴阳和静，鬼神不扰，四时得节，万物不伤，群生不夭，人虽有知，无所用之，此之谓至一。当是时也，莫之为而常自然。

想用世俗的东西来求得天性之恢复与涵养，适足以形成南辕北辙的效果，是在无知之基础上叠加其无知，真可谓蔽塞昏昧的人。日本庄子研究家福永光司说得好：“一方面埋头于徒事博识的世俗学问，而一方面又想回归到其固有之身，一方面委其身于官能的欲望，而一方面又想学成所以真正全其人生的睿智，这样的本末颠倒就是‘蔽蒙之人’的迷惑。”(《庄子——古代中国的存在主义》)

当然，庄子也主张智慧并不全有害处，如智慧不滥施而是用于反省自己，则是近于用智慧来反哺恬静，从以恬养知，到了以知养恬的境界。正所谓“人虽有知，无所用之，此之谓至一”。从浅表层次看，这种观点似乎与庄子曾经强调的绝圣弃知有违背之处，有知而不用，是更高层次的弃知而得道。

逮德下衰，及燧人、伏羲始为天下，是故顺而不一。德又下衰，及神农、黄帝始为天下，是故安而不顺。德又下衰，及唐、虞始为天下，兴治化之流，澆[1]淳散朴，离道以善，险德以行，然后去性而从于心。心与心识，知而不足以定天下，然后附之以文，益之以博。文灭质，博溺心，然后民始惑乱，无以反其性情而复其初。由是观之，世丧道矣，道丧世矣，世与道交相丧也。道之人何由兴乎世，世亦何由兴乎道哉！道无以兴乎世，世无以兴乎道，虽圣人不在山林之中，其德隐矣。隐，故不自隐。古之所谓隐士者，非伏其身而弗见也，非闭其言而不出也，非藏其知而不发也，时命大谬也。当时命而大行乎天下，则反一无迹；不当时命而大穷乎天下，则深根宁极而待：此存身之道也。古之存身者，不以辩饰知，不以知穷天下，不以知穷德，危然处其所而反其性，己又何为哉！道固不小行，德固不小识。小识伤德，小行伤道。故曰，正己而已矣。

---

① 澆：通“浇”，意谓浇薄。

世道衰微堕落到圣人(庄子意义上的而非儒家意义上的)不想隐而不得不隐，原因何在？主要是世俗滔滔，对圣人的理论和思想成淹没之势。对圣人来说，“隐故不自隐”，是件很悲哀的事。但是古代的隐士，想实现的是无为理想，此一理想一旦实现，便隐姓埋名；而一旦实现不了他的理想，便是道穷，他就静心待时，无怨无尤。这就是“道固不小行，德固不小识。小识伤德，小行纷道”。

世风日下，风俗浇漓，民众的机心机窍大开，以至于唐、虞之知“而不足以定天下”。换言之，唐、虞的统治把戏及其心智，终于被民众勘破而不服其统治。这就是有为的大害处。固然庄子的理论能自成一说，但其中所蕴含的愚民思想，是我所不赞同的。

乐全之谓得志。古之所谓得志者，非轩冕之谓也，谓其无以益其乐而已矣。今之所谓得志者，轩冕之谓也。轩冕在身，非性命也，物之傥来，寄者也。寄之，其来不可圉[①]，其去不可止。故不为轩冕肆志，不为穷约趋俗，其乐彼与此同，故无忧而已矣！今寄去则不乐。由是观之，虽乐，未尝不荒也。故曰：丧己于物，失性于俗者，谓之倒置之民。

开篇点出“蔽蒙之民”，结尾来一个“倒置之民”，其对照呼应，自是天衣无缝。用世俗的东西修复天性，是南辕北辙的“蔽蒙之民”的蠢举；将自己完全埋没于世俗物事之中，这是将自己倒挂起来而不知。解民于倒悬，是有为之人的理想，而有的人竟然心甘情愿地做“倒置之民”而不自知。庄子的话语便是解“倒置之

① 圉：通“御”，意谓阻挡。

民”于危境的良药。良药并不难知，就是无为。但无为这味药怎样配置，如何服用，却是煞费苦心的事了。

止庵说，庄子《缮性》是“承认知，但不承认知的施用；承认仁义礼乐等，但赋予了新的含义；承认‘兴乎世’，但将其落实于‘正己’。还是调和儒道的后学之作”(《樗下读庄》)。止庵的意思自然有一层是说，庄子要纯粹得多，弃知、提知也是为去，绝不承认它；仁义不值得提倡，更不必承认，正所谓绝圣。这当然有其合理性。但我更愿意看成庄子本身学说的演进与发展。退而求其次，即便《缮性》像外篇、杂篇中的不少篇什，被一些庄学研究者认为是“调和儒道的后学之作”，也不能因此否定其价值。调和总是在两种极端的理论都已经出现且繁荣过后的一种情况。从逻辑上讲，可以承认《缮性》的一些观点是“调和儒道的后学之作”，但证据并不充分。

有许多论者认为，内篇是庄子最为成熟、思想最为细密的作品，因此推断出此篇系晚年之作，这从思想的开端到发展成熟的常规理路，未始不可自圆其说。但问题在于，内篇中言辞虽不及外篇、杂篇中许多言辞那么尖锐激烈，但其思想主张的纯粹性和绝对性，绝不亚于外、杂篇的观点。一个人尤其在年轻时候，为了能够使自己想法自圆其说，不惜曲解他意以适己，只有这样才能纯粹。那么这样判断下来，内篇未始不是年轻时所作。当然反驳的观点是，内篇中的许多见解、文字功夫臻于化境，实非早期作品所能解释。但人在自己思想历程中，最容易产生调和倾向的阶段，大抵以晚年居多，这也是人之常情，庄子也只是一个文章写得好、有思想的凡人而已，离人情不会太远才说得过去。如此说来，内、外、杂诸篇是否庄子所作之争论，无论如何不能代替对文本自身的分析。而不能简单地冠以某篇非庄子所作，而不对文本细加分析。

我不认为所有的调和都有价值，但调和对于中国人的理论建设和制度建设的意义，不应该被忽略。排他而扬己，这是很容易做到的，这近于积极自由；融他而适己，在我们的制度建设和思想历程中，应引起足够的重视，这是我们最缺乏的近于消极自由的事。因此以调和儒道而贬其思想，尤其是否认调和的重要，我认为是不大得体的。除非我们固执地、先验地认为庄子的思想一成不变。

秋 水

有不少庄子研究者认为，外、杂篇大多不是庄子之作，即便是庄子所作，也由于境界较低，文意难匹内篇，而长期被研究者贬斥。读《秋水》一篇，看其波光万顷，文浩而肆，不可方物，始觉此言似可商榷，甚至不堪一驳。对《秋水》一篇的赞美，只选两人，即可见一斑。前人马定国写道："吾读漆园书，《秋水》一篇足；安用十万言，磊落载其腹？"(《读〈庄子〉》)方人杰在《庄骚读本·秋水》篇本总评中写道："昔人评文者，曰潘江陆海，又曰韩潮苏海。读《庄子·秋水》，真有潮海之势，浩浩荡荡，不见水端，而诸瞠乎其后者矣。胡可及哉！胡可及哉！能以隽思逸笔写深微之理，能以恒情俗态作奇幻之文，其中位置天然，节奏妙合，从来文章之家，并未有此手笔。"

相对与齐物，是庄子思想中最核心的观点。万物虽有其性，然以道观之，均无不同，因为万物都有遵循而且包含大道的天性，故齐物而见大道；大小、贵贱虽有区别，但都是相对的，因此大小、贵贱之分是没有意义的。自然这有把相对论绝对化的意识，然由此而观社会等级，有批评现存制度的成分在里面。河伯与海神的对话，千古之下，读之仍闻其声，情状毕现，而且由此得出《秋水》一篇著名的结论：“故曰：无以人灭天，无以故灭命，无以得殉名。谨守而勿失，是谓反其真。”而后面诸段便是对这个结论的逐一论述，符合内篇中庄子常用的先总论得结论、后分论的文章模式。而庄子“钓于濮水”、视相位如腐鼠、与惠施的濠梁之辩等故事，实在是启人心智，而又令人喷饭，成为吾国文章之经典。

秋水时至，百川灌河。泾流之大，两涘[①]渚崖之间，不辩牛马。于是焉河伯欣然自喜，以天下之美为尽在己。顺流而东行，至于北海，东面而视，不见水端。于是焉河伯始旋其面目，望洋向若而叹曰：“野语有之曰‘闻道百，以为莫己若者。’我之谓也。且夫我尝闻少仲尼之闻而轻伯夷之义者，始吾弗信。今我睹子之难穷也，吾非至于子之门则殆矣，吾长见笑于大方之家。”北海若曰：“井蛙不可以语于海者，拘于虚也；夏虫不可以语于冰者，笃于时也；曲士不可以语于道者，束于教也。今尔出于崖涘，观于大海，乃知尔丑，尔将可与语大理矣。天下之水，莫大于海，万川归之，不知何时止而不盈；尾闾泄之，不知何时已而不虚；春秋不变，水旱不知。此其过江河之流，不可为量数。而吾未尝以此自多者，自以比形于天地，而受气于阴阳，吾在于天地之间，犹小石小木之在大山也。方存乎见少，又奚以自多！计四海之在天地之间也，不似礨空[②]之在大泽乎？计中国之在海内，不似稊米之在大仓乎？号物之数谓之万，人处一焉；人卒九州，谷食之所生，舟车之所通，人处一焉。此其比万物也，不似

① 涘：岸。
② 礨空：石块的小孔穴。

豪末之在于马体乎？五帝之所连，三王之所争，仁人之所忧，任士之所劳，尽此矣！伯夷辞之以为名，仲尼语之以为博。此其自多也，不似尔向之自多于水乎？”

河伯曰：“然则吾大天地而小毫末，可乎？”北海若曰：“否。夫物，量无穷，时无止，分无常，终始无故。是故大知观于远近，故小而不寡，大而不多，知量无穷。证曏今故，故遥而不闷，掇而不跂，知时无止。察乎盈虚，故得而不喜，失而不忧，知分之无常也。明乎坦涂，故生而不说，死而不祸，知终始之不可故也。计人之所知，不若其所不知；其生之时，不若未生之时；以其至小，求穷其至大之域，是故迷乱而不能自得也。由此观之，又何以知毫末之足以定至细之倪，又何以知天地之足以穷至大之域！”

河伯曰：“世之议者皆曰：‘至精无形，至大不可围。’是信情乎？”北海若曰：“夫自细视大者不尽，自大视细者不明。夫精，小之微也；垺，大之殷也。故异便，此势之有也。夫精粗者，期于有形者也；无形者，数之所不能分也；不可围者，数之所不能穷也。可以言论者，物之粗也；可以意致者，物之精也；言之所不能论，意之所不能察致者，不期精粗焉。是故大人之行：不出乎害人，不多仁恩；动不为利，不贱门隶；货财弗争，不多辞让；事焉不借人，不多食乎力，不贱贪污；行殊乎俗，不多辟异；为在从众，不贱佞谄；世之爵禄不足以为劝，戮耻不足以为辱；知是非之不可为分，细大之不可为倪。闻曰：‘道人不闻，至德不得，大人无己。’约分之至也。”

河伯曰：“若物之外，若物之内，恶至而倪贵贱？恶至而倪小大？”北海若曰：“以道观之，物无贵贱；以物观之，自贵而相贱；以俗观之，贵贱不在己。以差观之，因其所大而大之，则万物莫不大；因其所小而小之，则万物莫不小。知天地之为稊米也，知毫末之为丘山也，则差数睹矣。以功观之，因其所有而有之，则万物莫不有；因其所无而无之，则万物莫不无。知东西之相反而不可以相无，则功分定矣。以趣观之，因其所然而然之，则万物莫不然；因其所非而非之，则万物莫不非。知尧、桀之自然而相非，则趣操睹矣。昔者尧、舜让而帝，之、哙让而绝；汤、武争而王，白公争而灭。由此观之，争让之礼，尧、桀之行，贵贱有时，未可以为常也。梁丽[1]可以冲城而不可以窒穴，言殊器也；骐骥骅骝一日而驰千里，捕鼠不如狸狌，言殊技也；鸱鸺夜撮蚤，察毫末，昼出瞋目而不见丘山，言殊性也。故曰：盖师是而无非，师治而无乱乎？是未明天地之理，万物之情者也。是犹师天而无地，师阴而无阳，其不可行明矣！然且语而不舍，非愚则诬也！帝王殊禅，三代殊继。差其时，逆其俗者，谓之篡夫；当其时，顺其俗者，谓之义之徒。默默乎河伯，女恶知贵贱之门，小大之家！”

河伯曰：“然则我何为乎？何不为乎？吾辞受趣舍，吾终奈何？”北海若曰：“以道观之，何贵何贱，是谓反衍；无拘而志，与道大蹇。何少何多，是谓谢施；无一而行，与道参差。严乎若国之有君，其无私德；繇繇乎若祭之有社，其无私福；泛泛乎其若四方之无穷，其无所畛域。兼怀万物，其孰承翼？是谓无方。万物一齐，孰短孰长？道无终始，物有死生，不恃其成。一虚一满，不位乎其形。年不可举，时不可止。消息盈虚，终则有始。是所以语大义之方，论万物之理也。物之生也，若骤若驰。无动而不变，无时而不移。何为乎，何不为乎？夫固将自化。”

---

① 梁丽：栋梁。

河伯曰："然则何贵于道邪？"北海若曰："知道者必达于理，达于理者必明于权，明于权者不以物害己。至德者，火弗能热，水弗能溺，寒暑弗能害，禽兽弗能贼。非谓其薄之也，言察乎安危，宁于祸福，谨于去就，莫之能害也。故曰：'天在内，人在外，德在乎天。'知天人之行，本乎天，位乎得，蹢躅[①]而屈伸，反要而语极。"曰："何谓天？何谓人？"北海若曰："牛马四足，是谓天；落马首，穿牛鼻，是谓人。故曰：'无以人灭天，无以故灭命，无以得殉名。谨守而勿失，是谓反其真。'"

河伯与海神的拟人化问答，是逐渐展开而阔人胸襟的，所谓"逐渐"就是有分层论述之意。河伯与海神所论可细分为七层：一论"大"之不足以为大；二论"小"之不足以为小；三论"大小"之辩皆非至道之本；四由"大""小"推出"贵""贱"区别之不足凭；五论扫除一切有为痕迹，然后开出无为自化之方；六论无为属天，有为属人；由上而得出本篇总结论："无以人灭天，无以故灭命，无以得殉名。谨守而勿失，是谓反其真。"

上古三代的所谓禅让，历来为各家特别是儒家所津津乐道，在史学上的疑古派兴起之前，没有几人从逻辑和史料上怀疑其真实性，实在是不智之举。而庄子通过大之不足以为大，小之不足以为小，所谓"知天地之为稊米也，知毫末之为丘山也"，而得出"一根毛的毫尖，五帝在上面一个禅让一个，三王在上面一个推翻一个，仁人在上面忧虑，能人在上面辛劳，仅仅如此而已。伯夷让国，放弃毫尖，大家颂他义气。孔丘著书，谈论毫尖，大家夸他博学"(流沙河《〈庄

① 蹢躅：进退维谷的样子。

子现代版〉增订本》)的观点，实在是从大道的角度，对禅让最为锐利的讽刺。不特如此，还借河伯与海神的对话，再次重申此前庄子所说的“可以言论者，物之粗也；可以意致者，物之精也；言之所不能论，意之所不能察致者，不期精粗焉”的论点；同时还借此阐述万物变化之理，即所谓“年不可举，时不可止”，以证明“昔者尧、舜让而帝，之、哙让而绝”的道理，但所采取的态度，不是缅怀过去，追逐未来，而是“遥而不闷，掇而不跂”，充分展示了得道之人，与常人不同的高远境界。

既然万物是相对的，所以矛盾的存在在更高层次上就统一了，而即便是两个相对的东西，要分离出来，达到“取其精华，去其糟粕”的目的，也是不可能的，否则，“是犹师天而无地，师阴而无阳，其不可行明矣！然则语而不舍，非愚则诬也”。

夔怜蚿[①]，蚿怜蛇，蛇怜风，风怜目，目怜心。夔谓蚿曰：“吾以一足趻踔[②]而行，予无如矣。今子之使万足，独奈何？”蚿曰：“不然。子不见夫唾者乎？喷则大者如珠，小者如雾，杂而下者不可胜数也。今予动吾天机，而不知其所以然。”蚿谓蛇曰：“吾以众足行，而不及子之无足，何也？”蛇曰：“夫天机之所动，何可易邪？吾安用足哉！”蛇谓风曰：“予动吾脊胁而行，则有似也。今子蓬蓬然起于北海，蓬蓬然入于南海，而似无有，何也？”风曰：“然。予蓬蓬然起于北海而入于南海也，然而指我则胜我，䲡[③]我亦胜我。虽然，夫折大木，蜚大屋者，唯我能也。”故以众小不胜为大胜也。为

① 蚿：百足虫。

② 趻踔：跳着行走。

③ 䲡：逆蹋。

大胜者，唯圣人能之。

从一个切实的亦即行走的层面上看，夔一足而行，不如蚿万足而行，而蚿万足而行，不如蛇无足而行，蛇无足不如风无迹而速。但真正的道，与行走速度的快慢、难易程度并没有关系。也就是说，夔没有羡慕蚿的必要，蚿没有羡慕蛇的必要，蛇没有羡慕风的必要，每样物事完全秉承自己的天性来行走，便是得道之正途。正如描述“风”时，说它是“为大胜者，唯圣人能之”。这里说的“圣人”当然是“真人”“至人”代名词，而非儒家的“圣人”之义。固然保持天性就是得道的方式，但是文章也蕴藏着愈是无形迹的东西，愈近于得道的思想，这就正是“形迹愈全，用心愈专，则愈拙；相反，离形迹愈远，得天机愈深，则愈妙”(方勇、陆永品《庄子诠评》)。总而言之，此段是分述和重申“无以人灭天”的思想。

孔子游于匡，宋人围之数匝，而弦歌不惙。子路入见，曰：“何夫子之娱也？”孔子曰：“来，吾语女。我讳穷久矣，而不免，命也；求通久矣，而不得，时也！当尧、舜而天下无穷人，非知得也；当桀、纣而天下无通人，非知失也：时势适然。夫水行不避蛟龙者，渔父之勇也；陆行不避兕虎者，猎夫之勇也；白刃交于前，视死若生者，烈士之勇也；知穷之有命，知通之有时，临大难而不惧者，圣人之勇也。由，处矣！吾命有所制矣！”无几何，将甲者进，辞曰：“以为阳虎也，故围之；今非也，请辞而退。”

渔父之勇、猎夫之勇、烈士之勇，固然可嘉，然都是切实可学的，不算高妙。而“知穷之有命，知通之有时，临大难而不惧者，圣人之勇也”，就要得道的“圣人”才能体会到，而不是有形迹地去学。在某种层次上看，有点类同我们俗人所说的，穷通有命，富贵在天。穷通有命，就是不用人为的东西将天性给磨损掉。在这里孔子又是知天命而顺之的得道人物，可见庄子在书中安排孔子，除了有调侃儒家学说的意味以外，还有作为表达其各种不同思想的一个符号的作用。

公孙龙问于魏牟曰："龙少学先王之道，长而明仁义之行；合同异，离坚白；然不然，可不可；困百家之知，穷众口之辩，吾自以为至达已。今吾闻庄子之言，汒焉异之。不知论之不及与？知之弗若与？今吾无所开吾喙，敢问其方。"公子牟隐机大息，仰天而笑曰："子独不闻夫坎井之蛙乎？谓东海之鳖曰：'吾乐与！出跳梁乎井干之上，入休乎缺甃之崖。赴水则接腋持颐，蹶泥则没足灭跗。还虷[1]蟹与科斗，莫吾能若也。且夫擅一壑之水，而跨跱[2]坎井之乐，此亦至矣。夫子奚不时来入观乎？'东海之鳖左足未入，而右膝已絷矣。于是逡巡而却，告之海曰：'夫千里之远，不足以举其大；千仞之高，不足以极其深。禹之时，十年九潦，而水弗为加益；汤之时，八年七旱，而崖不为加损。夫不为顷久推移，不以多少进退者，此亦东海之大乐也。'于是坎井之蛙闻之，适适然惊，规规然自失也。且夫知不知是非之竟，而犹欲观于庄子之言，是犹使蚊负山，商蚷驰河也，必不胜任矣。且夫知不知论极妙之言，而自适一时之利者，是非

① 虷：蚊子的幼虫。

② 跨跱：盘踞。

坎井之蛙与？且彼方跐黄泉而登大皇，无南无北，奭然[①]四解，沦[②]于不测；无东无西，始于玄冥，反于大通。子乃规规然而求之以察，索之以辩，是直用管窥天，用锥指地也，不亦小乎？子往矣！且子独不闻夫寿陵馀子之学行于邯郸与？未得国能，又失其故行矣，直匍匐而归耳。今子不去，将忘子之故，失子之业。”公孙龙口呿[③]而不合，舌举而不下，乃逸而走。

庄子齐万物，主相对，等生死，泯是非，以道观之，万物均无区别，因此辩论它们的不同，是毫无意义的。庄子之所以还要同儒墨诸家论说自己的观点，是不得已而为之，正所谓“吾岂好辩哉，吾不得已矣”。于是庄子对任何所谓“名分”的东西，不但没有兴趣，而且持否定的态度。关于“名分”应有三层意思，一是世俗之好名，庄子否定；二是正名事物，进行逻辑辩论，庄子反对；三是名正言顺，庄子认为任何事物都是各葆天性，自顺而已，并不必须要名正才能言顺。

公孙龙是大辩家，很有些诡辩和逻辑头脑，但他自以为对天下物事无所不解，明达无比，用他这样的心性和重智慧的态度去了解庄子，无异于使蚊负山、商蚷驰河，不仅可笑之至，而且毫无可能。因此他最终只不过因名而死而不自知。

庄子钓于濮水。楚王使大夫二人往先焉，曰：“愿以境内累矣！”庄子持竿不顾，曰：“吾闻楚有神龟，死已三千岁矣。王巾笥

① 奭然：阻碍物消失之情状。

② 沦：浸渍，指处引申为深入。

③ 呿：张口的样子。

而藏之庙堂之上。此龟者，宁其死为留骨而贵乎？宁其生而曳尾于涂中乎？”二大夫曰：“宁生而曳尾涂中。”庄子曰：“往矣！吾将曳尾于涂中。”

楚王请庄子去楚国做大官的故事，历来为那些考据庄子本事的人所疑惑，进而得出否定的结论，其实这是对庄子文章胶柱鼓瑟的理解。庄子的行文哪像我们寻常作文者那样，固守大家所遵循的套路？如庄子不能自说庄子，等等。换言之，庄子去不去做过官并不重要，重要的是，庄子通过这个故事文本所表达出的意义，才是我们探寻的根本。那么庄子宁愿做污泥中快活的泥龟，也不去做官，那是因为他对社会普遍认同的价值尺度的否定，而对个人尺度的维护，从而也就葆有了人的天性。

惠子相梁，庄子往见子。或谓惠子曰：“庄子来，欲代子相。”于是惠子恐，搜于国中三日三夜。庄子往见之，曰：“南方有鸟，其名为鹓鸰，子知之乎？夫鹓鸰发于南海而飞于北海，非梧桐不止，非练实不食，非醴泉不饮。于是鸱得腐鼠，鹓鸰过之，仰而视之曰：‘吓！’今子欲以子之梁国而吓我邪？”

惠施与庄子的情谊在《徐无鬼》中有所记述，而且惠施是庄子真正看得起的辩友，虽然他们在许多看法上有区别，但不妨碍在各存其异的基础上成为朋友。庄子秉承其一贯的幽默调侃态度，以犀利的言辞、幽默的态度、过人的见解、跃然纸上的声口，于出人意表的寓言或者比喻中，置自己的论敌于不利，因此惠子这样学富五车的辩论高手，也经常毫无办法。此系对“无以得殉名”之三次申论。

庄子与惠子游于濠梁之上。庄子曰：“儵鱼出游从容，是鱼之乐也。”惠子曰：“子非鱼，安知鱼之乐？”庄子曰：“子非我，安知我不知鱼之乐？”惠子曰：“我非子，固不知子矣；子固非鱼也，子之不知鱼之乐，全矣！”庄子曰：“请循其本。子曰‘汝安知鱼乐’云者，既已知吾知之而问我。我知之濠上也。”

流沙河先生说：“惠施同庄周辩论鱼是否快乐，为古代极著名之论战。此非所谓‘公说公有理，婆说婆有理’，直是诗人之移情与逻辑学家之死板互相映衬，而寓调侃之意味于其中罢了。”(《〈庄子现代版〉增订本》)此种解释是很有理的，从逻辑学上来研究固不失为一策，但我想补充一点。此段虽是庄子与惠施最著名的辩难，但却与庄周梦蝶之思想有某种内在的联系。因为庄子认为万物自化，一片天机，自然化成，庄周梦蝶在于其物我两忘，达到了“坐忘”的境界，那么庄子与惠施关于鱼是否快乐的辩难，就像庄周梦蝶一样，主张物我混同在一片天机之中，以葆真性，辩鱼是否快乐，是为了“谨守勿失，是谓反其真”。犹如刘凤苞所言：“内篇庄化为蝶，蝶化为庄，可以悟《齐物》之旨；外篇子亦知我，我亦知鱼，可以得‘反真’之义；均属上乘慧业，不能有二之文。”(《南华雪心编》)这就说明，本段虽然“与相对论无涉”(流沙河语)，却并不孤悬于庄子本篇的文本理路之外成为赘文，而是浑然一体，深切论题主旨的。

庄子用万千比喻，用诡异的想象，用独步千古的寓言，无非要弘扬自己的观点，就是为了保持人的天性而得大道。因为他所处之世，无论是社会还是个人，无论普遍道德还是个人操守，都处于旧的已坏而新的尚待建立的时代。因此出语警策，议论奇异，常走险道，而又妙在从寻常物理中见出。庄子的卓异之处，远胜他人之万语千言。观《秋水》的行文布局，段落分明，意义迭显，却最后终得旋生旋扫，似踏雪寻梅，只闻香气，独见风光，而不见路径履迹。这并非我的见解，不敢私心掠美，刘凤苞早就说过：“绝妙机锋，全身解数，真飞行绝迹之文。”

至 乐

“至乐”既是篇名，又揭橥其主旨，是庄子外、杂篇中简洁的一“身”二任。但“至乐”对主旨的揭示，分明有以下几层含义：其一是批评世俗的享乐；其二是批评世俗社会中的不乐；其三是在乐与不乐的对立之外，发明一个“至乐”亦即最大的快乐来超越“乐”与“不乐”。而要达到“至乐”的化境，其通用办法，便是庄子一直开的方子，名为“无为”；其实还有最后一层，也是言语无法表达的那一层，因为他否定乐与不乐，也就不存在所谓的“至乐”。之所以要存一个“至乐”，是为言说的方便，因为受到语言的限制及其遮蔽性，必须立一个“名”譬如“至乐”，才能更好地批评乐与不乐。其实从骨子里头连“至乐”也是不存在的，“至乐无乐，至誉无誉”，才是对“至乐”最好的注释。要做到至乐，就必须无为，而无为就是混混沌沌，无迹无形，无忧无虑，无名无实，一切皆无。自然所谓的“至乐”也是不能靠任何东西包括语言来坐实的。

寻求快乐，应该是人的一种本能，是一种顺应自然的本性而已，本来无可厚非。庄子也承认这一点，正所谓“至乐活身之术，皆以无为而存”，亦如陆西星所说：“一味顺其自然，然后在我者长乐而长存。”(《南华真经副墨》)但这种本能一旦成为大家争先恐后、举趋逢迎，必欲获得而后快的东西，就成为一种社会意识和社会价值观念，这是庄子所反对的。从一般意义上讲，庄子的思想是肯定个人价值，而否定社会意识和社会价值的(参看止庵《樗下读庄》。但我不赞同止庵将这二者绝对对立起来，这样不是庄学的看法。事实上，庄子的思想并不是在每一篇中都有神完气足而又内在自洽的表现，将这二者完全对立起来，恐怕是止庵自己给庄子预设一种固定不变的套路、一成不变的思想，以及在某种意义坚持其意图伦理的思考问题的方式而造成的结果)。如果说庄子承认有乐，那么也只是顺其自然，无为的“至乐”，既不是不惜一切手段的苟活，也不是想尽一切办法的延年益寿，因此后世那些求长生不老之术，与庄子的“养生”“至乐”“达生”是没有关系的，是那些为我所用者对庄子学说的自我曲解而已。

天下有至乐无有哉？有可以活身者无有哉？今奚为奚据？奚避奚处？奚就奚去？奚乐奚恶？夫天下之所尊者，富贵寿善也；所乐者，身安厚味美服好色音声也；所下者，贫贱夭恶也；所苦者，身不得安逸，口不得厚味，形不得美服，目不得好色，耳不得音声。若不得者，则大忧以惧，其为形也亦愚哉！夫富者，苦身疾作，多积财而不得尽用，其为形也亦外矣！夫贵者，夜以继日，思虑善否，其为形也亦疏矣！人之生也，与忧惧生。寿者惛惛[①]，久忧不死，何苦也！其为形也亦远矣！烈士为天下见善矣，未足以活身。吾未知善之诚善邪？诚不善邪？若以为善矣，不足活身；以为不善矣，足以活人。故曰："忠谏不听，蹲循勿争。"故夫子胥争之，以残其形；不争，名亦不成。诚有善无有哉？今俗之所为与其所乐，吾又未知乐之果乐邪？果不乐耶？吾观夫俗之所乐，举群趣者，诬诬然[②]如将不得已，而皆曰乐者，吾未之乐也，亦未之不乐也。果有乐无有哉？吾以无为诚乐矣，又俗之所大苦也。故曰："至乐无乐，至誉无誉。"天下是非果未可定也。虽然，无为可以定是非。至乐活身，唯无为几存。请尝试言之：天无为以之清，地无为以之宁。故两无为相合，万物皆化生。芒乎芴乎，而无从出乎！芴乎芒乎，而无有象乎！万物职职，皆从无为殖。故曰："天地无为也而无不为也。"人也孰能得无为哉！

篇章起始，如同《天运》仿屈子之《天问》，此处诘问类同于屈原《卜居》。包括"天下有至乐无有哉"在内的九个疑问，对庄子来说并不是什么疑问，如同其胸中自设机关，庄子知之，而外人不知，不小心便会误入"白虎堂"而已。此种设问如同惊堂木在于警醒世之愚妄之人，这就是庄子要向不知者、不知而自以为知者等一干人阐发自己思想的原因。

富、贵、寿、善成为庄子所批评的社会上的四种崇拜。富、贵、寿、善以及厚味、美服、好色、音声的获得成了人们争相追逐的终极

① 惛惛：通"昏昏"，意为昏愦糊涂的样子。

② 诬诬然：世俗奔走求乐的样子。

目标，而不知对这些东西的追逐，适足以伤身自苦。与逍遥无为，不以忧乐累其情性的“至乐”相去甚远。在庄子看来，天地间的忧与乐都是相对的，因此顺着他的逻辑，就是无所谓忧乐，只有统一“忧乐”之矛盾基础上的至乐。而至乐，不是去争取拼搏获得的。要得到“至乐”，无他，只要做到无为而已。本段是《至乐》一篇的纲，其他则是从勘破生死、不人为损益天然、生死转化等方面来对“至乐无为”“至乐无乐，至誉无誉”的思想之分论。

庄子妻死，惠子吊之，庄子则方箕踞鼓盆而歌。惠子曰：“与人居、长子、老、身死，不哭，亦足矣，又鼓盆而歌，不亦甚乎？”庄子曰：“不然。是其始死也，我独何能无概！然察其始而本无生；非徒无生也，而本无形；非徒无形也，而本无气。杂乎芒芴之间，变而有气，气变而有形，形变而有生。今又变而之死。是相与为春秋冬夏四时行也。人且偃然寝于巨室，而我噭噭[①]然随而哭之，自以为不通乎命，故止也。”

庄子妻死，鼓盆而歌，同庄子试妻之故事，同样流传久远。前者载于庄子书中，后者流行吾国戏文之中。庄子妻死，鼓盆而歌，未必系庄子所写，至少这种拟作是符合庄子思想套路的；但庄子试妻，只不过是儒家文士，强以自己的思想作一戏文之庄子而已。虽然这二者都有点游戏的味道，但毕竟区别甚大。

按儒家的人伦观点，人死必悲，而庄子则不然，认为生死的区别

① 噭噭：悲哭之声。

只不过是暂时的不同，生与死是互化的，正如春夏秋冬时序演替一样自然，并没有本质上的区别，这正符合人只不过是匆匆过客而已的思想。因此生不足乐，死不足悲，此之谓忘忧乐。当然，这种思想亦见诸《德充符》中之“以死生为一条”、《大宗师》里“死生存亡之一体”。通过庄子妻死，鼓盆而歌，想要传达出的是“死生，命也”、不偏执生死中任何一方而齐生死的思想。既然生死作为考验人最重要甚至是最后一关均已被勘破，那么忧乐之争，自然就不在话下。

支离叔与滑介叔观于冥伯之丘，昆仑之虚，黄帝之所休。俄而柳生其左肘，其意蹶蹶然恶之。支离叔曰：“子恶之乎？”滑介叔曰：“亡，予何恶！生者，假借也。假之而生，生者尘垢也。死生为昼夜。且吾与子观化，而化及我，我又何恶焉！”

庄子撰文，在看似立马得出结论的情形下，却蕴含着一种转化之过程，直接“得道”固然痛快，但能用文字说明“得道”之过程，使得语言遮蔽性减少到最小限度，最大限度地使人理解自己的观点，均有好处。如妻子死，庄子鼓盆而歌，庄子先说“我何独能无慨”，最终达“死生，命也”的境界。关于此种方式，郭象阐释为“斯皆先示有情，然后寻至理以遣之”。正如本段中之滑介叔“始者蹶蹶然恶之，而今云‘予何恶’者，犹上节(指庄子妻死，鼓盆而歌一节——引者注)言始死不能无慨然，察之而通乎命，则止而不哭”(《庄子发微》)。

庄子借滑介叔之口说出“生者，假借也。假之而生，生者尘垢也”的著名论断，犹如流沙河先生所言“生命是借来的，早迟要归还”。死生，就像昼夜之变化一样自然，既然这种“自然”体现在我身上，我只有顺应而已。关于死生之“观化”，曾国藩曾说：“庄子所谓观化，邵子所谓观物，程子所谓观天地生物气象，须放大襟抱，游心物外，乃能绝去一切缴挠郁抱不宁之习。”(胡远濬《庄子诠诂》引)曾国藩是主张观化致用的人，故将庄子与邵子、程子并举，其实庄子讲的是“道”，而邵子、程子讲究“用”，区别甚大。

庄子之楚，见空髑髅，髐然[①]有形。撽以马捶，因而问之，曰：“夫子贪生失理而为此乎？将子有亡国之事，斧钺之诛而为此乎？将子有不善之行，愧遗父母妻子之丑而为此乎？将子有冻馁之患而为此乎？将子之春秋故及此乎？”于是语卒，援髑髅，枕而卧。夜半，髑髅见梦曰：“子之谈者似辩士，子所言皆生人之累也，死则无此矣。子欲闻死之说乎？”庄子曰：“然。”髑髅曰：“死，无君于上，无臣于下，亦无四时之事，从然以天地为春秋，虽南面王乐，不能过也。”庄子不信，曰：“吾将使司命复生子形，为子骨肉肌肤，反子父母、妻子、闾里、知识，子欲之乎？”髑髅深瞑蹙额曰：“吾安能弃南面王乐，而复为人间之劳乎！”

如果这段对话确系庄子所写的话，那就说明庄子不仅有游戏精神，同时也有将自己当做靶子来射击，把自己当做受教的学生来教育

① 髐然：干枯的样子。

的自嘲精神。如果是庄学的后继者所写，也可见庄子学派与儒家学派在对待老师上的不同态度。这里面有一点对权威服膺还是对真理服膺的问题。

有人认为庄子与髑髅对话的故事，由于其似乎赞死而厌生，因此被看做是庄子厌世思想的具体表现。死了自由自在，毫无牵挂，正如俗语所谓死了一了百了。其实这看法早就被郭象批驳了："旧说云庄子乐死恶生，斯说谬矣。若然，何谓齐乎？所谓齐者，生时安生，死时安死，生死之情既齐，则无当生而忧死耳，此庄子之旨也。"（《庄子注》）

颜渊东之齐，孔子有忧色，子贡下席而问曰："小子敢问：回东之齐，夫子有忧色，何邪？"孔子曰："善哉汝问。昔者管子有言，丘甚善之，曰：'褚小者不可以怀大，绠短者不可以汲深。'夫若是者，以为命有所成而形有所适也，夫不可损益。吾恐回与齐侯言尧、舜、黄帝之道，而重以燧人、神农之言。彼将内求于己而不得，不得则惑，人惑则死。且女独不闻邪？昔者海鸟止于鲁郊，鲁侯御而觞之于庙，奏《九韶》以为乐，具太牢以为膳。鸟乃眩视忧悲，不敢食一脔，不敢饮一杯，三日而死。此以己养养鸟也，非以鸟养养鸟也。夫以鸟养养鸟者，宜栖之深林，游之坛陆，浮之江湖，食之鳅鲦，随行列而止，委蛇而处。彼唯人言之恶闻，奚以夫譊譊[①]为乎！《咸池》《九韶》之乐，张之洞庭之野，鸟闻之而飞，兽闻之而走，鱼闻之而下入，人卒闻之，相与还而观之。鱼处水而生，人处水而死。彼必相

① 譊譊：喧闹嘈杂之声。

与异，其好恶故异也。故先圣不一其能，不同其事。名止于实，义设于适，是之谓条达而福持。

物各有自己的用途，能做什么就做什么，不做违背自然天性的事，不可歪曲砍削以适他意，否则就会破坏人的自然状态。对于这层意思，管子的表述是："褚小者不可以怀大，绠短者不可以汲深"，而庄子借孔子的表述是："夫若是者，以为命有所成而形有所适也，夫不可损益"，亦即性命与形体都不是随便可以改变的。不按鸟的方式来养，而按人的方式来养，适足害鸟而使其毙命，这就是违背了鸟的自然本性。要之，无为顺应，就是保全性命、获得至乐的根本保证。

列子行食于道，从见百岁髑髅，攓蓬而指之曰："唯予与汝知，而未尝死、未尝生也。若果养乎？予果欢乎？种有几，得水则为㡭[①]，得水土之际则为蛙蠙之衣[②]，生于陵屯则为陵舄[③]，陵舄得郁栖则为乌足，乌足之根为蛴螬[④]，其叶为胡蝶。胡蝶胥也化而为虫，生于灶下，其状若脱，其名为鸲掇[⑤]。鸲掇千日为鸟，其名为干馀骨。干馀骨之沫为斯弥，斯弥为食醯[⑥]。颐辂[⑦]生乎腐食醯，黄軦[⑧]生乎九猷，瞀芮[⑨]生

① 㡭：二年或多年生水草。
② 蛙蠙：青苔。
③ 陵舄：车前草。
④ 蛴螬：金龟子的幼虫。
⑤ 鸲掇：虫名，不详。
⑥ 食醯：蠛蠓。
⑦ 颐辂：蜉游。
⑧ 黄軦：蟥蛢。
⑨ 瞀芮：蚊子。

乎腐蠸[①]，羊奚比乎不箰，久竹生青宁，青宁生程，程生马，马生人，人又反入于机。万物皆出于机，皆入于机。

庄子借列子讲生死的相对论，从而引发出一切生物最初起源于有机分子，最后又要回归有机分子的观点。严复因此说："此章所言，可以之与挽近欧西生物学家所发明者互证，特其名词不易解释，文所解析者亦未必是。然有一言可以断定者，庄子于生物功用变化，实已窥其大略。至其细琐情形，虽不尽然，但生当二千余岁之前，其脑力已臻此境，亦可谓至难能而可贵矣。"(《庄子评点》)我认为这个评价是适当的。但庄子并非有意要阐述与生物学相发明的观点，他所言说这一切，其实只不过是他所讲的物化、观化等观念的具体体现而已，并不是刻意在生物学上发明一点什么。正如刘凤苞所言："南华文字，善言化境。《逍遥游》开手'鲲化为鹏'，《齐物论》结尾'此之谓物化'，二'化'字已道尽化工矣，至于尻轮、神马，虫臂、鼠肝，一身之内，随天所付，出于机，入于机，无所用其计较，正以其能外死生而真者常存也。"(《南华雪心编》)各种生物辗转相生，以至无穷，都是顺其自然而成的，与至乐无为的观点，也可勾连在一起。

"至乐无乐，至誉无誉"应该是本篇之纲，因为"至乐"并不是"术"，而是"道"，是"体"而非"用"，故至乐并不是要享乐。当然，至乐也不是不乐，忧愁万端，而是忧愁不存乎其心，以至于无所谓忧愁。常人重生恶死，因此庄子特地唱反调，强调生而累，死则

---

① 蠸：瓜类害虫，称为黄守瓜。

谓之悬解。其实这是极而言之，并非庄子恶生厌死，即所谓俗解者之厌世。刘凤苞说“南华文字，善言化境”，以我的理解，不只是说庄子善言物化、观化，而且善于将一种观点或者事物推向极端，譬如谈相对论，就容易陷入绝对的相对论；譬如齐生死，就否认生与死之间有一个漫长或者短暂的转化过程，直接看生与死的结果。庄子的魅力在于善言化境，极言之而使道理愈加彰显，但其局限或者不能服人之处，对于真正的现代人来说，大抵也就在此。

达 生

《达生》的旨意顺承内篇《养生主》而来，都是强调保养生命火炷，以求全神，但是也有区别。《养生主》中主张“缘督以为经”，顺应中虚之道作为达到全神的重要途径；而此篇则强调气在运载精神方面的重要作用，即所谓“纯气之守”，以守气为全神的重要前提。气的重要作用，在《达生》中强调得非常频繁，如至人的守气全神、桓公的气荡神摇、斗鸡的气守神藏、梓庆的“不敢耗气”等，概莫例外。

庄子看到身体为外物所束缚者甚多，所谓转瞬即灭，唯有在自己精神世界里遨游，才能做到自由自在，超然世外，与天地为一；神全则损害精神之百病不侵，就不会为外物羁绊，并为其所伤。与《养生主》相比，《达生》中的诸节有更为生动的比喻，日常事例更多，注意养神且兼养形体，但最终还是回到虚静状态，以忘代养的道理。首段是此篇的总论，余下共十一小节，无非是这一总论的发挥，这是庄子作文时的一种思路，即先给出结论再来证明它。

达生之情者，不务生之所无以为；达命之情者，不务命之所无奈何。养形必先之以物，物有馀而形不养者有之矣。有生必先无离形，形不离而生亡者有之矣。生之来不能却，其去不能止。悲夫！世之人以为养形足以存生，而养形果不足以存生，则世奚足为哉！虽不足为而不可不为者，其为不免矣！夫欲免为形者，莫如弃世。弃世则无累，无累则正平，正平则与彼更生，更生则几矣！事奚足弃而生奚足遗？弃事则形不劳，遗生则精不亏。夫形全精复，与天为一。天地者，万物之父母也。合则成体，散则成始。形精不亏，是谓能移。精而又精，反以相天。

要做到“达生”，必须认命，所谓命是达于道的自然之命，而非相术之士意义上的“命”，这种区别是很大的。所谓“生之来不能却，其去不能止”，对“命”无可奈何，而又不必去追求，即“不务生之所以无为”。“弃事则形不劳，遗生则精不亏”，弃世不是避世，不是厌世，而是放弃世俗之杂念；“遗生”不是不生，而是忘掉生的妄为。这样就会达到“形全精复，与天为一”“反以相天”的境界。所谓“相天”，王力先生认为是“彼以此为天，此亦以彼为天”(《汉语史稿》)，这就说明形与神融合达到天衣无缝的境地，并且因此超越有形而达神全。

子列子问关尹曰：“至人潜行不窒，蹈火不热，行乎万物之上而不慄。请问何以至于此？”关尹曰：“是纯气之守也，非知巧果敢之列。居，予语女。凡有貌象声色者，皆物也，物与物何以相远！夫奚足以至乎先！是色而已。则物之造乎不形，而止乎无所化。夫得是而穷之者，物焉得而止焉！彼将处乎不淫之度，而藏乎无端之纪，游乎万物之所终始。壹其性，养其气，合其德，以通乎物之所造。夫若是者，其天守全，其神无郤，物奚自入焉！夫醉者之坠车，虽疾而不死。骨节与人同，而犯害与人异，其神全也。乘亦不知也，坠亦不知也，死生惊惧不入乎其胸中，是故遻物而不慴。彼得全于酒，而犹若是，而况得全于天乎？圣人藏于天，故莫之能伤也。复仇者，不折镆干；虽有忮心者，不怨飘瓦，是以天下平均。故无攻战之乱，无杀戮之刑者，由此道也。不开人之天，而开天之天。开天者德生，开人者贼生。不厌其天，不忽于人，民几乎以其真。”

类似“至人潜行不窒，蹈火不热，行乎万物之上而不慄”的问题，在《逍遥游》和《大宗师》里都曾出现过。当然，明眼人都知晓，庄子不是在提倡什么特异功能，而是在主张和倡导一种精神超越。醉汉因喝酒醉了，不知坠车之事而未受惊吓，能获得浅层次上的“神全”，何况那些与天合一的人呢？庄子一贯擅长用浅显的实例来概括和比喻高深的道理，一方面因为他写的是寓言之类的文学作品，无精妙的比喻和形象，则无生动可言；另外也与彼时约定俗成的概念、推理等不够发达有关。因此通过列子与关尹的对话，文中插入醉者、镆干、飘瓦三个比喻，在层层递进中，表达了“气守则神全，神全则无隙可乘，无隙可乘则可以任意游行于万物之间而物莫能伤，所以养神必以守住‘纯气’为先决条件”(方勇、陆永品《庄子诠评》)。

仲尼适楚，出于林中，见痀偻者承蜩，犹掇之也。仲尼曰：“子巧乎，有道邪？”曰：“我有道也。五六月累丸二而不坠，则失者锱铢；累三而不坠，则失者十一；累五而不坠，犹掇之也。吾处身也，若厥株拘[1]；吾执臂也，若槁木之枝。虽天地之大，万物之多，而唯蜩翼之知。吾不反不侧，不以万物易蜩之翼，何为而不得！”孔子顾谓子弟曰：“用志不分，乃凝于神。其痀偻丈人之谓乎！”

颜渊问仲尼曰：“吾尝济乎觞深之渊，津人操舟若神。吾问焉曰：‘操舟可学邪？’曰：‘可。善游者数能。若乃夫没人，则未尝见舟而便操之也。’吾问焉而不吾告，敢问何谓也？”仲尼曰：“善游者数能，忘水也；若乃夫没人之未尝见舟而便操之也，彼视渊若陵，视舟之覆，犹其车却也。覆却万方陈乎前而不得入其舍，恶往而不暇！以瓦注者巧，以钩注者惮，以黄金注者殙。其巧一也，而有所矜，则重外也。凡外重者内拙。”

任何技术层面的东西，哪怕是很精湛的技艺，也是拿来作为对自身进行精神超越的一种手段。痀偻丈人学习累丸，固属有心用志，但到了臂若“槁木之枝”，身如“厥株拘”，进而达到“物我两忘”的境界，合于无为之大道，即所谓“用志不分，乃凝于神”。至于说善游者只要“忘”水，就可达到得道的境界。其实“忘”也就是庄子一贯的减法，忘掉利害得失的人，外物既不能侵入，自然就不可能伤害他。至道之境界，如果能用寻常物事打个比方的话，便是“彼视渊若陵，视舟之覆，犹其车却也”。

田开之见周威公，威公曰：“吾闻祝肾学生，吾子与祝肾游，亦何闻焉？”田开之曰：“开之操拔篲以侍门庭，亦何闻于夫子！”威

① 若厥株拘：身子如同树桩那样静止不动。厥：直立。

公曰："田子无让，寡人愿闻之。"开之曰："闻之夫子曰：'善养生者，若牧羊然，视其后者而鞭之。'"威公曰："何谓也？"田开之曰："鲁有单豹者，岩居而水饮，不与民共利，行年七十而犹有婴儿之色，不幸遇饿虎，饿虎杀而食之。有张毅者，高门县薄，无不走也，行年四十而有内热之病以死。豹养其内而虎食其外，毅养其外而病攻其内。此二子者，皆不鞭其后者也。"

仲尼曰："无入而藏，无出而阳，柴立其中央。三者若得，其名必极。夫畏涂者，十杀一人，则父子兄弟相戒也，必盛卒徒而后敢出焉，不亦知乎！人之所取畏者，衽[①]席之上，饮食之间，而不知为之戒者，过也。"

隐士单豹只顾心安而不顾身安，显士张毅只顾身安而不顾心安，都是不顺自然，终致送命的下场。虽然如此，单豹与张毅还是有区别的，单豹七十而亡，张毅四十而死，这说明养生心安稍偏重于身安。但是，养内养外，安身安心，同属重要，不可偏废，正所谓"柴立其中央"。

祝宗人玄端以临牢筴，说彘，曰："女奚恶死！吾将三月犧[②]女，十日戒，三日齐，藉白茅，加女肩尻乎雕俎之上，则女为之乎？"为彘谋曰："不如食以糟糠而错之牢筴之中。"自为谋，则苟生有轩冕之尊，死得于滕楯[③]之上、聚偻之中，则为之。为彘谋则去之，自为谋则取之，所异彘者何也！

① 衽：卧席。

② 犧：通"豢"，意谓豢养。

③ 滕楯：雕饰花纹的柩车。

流沙河先生在《庄子现代版》里将此段意译为“庙祝劝猪光荣牺牲”，模仿现代官员号召他人牺牲的讲话口吻，实在令人喷饭。这当然是庙祝公事公办时的嘴脸。如果说庙祝也有“达生”之体会或看法的话，那么他对“达生”问题有双重标准：为猪着想时，宁愿在猪槽之中存活；而为自已着想时，则宁愿为富丽堂皇的生活奔波忙碌，以至殒命。知猪而不知己，蔽于己而不自知，扩大来说，就是人们常犯的知人而不自知的毛病。知人而不自知，知其一不知其二，与“达生”之妙境相去尚远。

桓公田于泽，管仲御，见鬼焉。公抚管仲之手曰：“仲父何见？”对曰：“臣无所见。”公反，诶诒[1]为病，数日不出。齐士有皇子告敖者，曰：“公则自伤，鬼恶能伤公！夫忿滀[2]之气，散而不反，则为不足；上而不下，则使人善怒；下而不上，则使人善忘；不上不下，中身当心，则为病。”桓公曰：“然则有鬼乎？”曰：“有。沈有履，灶有髻。户内之烦壤，雷霆处之；东北方之下者，倍阿鲑蠪[3]跃之；西北方之下者，则泆阳[4]处之。水有罔象，丘有峷[5]，山有夔，野有彷徨，泽有委蛇。”公曰：“请问委蛇之状何如？”皇子曰：“委蛇，其大如毂，其长如辕，紫衣而朱冠。其为物也恶，闻雷车之声则捧其首而立。见之者殆乎霸。”桓公辴然[6]而笑曰：“此寡人

① 诶诒：因病而失魂，进而自言自笑。
② 忿滀：忧愤郁结。
③ 倍阿、鲑蠪：均是神名。
④ 泆阳：神名。
⑤ 峷：山丘之鬼。
⑥ 辴然：笑逐颜开的样子。

之所见者也。”于是正衣冠与之坐，不终日而不知病之去也。

庄子对那些好战且一心想称王称霸的人，极尽讽刺之能事。齐桓公出去打猎“见鬼”，是典型的“鬼迷心窍”。是什么鬼在迷心窍呢？是“委蛇”，“见之者殆乎霸”，而齐桓公正想当国际霸王，这是齐桓公心病之所在。齐桓公的心理医生告诉他，到处都有“鬼”，随时都有可能“鬼迷心窍”，尤其是自已早已迷失其中的人，就更是如此。袪掉心理疾患，事涉养生，于是庄子再出此喻。

纪渻子为王养斗鸡。十日而问：“鸡已乎？”曰：“未也，方虚㤭而恃气。”十日又问，曰：“未也，犹应向景。”十日又问，曰：“未也，犹疾视而盛气。”十日又问，曰：“几矣，鸡虽有鸣者，已无变矣，望之似木鸡矣，其德全矣，异鸡无敢应者，反走矣。”

孔子观于吕梁，县水三十仞，流沫四十里，鼋鼍鱼鳖之所不能游也。见一丈夫游之，以为有苦而欲死也。使弟子并流而拯之。数百步而出，被发行歌而游于塘下。孔子从而问焉，曰：“吾以子为鬼，察子则人也。请问：蹈水有道乎？”曰：“亡，吾无道。吾始乎故，长乎性，成乎命。与齐俱入，与汩偕出，从水之道而不为私焉。此吾所以蹈之也。”孔子曰：“何谓始乎故，长乎性，成乎命？”曰：“吾生于陵而安于陵，故也；长于水而安于水，性也；不知吾所以然而然，命也。”

梓庆削木为鐻，鐻成，见者惊犹鬼神。鲁侯见而问焉，曰：“子何术以为焉？”对曰：“臣工人，何术之有！虽然，有一焉：臣将为鐻，未尝敢以耗气也，必齐以静心。齐三日，而不敢怀庆赏爵禄；齐五日，而不敢怀非誉巧拙；齐七日，辄然忘吾有四肢形体也。当是时也。无公朝，其巧专而外骨消，然后入山林，观天性形躯，至矣，然后成见镓，然后加手焉，不然则已。则以天合天，器之所以疑神者，其是与！”

东野稷以御见庄公，进退中绳，左右旋中规。庄公以为文弗过也。使之钩百而反。颜阖遇之，入见曰：“稷之马将败。”公密而不应。少焉，果败而反。公曰：“子何以知之？”曰：“其马力竭矣，而犹求焉，故曰败。”

工倕旋而盖规矩，指与物化，而不以心稽，故其灵台一而不桎。忘足，履之适也；忘要，带之适也；知忘是非，心之适也；不内变，不外从，事会之适也；始乎适而未尝不适者，忘适之适也。

寻常以“呆若木鸡”比喻蠢人，哪知庄子偏要以“呆若木鸡”来喻得道达生之人，且能自圆其说。这是庄子一贯以减法取胜的要妙之所在。鸡要不好斗，无血性，不挑战，便得以无敌于天下，同“不战而屈人之兵”有一定程度的相似。忘水则无水无渊不敢蹈，即所谓“始乎故，长乎性，成乎命”，顺其自然，“不知吾所以然而然”，便能达生。木匠、马夫、工倕等都必须凝神聚气，用心专一，才能达到“适”的境界，最终达到“忘适之适”的状态。忘适之适，便是无所不适。无所不适，对生的态度便可称之为“达”，正是所谓的“达生”。

有孙休者，踵门而诧子扁庆子曰：“休居乡不见谓不修，临难不见谓不勇。然而田原不遇岁，事君不遇世，宾于乡里，逐于州部，则胡罪乎天哉？休恶遇此命也？”扁子曰：“子独不闻夫至人之自行邪？忘其肝胆，遗其耳目，芒然彷徨乎尘垢之外，逍遥乎无事之业，是谓为而不恃，长而不宰。今女饰知以惊愚，修身以明汙，昭昭乎若揭日月而行也。汝得全而形躯，具而九窍，无中道夭于聋盲跛蹇而比于人数亦幸矣，又何暇乎天之怨哉！子往矣！”孙子出，扁子入。坐有间，仰天而叹。弟子问曰：“先生何为叹乎？”扁子曰：“向者休来，吾告之以至人之德，吾恐其惊而遂至于惑也。”弟子曰：“不然。孙子之所言是邪，先生之所言非邪，非固不能惑是；孙子所言非邪，先生所言是邪，彼固惑而来矣，又奚罪焉！”扁子曰：“不然。昔者有鸟止于鲁郊，鲁君说之，为具太牢以飨之，奏九韶以乐之。鸟乃始忧悲眩视，不敢饮食。此之谓以己养养鸟也。若夫以鸟养养鸟者，宜栖之深林，浮之江湖，食之以委蛇，则平陆而已矣。今休，款启寡闻之民也，吾告以至人之德，譬之若载鼷以车马，乐鴳以钟鼓也，彼又恶能无惊乎哉！”

扁子提出了个很有意思的话题，一个悟性不够的人，你硬要他领悟那么高深的道理，便是对牛弹琴，不仅不能提高他的认识，适足惑乱他的心性，不可能得“达生”之境。其实这也是庄子对我们这些凡人不能理解他文字所做的一个变相的隐喻性说明。正如庄学研究家宣颖所说：“以至言告浅人，未有不惊且惑者，盖深惧此篇知希，叹一孙休，便叹尽古今万万人也。”(《南华经解》)亦如刘凤苞所言：“一腔心血，徒为是苦口针砭，俯仰低回，真有侧身天地，独立苍茫之感。”(《南华雪心编》)其实对于庄子所有的文章，又何尝不存在这种令他难堪的现实呢？那么“达生”又何尝是寻常人物所能做到并且知晓的呢？尽管他在文章中所举之例证大多是引车卖浆者流，似乎均属雕虫小技，但的确有大道藏焉，真所谓看似寻常却奇崛，成如容易却艰辛。而艰辛又并无寻常所见之苦苦追寻之迹，而是顺性应命而来。

《达生》篇中喻事喻理之人物，秉承庄子一贯的作风，要么是各种奇形怪状的残疾人，要么是寻常百姓、巫医百工，总之不是什么大不了的人。而那些名著史籍的人如孔子，要么被他所“歪曲”，要么是被他所“教训”的对象。在一般的知识人看来，这些人离道是最远的。但庄子不这样看，因为在他看来，道在屎尿，那么歪瓜裂枣之人得道，就是顺理成章的事。“达生”并不是为了活得长久，也不是为了苟活于世，更不是相术意义上的认命，而是根本上顺其自然，对生命采取一种旷达的态度。

山 木

《山木》主旨大抵与《人间世》有异曲同工之妙，当然也免不了文意上有一定的重复。这也许与《庄子》的成书方式及写作体例不无关联。欲全身远祸，在漫长的专制制度之下，不是件轻而易举的事，何况要做到修身养性，取得心灵的自由，就更是难上加难。因此庄子不惮烦难，反复对此——虚己顺物，弃有取无——加以申说，以醒愚痴之人。如此说来，有人不免要问，这和庄子自己所批评的孔子“饰知以惊愚”又有何区别呢？这样的难题，只有用王夫子评价庄子所说的“随说随扫”来阐释了，正像“不入虎穴，焉得虎子”一样，虽然有被“虎穴”亦即自己所批评对象纠缠的危险，但是只要巧妙闪躲，仍可得“虎子”而全身而退。

庄子思想的奇诡怪异，不只是从他所言说的内容上来看是如此，其言说形式也让那些拘于陈见者不能接受。《山木》一篇中有三章写到庄子本人，有人便据此称其为伪作，或干脆被称为是后学之作，这样的说法固然省事，但证据却是不足。我倒是相信像庄子这样颇具游戏精神的人——在先秦诸子包括后世的中国文化传统中都是少见的——将自己加入故事之中，甚至用言说自己的不悟，如“庄子游于雕陵之樊”一节，以使读者取得身临其境的生动效果。

“材”固然是庄子不取的，就是“不材”在庄子看来也不是上佳的避祸办法，不是大道所在，因此他主张与时俱化，物我两忘，所谓“吾丧我”，才能做到虚己免患。总之，韬光敛迹，超然物外，是庄子的一贯态度和精神追求。

庄子行于山中，见大木，树枝叶茂盛，伐木者止其旁而不取也。问其故，曰：“无所可用。”庄子曰：“此木以不材得终其天年。”夫子出于山，舍于故人之家。故人喜，命竖子杀雁而烹之。竖子请曰：“其一能鸣，其一不能鸣，请奚杀？”主人曰：“杀不能鸣者。”明日，弟子问于庄子曰：“昨日山中之木，以不材得终其天年；今主人之雁，以不材死。先生将何处？”庄子笑曰：“周将处于材与不材之间。材与不材之间，似之而非也，故未免乎累。若夫乘道德而浮游则不然，无誉无訾，一龙一蛇，与时俱化，而无肯专为。一上一下，以和为量，浮游乎万物之祖。物物而不物于物，则胡可得而累邪！此神农、黄帝之法则也。若夫万物之情，人伦之传则不然：合则离，成则毁，廉则挫，尊则议，有为则亏，贤则谋，不肖则欺。胡可得而必乎哉！悲夫！弟子志之，其唯道德之乡乎！”

《人间世》中说栎树以不材终其天年，这就是“不用之用”。但《山木》在思路上更进一层，这一点最可注意。本节既写不材免患，又写不材遭杀，这样材与不材的区别就没有《人间世》中那样重要，也就最终否认材与不材的区别，即全身远祸，端赖泯灭行迹，将材与不材付之两忘，才可能真正做到“物物而不物于物”，达到浮游大道的至虚之境，获得真正的精神超越。

市南宜僚见鲁侯，鲁侯有忧色。市南子曰：“君有忧色，何也？”鲁侯曰：“吾学先王之道，修先君之业；吾敬鬼尊贤，亲而行之，无须臾离。居然不免于患，吾是以忧。”市南子曰：“君之除患之术浅矣！夫丰狐文豹，栖于山林，伏于岩穴，静也；夜行昼居，戒也；虽饥渴隐约，犹旦胥疏于江湖之上而求食焉，定也。然且不免于罔罗机辟之患，是何罪之有哉？其皮为之灾也。今鲁国独非君之皮邪？吾愿君刳形去皮，洒心去欲，而游于无人之野。南越有邑焉，名为建德之国。其民愚而朴，少私而寡欲；知作而不知藏，与而不求其报；不知义之所适，不知礼之所将。猖狂妄行，乃蹈乎大方；其生可乐，其死可葬。吾愿君去国捐俗，与道相辅而行。”君曰：“彼其道远而险，又有江山，我无舟车，奈何？”市南子曰：“君无形倨，无留居，以为君车。”君曰：“彼其道幽远而无人，吾谁与为邻？吾无粮，我无食，安得而至焉？”市南子曰：“少君之费，寡君之欲，虽无粮而乃足。君其涉于江而浮于海，望之而不见其崖，愈往而不知其所穷。送君者皆自崖而反。君自此远矣！故有人者累，见有于人者忧。故尧非有人，非见有于人也。吾愿去君之累，除君之忧，而独与道游于大莫之国。方舟而济于河，有虚船来触舟，虽有惼心之人，不怒。有一人在其上，则呼张歙之。一呼而不闻，再呼而不闻，于是三呼邪，则必以恶声随之。向也不怒，而今也怒，向也虚，而今也实。人能虚己以游世，其孰能害之！”

在专制制度下，一个国家本来是该国国王榨取民众血汗、捞取自己利益的“心肝宝贝”，而庄子偏要借市南宜僚之口教训鲁侯，让国王放弃自己无度享受的领地，“今鲁国独非君之皮邪？吾愿君刳形去皮，洒心去欲，而游于无人之野”，这样便可得道。庄子之高妙在于用故事来暗示得道既容易又不容易。鲁侯反复申述的“彼其道远而险”之类，其实就是说他离道很远，但通过反复言说，一问一答，从而使悟道和得道变得具有某种可操作性。虚己顺物，各种忧虑自然冰释。

北宫奢为卫灵公赋敛以为钟，为坛乎郭门之外。三月而成上下之县。王子庆忌见而问焉，曰：“子何术之设？”奢曰：“一之闲无敢设也。奢闻之：‘既雕既琢，复归于朴。’侗乎[①]其无识，傥乎其怠疑。萃乎芒乎，其送往而迎来。来者勿禁，往者勿止。从其强梁，随其曲傅，因其自穷。故朝夕赋敛而毫毛不挫，而况有大涂者乎！”

孔子围于陈蔡之间，七日不火食。大公任往吊之，曰：“子几死乎？”曰：“然。”“子恶死乎？”曰：“然。”任曰：“予尝言不死之道。东海有鸟焉，其名曰意怠。其为鸟也，翂翂翐翐[②]，而似无能；引援而飞，迫胁而栖；进不敢为前，退不敢为后；食不敢先尝，必取其绪。是故其行列不斥，而外人卒不得害，是以免于患。直木先伐，甘井先竭。子其意者饰知以惊愚，修身以明污，昭昭乎如揭日月而行，故不免也。昔吾闻之大成之人曰：‘自伐者无功，功成者堕，名成者亏。’孰能去功与名，而还与众人！道流而不明居，得行而不名处；纯纯常常，乃比于狂；削迹捐势，不为功名。是故无责于人，

① 侗乎：愚蠢的样子。

② 翂翂翐翐：迟缓不能高飞的样子。

人亦无责焉。至人不闻，子何喜哉！”孔子曰：“善哉！”辞其交游，去其弟子，逃于大泽，衣裘褐，食杼栗，入兽不乱群，入鸟不乱行。鸟兽不恶，而况人乎！

孔子问于子桑虖曰：“吾再逐于鲁，伐树于宋，削迹于卫，穷于商周，围于陈蔡之间。吾犯此数患，亲交益疏，徒友益散，何与？”子桑虖曰：“子独不闻假人之亡与？林回弃千金之璧，负赤子而趋。或曰：‘为其布与？赤子之布寡矣；为其累与？赤子之累多矣。弃千金之璧，负赤子而趋，何也？’林回曰：‘彼以利合，此以天属也。’夫以利合者，迫穷祸患害，相弃也；以天属者，迫穷祸患害，相收也。夫相收之与相弃亦远矣，且君子之交淡若水，小人之交甘如醴。君子淡以亲，小人甘以绝，彼无故以合者，则无故以离。”孔子曰：“敬闻命矣！”徐行翔佯[①]而归，绝学捐书，弟子无挹于前，其爱益加进。异日，桑虖又曰：“舜之将死，真泠禹曰：‘汝戒之哉！形莫若缘，情莫若率。’缘则不离，率则不劳。不离不劳，则不求文以待形。不求文以待形，固不待物。”

从北宫奢为卫灵公赋敛以为钟的事，可洞悉“无为而无不为”的思想神髓。顺应自然，无事不成，民间就会无为而治。这和当今的民主政府是一个有限政府的思想，有异曲同工之妙，尽管它们之间有不少区别，甚至有本质上的不同。政府的功能有限，在法治范围内，才可能使个人获得最大限度的自由，民间思想蓬蓬勃勃，而庄子强调“无为”亦即思想和精神上的超越与自由，也需要政府的无为亦即功能的有限，才能实现。

---

① 翔佯：彷徨。

孔子作为受教育的人物，在庄子文章中屡次出现，自然是庄子的惯用招数。燕子无能而见容于群鸟，人亦不害它，皆因其无能亦即“不材”，而直木、甘井皆因其“材”而遭砍伐和枯竭的命运，这是继续发挥不材者存而材者毁的思想。《庄子》成书不只是在内篇、外篇、杂篇的结构上有不谐调之处，就是不少篇什的章节之间，结构也较为松散，缺乏内在勾连，屡有重复之处，《山木》也不例外。这不能不说是《庄子》一书一个整体性的缺陷。

庄子衣大布而补之，正緳[1]系履而过魏王。魏王曰：“何先生之惫邪？”庄子曰：“贫也，非惫也。士有道德而不能行，惫也；衣弊履穿，贫也，非惫也。此所谓非遭时也。王独不见夫腾猿乎？其得柟梓豫章也，揽蔓其枝而王长其间，虽羿、蓬蒙不能眄睨[2]也。及其得柘棘枳枸之间也，危行侧视，振动悼栗，此筋骨非有加急而不柔也，处势不便，未足以逞其能也！今处昏上乱相之间而欲无惫，奚可得邪？此比干之见剖心，征也夫！”

庄子此处编排故事，其主旨并不在于贫穷不是窝囊，而是借机批评黑暗的政治及独裁者：“今处昏上乱相之间而欲无惫，奚可得邪？”可谓见血入骨之言。比干不听劝告，偏要进谏，结果落得剖心被戮的下场。庄子表面上是要人深隐高韬，曳尾泥涂之中，其实在真正的现场，他往往有遇现实而刚正不阿的一面。一些真正的文化人在文章里思想中如庄子一样，看似世故，实则在生活中往往坚持原则；

① 緳：麻绳。

② 眄睨：斜视的样子，引申为加害。

反之，那些做大言玄玄之类旌表文章的人，反倒可能在实际生活里过于圆通世故而不坚持原则。稍有社会阅历的人，都不难洞悉个中奥秘。

孔子穷于陈蔡之间，七日不火食。左据槁木，右击槁枝，而歌猋氏之风，有其具而无其数，有其声而无宫角。木声与人声，犁然有当于人之心。颜回端拱还目而窥之。仲尼恐其广己而造大也，爱己而造哀也，曰："回，无受天损易，无受人益难。无始而非卒也，人与天一也。夫今之歌者其谁乎！"回曰："敢问无受天损易。"仲尼曰："饥渴寒暑，穷桎不行，天地之行也，运物之泄也，言与之偕逝之谓也。为人臣者，不敢去之。执臣之道犹若是，而况乎所以待天乎？""何谓无受人益难？"仲尼曰："始用四达，爵禄并至而不穷。物之所利，乃非己也，吾命其在外者也。君子不为盗，贤人不为窃，吾若取之，何哉？故曰：鸟莫知于鷾鸸[①]，目之所不宜处，不给视，虽落其实，弃之而走。其畏人也而袭诸人间。社稷存焉耳。""何谓无始而非卒？"仲尼曰："化其万物而不知其禅之者，焉知其所终？焉知其所始？正而待之而已耳。""何谓人与天一邪？"仲尼曰："有人，天也；有天，亦天也。人之不能有天，性也。圣人晏然体逝而终矣！"

庄周游于雕陵之樊，睹一异鹊自南方来者。翼广七尺，目大运寸，感周之颡，而集于栗林。庄周曰："此何鸟哉！翼殷不逝，目大不睹。"蹇裳躩[②]步，执弹而留之。睹一蝉方得美荫而忘其身。螳螂

① 鷾鸸：燕子。

② 躩：疾步行走。

执翳而搏之，见得而忘其形。异鹊从而利之，见利而忘其真。庄周怵然曰："噫！物固相累，二类相召也！"捐弹而反走，虞人逐而谇[①]之。庄周反入，三日不庭。蔺且从而问之："夫子何为顷间甚不庭乎？"庄周曰："吾守形而忘身，观于浊水而迷于清渊。且吾闻诸夫子曰：'入其俗，从其俗。'今吾游于雕陵而忘吾身，异鹊感吾颡，游于栗林而忘真。栗林虞人以吾为戮，吾所以不庭也。"

阳子之宋，宿于逆旅。逆旅人有妾二人，其一人美，其一人恶。恶者贵而美者贱。阳子问其故，逆旅小子对曰："其美者自美，吾不知其美也；其恶者自恶，吾不知其恶也。"阳子曰："弟子记之：行贤而去自贤之行，安往而不爱哉！"

孔子被困于陈蔡而怡然自得，说明一个超然无欲的游世者是不囿于穷困，因而对穷困产生厌恶之心的，因为他并不好利求名。这样的思想只不过是前述诸问题的发挥而已。最为切要的是，庄子看到所有的动物包括人自己都不能知晓早已落入相应的食物链之中，这既是自然生态的一般表现，也是所有动物——包括人——都不能做到完全的自知而有所闪避的宿命。任何得意洋洋的胜利，都意味着暗藏祸端的肇始。处危险之中不自知，而自以为得计，是多么地可悲啊。

人有矜美之心，而不能顺其自然，这是庄子所反对的。一个人美要像贤者"行贤而去自贤之行"一样，才能去掉矜伐之心。其实从绝对上看，美并无真正客观的标准，倒是主观感受不可回避，因此"其美者自美，吾不知其美也；其恶者自恶，吾不知其恶也"，并不完全是一种狡辩。

---

① 谇：诘问，责问。

《山木》以材与不材立世，以虚己顺物为则，以去矜伐之心为要，以忘利游世为纲，庶几得立身乱世——或者普遍地说，在专制社会——而自在活着的精髓。当然，人的精神是否能完全超越制度对人的挤压，我是不乐观的。人的精神超越，从文字上讲，或许可以如庄子所说一样，用自己的一套方法获得超越，但真正的超越毕竟很难。这也是几千年来，中国的文化人追求思想和精神的自由与超越，终究不可得的悲剧性之所在。而像庄子这样聪明的超越以及对精神自由的追求，最终都只是可怜的“苟全性命于乱世”而已。虽然我这样说，要得罪不少庄子爱好者，但事实究竟如此，我不能曲为之辩。

田子方

《庄子》一书，借重古人来说话，或者干脆找先贤来“表演”，是他乐此不疲的作文方法。这种方法的最大好处是，以对话取胜，以故事醒人，参与者音容笑貌历历在目，若在你我身旁，即使你愚笨不能得道，也会在听其讲故事中获得幽默讥刺之乐趣。这也是《庄子》一书之所以为后世生产出许多成语故事的原因，由此构成中国文化基本平台之框架。

有人根据《史记》所载之史实，认为田子方是子夏的学生，而庄子称田子方，便认定庄子出于儒家子夏之门，韩愈、章学诚、姚鼐均持此说；有的认为庄子出于颜儒之门，因为《庄子》一书称颜渊达十五次之多，章太炎、郭沫若均持此说。大而言之，有不少学者认为庄子出于儒学之门。我认为这是胶柱鼓瑟之论，读《庄子》一书的方法都成问题。两千年来，许多人读庄子止于考证一途，实在只得盲人摸象之一端。因为庄子文章的奇诡怪异，哪能完全用那套坐实的方法来进行无端的切削解剖呢？我认为庄子无论是借重孔子还是称引儒学门人之说，意图无非有二：其一是拿他们的说法来做“射击”的靶子，在对比中讲清自己的主张；其二是让儒家宗师或者门人来扮演悟道者的角色，以子之矛攻子之盾，在游戏中完成对道的讲述称赞。

《田子方》通过十一段无甚关联的诘难，以一“真”字为串联，关锁全篇，巧妙演示悟道方法，以达“人貌而天虚，缘而葆真，清而容物”的纯真本性。

田子方侍坐于魏文侯，数称谿工。文侯曰：“谿工，子之师邪？”子方曰：“非也，无择之里人也。称道数当，故无择称之。”文侯曰：“然则子无师邪？”子方曰：“有。”曰：“子之师谁邪？”子方曰：“东郭顺子。”文侯曰：“然是夫子何故未尝称之？”子方曰：“其为人也真，人貌而天虚，缘而葆真，清而容物。物无道，正容以悟之，使人之意也消。无择何足以称之！”子方出，文侯傥然，终日不言。召前立臣而语之曰：“远矣，全德之君子！始吾以圣知之言、仁义之行为至矣。吾闻子方之师，吾形解而不欲动，口钳而不欲言。吾所学者，直土梗[①]耳！夫魏真为我累耳！”

“人貌而天虚”之说，前面诸多篇什均有述及，如《养生主》中的“缘而葆真”与此类同。庄子为何不厌其烦地述及自己的见解呢？一是加深印象；二来他是编故事的高手；三是《庄子》一书之编成比较复杂，有些重复的意思或者段落，似可理解；四来表明庄子所处之世，抽象思维相对薄弱，理论体系尚待建立，并无层层推进之强劲逻辑，没有相对固定的语词来表达道之内容，即便形容得道之人，也有真人、神人、至人等多种并不固定的说法——这说明对一个事物有较

① 土梗：土偶，土人。《经典释文》引司马彪语：“土梗，土人也，遭雨则坏。”胡文英《庄子独见》中说：“土梗，犹‘土偶’，言得貌而遗神也。”

清晰的概念，在庄子时代还是缺乏的；五来庄子是文学家，逞才使气，玩弄语词，他亦不免。所以王夫子教了我们一个绝招，读庄子互相矛盾的观点，应以“随说随扫”来把握，庶几可免其间矛盾搅扰所带来的痛苦。

温伯雪子适齐，舍于鲁。鲁人有请见之者，温伯雪子曰：“不可。吾闻中国之君子，明乎礼义而陋于知人心。吾不欲见也。”至于齐反，舍于鲁，是人也，又请见。温伯雪子曰：“往也蕲见我，今也又蕲见我，是必有以振我[①]也。”出而见客，入而叹。明日见客，又入而叹。其仆曰：“每见之客也，必入而叹，何也？”曰：“吾固告子矣：中国之民，明乎礼义而陋乎知人心。昔之见我者，进退一成规、一成矩，从容一若龙、一若虎。其谏我也似子，其道我也似父，是以叹也。”仲尼见之而不言。子路曰：“吾子欲见温伯雪子久矣。见之而不言，何邪？”仲尼曰：“若夫人者，目击而道存矣，亦不可以容声矣。”

“目击而道存”固然是体悟得道的高境界，但本段最好笑的是温伯雪子批评鲁国俗士“其谏我也似子，其道我也似父”。流沙河先生将这两句翻译得风神直追原文：“他批评我时，眼泪汪汪的，一心孝敬，就像他是我的儿。他训导我时，装模作样的，满脸正经，就像他是我的爸。”(《〈庄子现代版〉增订本》)对照当下现实，你我岂止会心一笑？！简直可以浮一大白。

---

① 振我：振，或训拯，言为启发。王先谦说：“振我，犹言‘起予’。”(《庄子集解》)

颜渊问于仲尼曰："夫子步亦步，夫子趋亦趋，夫子驰亦驰，夫子奔逸绝尘，而回瞠若乎后[1]矣！"夫子曰："回，何谓邪？"曰："夫子步亦步也；夫子言亦言也；夫子趋亦趋也；夫子辩亦辩也；夫子驰亦驰也；夫子言道，回亦言道也；及奔逸绝尘而回瞠若乎后者，夫子不言而信，不比而周，无器而民蹈乎前，而不知所以然而已矣。"仲尼曰："恶！可不察与！夫哀莫大于心死，而人死亦次之。日出东方而入于西极，万物莫不比方[2]，有目有趾者，待是而后成功。是出则存，是入则亡。万物亦然，有待也而死，有待也而生。吾一受其成形，而不化以待尽。效物而动，日夜无隙，而不知其所终。薰然其成形，知命不能规乎其前。丘是以日徂。吾终身与女一交臂而失之，可不哀与？女殆著乎吾所以著也。彼已尽矣，而女求之以为有，是求马于唐肆也。吾服，女也甚忘；女服，吾也亦甚忘。虽然，女奚患焉！虽忘乎故吾，吾有不忘者存。"

孔子见老聃，老聃新沐，方将被发而干，慹然[3]似非人。孔子便而待之。少焉见，曰："丘也眩与，其信然与？向者先生形体掘若槁木，似遗物离人而立于独也。"老聃曰："吾游心于物之初。"孔子曰："何谓也？"曰："心困焉而不能知，口辟焉而不能言。尝为女议乎其将：至阴肃肃，至阳赫赫。肃肃出乎天，赫赫发乎地。两者交通成和，而物生焉，或为之纪而莫见其形。消息满虚，一晦一明，日

① 瞠若乎后：意为不可企及。瞠若：瞪眼直视的样子。

② 比方：马其昶说："比，顺也；方，道也。谓万物之化生皆顺太阳之轨道也。"(《庄子故》)

③ 慹然：不动的样子。刘凤苞说："慹然，森立不动之貌。"(《南华雪心编》)

改月化，日有所为而莫见其功。生有所乎萌，死有所乎归，始终相反乎无端，而莫知乎其所穷。非是也，且孰为之宗！”孔子曰：“请问游是。”老聃曰：“夫得是至美至乐也。得至美而游乎至乐，谓之至人。”孔子曰：“愿闻其方。”曰：“草食之兽，不疾易薮；水生之虫，不疾易渊。行小变而不失其大常也，喜怒哀乐，不入于胸次。夫天下也者，万物之所一也。得其所一而同焉，则四支百体将为尘垢，而死生终始将为昼夜，而莫之能滑，而况得丧祸福之所介乎！弃隶者若弃泥涂，知身贵于隶也。贵在于我而不失于变。且万化而未始有极也，夫孰足以患心！已为道者解乎此。”孔子曰：“夫子德配天地，而犹假至言以修心。古之君子，孰能脱焉！”老聃曰：“不然。夫水之于沟也，无为而才自然矣；至人之于德也，不修而物不能离焉。若天之自高，地之自厚，日月之自明，夫何修焉！”孔子出，以告颜回曰：“丘之于道也，其犹醯鸡与[①]！微夫子之发吾覆也，吾不知天地之大全也。”

颜渊在《庄子》书中出现频率极高，达十五次之多，但多是愚笨不得道的化身。按世俗常识理解，颜渊这样的孔门大弟子，哪里会是愚笨之人呢？颜渊好像悟道很慢，或者一直不悟。问题在于颜渊所经历的快乐和自由，如同德国哲学家康德所说的自由意志，必须经过某种道德律令的实践，而庄子不受束缚，返归自然的逍遥的快乐和自由，不需要什么步骤，可以直抵心灵。颜渊于此不得。

庄子见鲁哀公，哀公曰：“鲁多儒士，少为先生方者。”庄子

① 其犹醯鸡与：意谓如瓮中的小飞虫那样一无所见，指无法得道。

曰："鲁少儒。"哀公曰："举鲁国而儒服，何谓少乎？"庄子曰："周闻之：儒者冠圜冠者知天时，履句屦[①]者知地形，缓佩玦者事至而断。君子有其道者，未必为其服也；为其服者，未必知其道也。公固以为不然，何不号于国中曰：'无此道而为此服者，其罪死！'"于是哀公号之五日，而鲁国无敢儒服者。独有一丈夫，儒服而立乎公门。公即召而问以国事，千转万变而不穷。庄子曰："以鲁国而儒者一人耳，可谓多乎？"

百里奚爵禄不入于心，故饭牛而牛肥，使秦穆公忘其贱，与之政也。有虞氏死生不入于心，故足以动人。

宋元君将画图，众史皆至，受，揖而立，舐笔和墨，在外者半。有一史后至者，儃儃然[②]不趋，受，揖，不立，因之舍。公使人视之，则解衣槃礴蠃。君曰："可矣，是真画者也。"

假儒多而真儒少，画匠夥而画家少，这是千古不变的现实。宋元君欣赏的画家乃得道之人，故尔天然而不拘形迹。此说，开了后世论画的"神闲气定，意在笔先"(陆西星《南华真经副墨》)之先河。

文王观于臧，见一丈夫钓，而其钓莫钓。非持其钓有钓者也，常钓也。文王欲举而授之政，而恐大臣父兄之弗安也；欲终而释之，而不忍百姓之无天也。于是旦而属诸大夫曰："昔者寡人梦见良人，黑色而頾[③]，乘驳马而偏朱蹄，号曰：'寓而政于臧丈人，庶几乎民有

① 句屦：方鞋。

② 儃儃然：舒适悠闲的样子。

③ 頾：与"髯"通，指多须。

瘳乎！”’诸大夫蹴然曰：“先君王也。”文王曰：“然则卜之。”诸大夫曰：“先君之命，王其无它，又何卜焉。”遂迎臧丈人而授之政。典法无更，偏令无出。三年，文王观于国，则列士坏植散群，长官者不成德，斔斛不敢入于四境[①]。列士坏植散群，则尚同也；长官者不成德，则同务也，斔斛不敢入于四竞，则诸侯无二心也。文王于是焉以为太师，北面而问曰：“政可以及天下乎？”臧丈人昧然而不应，泛然而辞，朝令而夜遁，终身无闻。颜渊问于仲尼曰：“文王其犹未邪？又何以为梦乎？”仲尼曰：“默，女无言！夫文王尽之也，而又何论刺焉！彼直以循斯须也。”

列御寇为伯昏无人射，引之盈贯，措杯水其肘上，发之，適矢，复沓，方矢，复寓。当是时，犹象人也。伯昏无人曰：“是射之射，非不射之射也。尝与女登高山，履危石，临百仞之渊，若能射乎？”于是无人遂登高山，履危石，临百仞之渊，背逡巡，足二分垂在外，揖御寇而进之。御寇伏地，汗流至踵。伯昏无人曰：“夫至人者，上窥青天，下潜黄泉，挥斥八极，神气不变。今女汝怵然有恂目之志，尔于中也殆矣夫！”

肩吾问于孙叔敖曰：“子三为令尹而不荣华，三去之而无忧色。吾始也疑子，今视子之鼻间栩栩然，子之用心独奈何？”孙叔敖曰：“吾何以过人哉！吾以其来不可却也，其去不可止也。吾以为得失之非我也，而无忧色而已矣。我何以过人哉！且不知其在彼乎，其在我乎？其在彼邪，亡乎我；在我邪，亡乎彼。方将踌躇，方将四

---

① 斔斛不敢入于四境：“斔”通“庾”，古谷物容器，一庾容十六斗；斛：谷物容器，一斛容十斗。全句意为四境之外的商旅，不自带斗斛来，而全部采用文王的斗斛。

顾，何暇至乎人贵人贱哉！”仲尼闻之曰：“古之真人，知者不得说，美人不得滥，盗人不得劫，伏戏、黄帝不得友。死生亦大矣，而无变乎己，况爵禄乎！若然者，其神经乎大山而无介，入乎渊泉而不濡，处卑细而不惫，充满天地，既以与人，己愈有。”

楚王与凡君坐，少焉，楚王左右曰“凡亡”者三。凡君曰：“凡之亡也，不足以丧吾存。”夫“凡之亡不足以丧吾存”，则楚之存，不足以存存。由是观之，则凡未始亡，而楚未始存也。

执政之得失如何，箭之中的与否；人生沉浮也罢，国之存亡也好，都不足挂虑。狗苟蝇营于人世，得失挂怀于胸次，实是浅陋之妄人，与得道之高人相去何止霄壤！

庄子真是好玩，其书中得道之人，都是些社会底层人士，甚或是相貌丑陋、腿脚不便的残疾人，这不，继《德充符》之后，伯昏无人又扮演了得道的主角。所谓伯昏无人，就是一无所视，或者所视皆如无物。庄子用底层人士充当得道角色，自然是对那些知识独专者的大人先生的讽刺，内含着一种平等自由的精神。但庄子这种消解知识的方式，客观上开创了中国反智的传统，法家用其来替统治者愚民，在专制制度之下，只能助长专制之烈焰。

1831年，年轻的法国人托克维尔刚踏上美国土地不久，就敏锐地发现一个民主的社会是拒绝伟大思想的，人们更执著于现实的利益而非理想主义，这也是现代文明社会的囚徒困境。好在有民主制度的保障，否则这种反智倾向，就会有客观上堕入专制帮凶的危险。这些观点见于托克维尔从美国回来所写的一本伟大的著作《论美国的民主》。

知北游

如果说《田子方》一篇的内核重在一个“真”字，那么《知北游》的中心词便是“无”字。所谓真者道之根本，无者道之化境。《庄子》一书反反复复言说的无非就是道之存在、道之获得、道之体悟的问题，只不过每篇从不同的角度、方向或者采用不甚相同的故事来言说大道而已。

庄子的思维路径在书中很明显，反社会崇个人，反理性崇悟性。因此他强调“道不可学”（《大宗师》），主张“绝学捐书”（《山木》）。这种用智反智的直觉体验，遭到当时一些门派的驳斥，如《墨经》批驳他“学之无益也，说在悖者”，就从形式逻辑上单刀直入地认为他的理论存在二律背反。其实，《庄子》一书在形式逻辑上的悖论是挺多的，不过问题在于庄子本身对逻辑就持批评态度，而且在某些时刻尚能批评得自圆其说，这就说明用逻辑衡度《庄子》一书中的思想，固然不失为一种可取的角度，但离他反复言说的道就更加遥远了。因为道是对理性、知识、逻辑的超越，因此才有“博之不必知，辩之不必慧”的论点，有极强的神秘主义色彩。《庄子解》的作者吴世尚对此评论道：“名物度数，纵多之又多，止可谓之博，不足以通乎道；坚白同异，纵精之又精，止可谓之辩，不足以静而明者。”吾国逻辑学不彰，理性萎顿，文章重文彩而不重内在逻辑，原因固多，但与两千年来知识界之无条件崇尚庄子之学说，不无一点关联。

知北游于玄水[①]之上，登隐弅之丘，而适遭无为谓焉。知谓无为谓曰：“予欲有问乎若：何思何虑则知道？何处何服则安道？何从何道则得道？”三问而无为谓不答也。非不答，不知答也。知不得问，反于白水之南，登狐阕之上，而睹狂屈焉。知以之言也，问乎狂屈。狂屈曰：“唉！予知之，将语若。”中欲言而忘其所欲言。知不得问，反于帝宫，见黄帝而问焉。黄帝曰：“无思无虑始知道，无处无服始安道，无从无道始得道。”知问黄帝曰：“我与若知之，彼与彼不知也，其孰是邪？”黄帝曰：“彼无为谓真是也，狂屈似之，我与汝终不近也。夫知者不言，言者不知，故圣人行不言之教。道不可致，德不可至。仁可为也，义可亏也，礼相伪也。故曰：‘失道而后德，失德而后仁，失仁而后义，失义而后礼。’礼者，道之华而乱之首也。故曰：‘为道者日损，损之又损之，以至于无为。无为而无不为也。’今已为物也，欲复归根，不亦难乎！其易也，其唯大人乎！生也死之徒，死也生之始，孰知其纪！人之生，气之聚也。聚则为生，散则为死。若死生为徒，吾又何患！故万物一也。是其所美者为神奇，其所恶者为臭腐。臭腐复化为神奇，神奇复化为臭腐。故曰：‘通天下一气耳。’圣人故贵一。”知谓黄帝曰：“吾问无为谓，无为谓不应我，非不我应，不知应我也；吾问狂屈，狂屈中欲告我而不

① 玄水：自然是虚构地名。但庄子之地名或者人名，自有一套自己的讲究，得道的人或地方，昧于道的人或者地方，只从人名或者地名，就可以看出个大致端倪，这是个非常有趣的现象。玄水指幽玄之境，与下文之“白水”相对。

我告，非不我告，中欲告而忘之也；今予问乎若，若知之，奚故不近？”黄帝曰：“彼其真是也，以其不知也；此其似之也，以其忘之也；予与若终不近也，以其知之也。”狂屈闻之，以黄帝为知言。

得道如果有境界之别的话，无疑有四个层次的分别。离道最远者，便是执著的有知之人，这一层是暗含在意义中的；其次便是黄帝絮絮叨叨的以言破知；复次，狂屈因不能放弃忘言的诱惑，故尔离道虽近，也只是“似之”而已；真得道者无为谓，无为谓真符合其名，是无为无谓。大道是虚无的，无始无终，不可捉摸的，也只有不着一毫痕迹、不可捉摸的人才能悟透它。

得道之法，无论是心斋还是坐忘，都是欲望减法，亦即心灵的大扫除。一个人减到没有任何欲望、杂念，所谓心如死灰、形若槁木的境界，才可能得道。这就是所谓“为道者日损，损之又损之，以至于无为。无为而无不为也”的精义。

天地有大美而不言，四时有明法而不议，万物有成理而不说。圣人者，原天地之美而达万物之理。是故至人无为，大圣不作，观于天地之谓也。今彼神明至精，与彼百化。物已死生方圆，莫知其根也。扁然[①]而万物，自古以固存。六合为巨，未离其内；秋毫为小，待之成体；天下莫不沉浮，终身不故；阴阳四时运行，各得其序；惽然若亡而存；油然不形而神；万物畜而不知：此之谓本根，可以观于天矣！

啮缺问道乎被衣，被衣曰：“若正汝形，一汝视[②]，天和将至；

① 扁然：日新貌。

② 一汝视：“一”是集中，“视”则为视线。“一汝视”就是专注集中，不要乱看，最终达致心斋坐忘，一无所看的境界。

摄汝知，一汝度，神将来舍。德将为汝美，道将为汝居。汝瞳焉如新生之犊而无求其故！”言未卒，啮缺睡寐。被衣大悦，行歌而去之，曰：“形若槁骸，心若死灰，真其实知，不以故自持。媒媒晦晦，无心而不可与谋。彼何人哉！”

舜问乎丞曰：“道可得而有乎？”曰：“汝身非汝有也，汝何得有夫道！”舜曰：“吾身非吾有也，孰有之哉？”曰：“是天地之委形也；生非汝有，是天地之委和也；性命非汝有，是天地之委顺也；孙子非汝有，是天地之委蜕也。故行不知所往，处不知所持，食不知所味。是天地之强阳气也，又胡可得而有邪！”

孔子问于老聃曰：“今日晏闲，敢问至道。”老聃曰：“汝齐戒，疏瀹而心，澡雪而精神，掊击而知。夫道，窅然[①]难言哉！将为汝言其崖略：夫昭昭生于冥冥，有伦生于无形，精神生于道，形本生于精，而万物以形相生。故九窍者胎生，八窍者卵生。其来无迹，其往无崖，无门无房，四达之皇皇也。邀于此者，四肢强，思虑恂达，耳目聪明。其用心不劳，其应物无方，天不得不高，地不得不广，日月不得不行，万物不得不昌，此其道与！且夫博之不必知，辩之不必慧，圣人以断之矣！若夫益之而不加益，损之而不加损者，圣人之所保也。渊渊乎其若海也，巍巍乎其终则复始也。运量万物而不匮。则君子之道，彼其外与！万物皆往资焉而不匮，此其道与！

“中国有人焉，非阴非阳，处于天地之间，直且为人，将反于宗。自本观之，生者，喑醷物也。虽有寿夭，相去几何？须臾之说也，奚足以为尧、桀之是非！果蓏[②]有理，人伦虽难，所以相齿。圣

① 窅然：幽深的样子。

② 果蓏：果蓏是对举，在树曰果，在地曰蓏。

人遭之而不违，过之而不守。调而应之，德也；偶而应之，道也。帝之所兴，王之所起也。

“人生天地之间，若白驹之过郤，忽然而已。注然勃然，莫不出焉；油然漻然[①]，莫不入焉。已化而生，又化而死。生物哀之，人类悲之。解其天弢，堕其天袠[②]。纷乎宛乎，魂魄将往，乃身从之。乃大归乎！不形之形，形之不形，是人之所同知也，非将至之所务也，此众人之所同论也。彼至则不论，论则不至；明见无值，辩不若默；道不可闻，闻不若塞：此之谓大得。”

东郭子问于庄子曰：“所谓道，恶乎在？”庄子曰：“无所不在。”东郭子曰：“期而后可。”庄子曰：“在蝼蚁。”曰：“何其下邪？”曰：“在稊稗。”曰：“何其愈下邪？”曰：“在瓦甓。”曰：“何其愈甚邪？”曰：“在屎溺。”东郭子不应。庄子曰：“夫子之问也，固不及质。正、获之问于监市履狶也，‘每下愈况’。汝唯莫必，无乎逃物。至道若是，大言亦然。周遍咸三者，异名同实，其指一也。尝相与游乎无何有之宫，同合而论，无所终穷乎！尝相与无为乎！澹而静乎！漠而清乎！调而闲乎！寥已吾志。吾往焉而不知其所至，去而来而不知其所止。吾已往来焉而不知其所终。彷徨乎冯闳[③]，大知入焉而不知其所穷。物物者与物无际，而物有际者，所谓物际者也。不际之际，际之不际者也。谓盈虚衰杀，彼为盈虚非盈虚，彼为衰杀非衰杀，彼为本末非本末，彼为积散非积散也。”

庄子认为道是存在万物之中，并且支配万物之所以按其本性如此

① 油然漻然：万物消逝的样子。

② 天袠：袠通“帙”，书套，引申为束缚。天袠意为天然的束缚。

③ 冯闳：虚旷。

的一种神秘力量或者规律，所以道并不因为“每下愈况”而不存在。我们乍一见，道在屎溺，固然觉得庄子幽默，其实最重要的是庄子用极端之例证，来证明自己的观点，使自己观点的说服力倍增。既然屎溺中有道，那么万物无所不“道”。

具体的事物固然是千差万别的，但所谓物物者即主宰事物的道却是没有什么不同的。正是从这种意义上讲，“万物一也”，这就是庄子所申引的相对主义。因此无论是忘言不答，神奇腐臭，睡寐行歌，委形委蜕，稊稗屎溺等诸般事宜，均只不过是论道的外在表现形态而已。万物皆有道，同时道又是无始无终的，这与老子所说的“道生一，一生二，二生三，三生万物”有所不同。

妸荷甘与神农同学于老龙吉。神农隐几，阖户昼瞑，妸荷甘日中奓户而入，曰：“老龙死矣！”神农隐几拥杖而起，放杖曝然而笑，曰：“天知予僻陋慢訑[1]，故弃予而死。已矣夫，子无所发予之狂言，而死矣夫！”弇堈吊闻之，曰：“夫体道者，天下之君子所系焉。今于道，秋毫之端万分未得处一焉，而犹知藏其狂言而死，又况夫体道者乎！视之无形，听之无声，于人之论者，谓之冥冥，所以论道而非道也。”

于是泰清问乎无穷曰：“子知道乎？”无穷曰：“吾不知。”又问乎无为，无为曰：“吾知道。”曰：“子之知道，亦有数乎？”曰：“有。”曰：“其数若何？”无为曰：“吾知道之可以贵、可以贱、可以约、可以散，此吾所以知道之数也。”泰清以之言也，问乎无始，曰：“若是则无穷之弗知，与无为之知，孰是而孰非乎？”

---

① 慢訑：弛纵、放浪。

无始曰："不知深矣，知之浅矣；弗知内矣，知之外矣。"于是泰清中而叹曰："弗知乃知乎，知乃不知乎！孰知不知之知？"无始曰："道不可闻，闻而非也；道不可见，见而非也；道不可言，言而非也！知形形之不形乎！道不当名。"无始曰："有问道而应之者，不知道也；虽问道者，亦未闻道。道无问，问无应。无问问之，是问穷也；无应应之，是无内也。以无内待问穷，若是者，外不观乎宇宙，内不知乎大初。是以不过乎昆仑，不游乎太虚。"

光曜问乎无有曰："夫子有乎？其无有乎？"光曜不得问，而孰视其状貌：窅然空然。终日视之而不见，听之而不闻，搏之而不得也。光曜曰："至矣，其孰能至此乎！予能有无矣，而未能无无也。及为无有也，何从至此哉！"

大马之捶钩者，年八十矣，而不失毫芒。大马曰："子巧与！有道与？"曰："臣有守也。臣之年二十而好捶钩，于物无视也，非钩无察也。"是用之者假不用者也，以长得其用，而况乎无不用者乎！物孰不资焉！

冉求问于仲尼曰："未有天地可知邪？"仲尼曰："可。古犹今也。"冉求失问而退。明日复见，曰："昔者吾问：'未有天地可知乎'，夫子曰'可。古犹今也'。昔日吾昭然，今日吾昧然。敢问何谓也？"仲尼曰："昔之昭然也，神者先受之；今之昧然也，且又为不神者求邪！无古无今，无始无终。未有子孙而有子孙可乎？"冉求未对。仲尼曰："已矣，未应矣！不以生生死，不以死死生。死生有待邪？皆有所一体。有先天地生者物邪？物物者非物，物出不得先物也，犹其有物也。犹其有物也无已！圣人之爱人也终无已者，亦乃取于是者也。"

颜渊问乎仲尼曰："回尝闻诸夫子曰：'无有所将，无有所迎。'

回敢问其游。”仲尼曰：“古之人，外化而内不化；今之人，内化而外不化。与物化者，一不化者也。安化安不化？安与之相靡？必与之莫多。狶韦氏之囿，黄帝之圃，有虞氏之宫，汤武之室。君子之人，若儒墨者师，故以是非相鳌[①]也，而况今之人乎！圣人处物不伤物。不伤物者，物亦不能伤也。唯无所伤者，为能与人相将迎。山林与，皋壤与。使我欣欣然而乐与！乐未毕也，哀又继之。哀乐之来，吾不能御，其去弗能止。悲夫，世人直为物逆旅耳！夫知遇而不知所不遇，知能能而不能所不能。无知无能者，固人之所不免也。夫务免乎人之所不免者，岂不亦悲哉！至言去言，至为去为。齐知之所知，则浅矣。”

大道不言，不可见，不可名，不可言，绝对虚无，才能体现出真道。正如捶钩的成功，寓用于不用，接着寓不用于无用，无用而无不用。

孔子这次不再扮演听话者学道之角色，而是以得道者的面目教导弟子。以儒家宗师的身份来批评儒家，真是好玩，说明庄子寓言的游戏态度，在先秦诸子中少有，在中国文化史上亦属罕见。

表面上我们很难感觉到的东西，我们要言说得让对方感觉到它的存在，并且为其精彩描绘击节赞叹，这是作文说理的上等功夫。用无数生动的故事来达致对道的体悟，通篇无不透出一个“无”的境界，实在是《知北游》的内在主线。古人说，画风画火堪称绝技，但与庄子这画空画无的功夫相比，到底又逊色一筹。正如刘凤苞在《南华雪心编》中所言：“绘山者绘影，绘水者绘声，绘咸阳一炬者，绘火并绘风，已极绘事之奇，究不若此之绘空者，运笔于形声之外。”

---

① 鳌：诋毁、攻击、伤害之意。

杂篇

杂篇之所以杂，在于道与术夹杂在一起，而不是专讲道之大体。其实内、外篇中也不是每篇都很纯粹地在讲道。无论是「人间世」「养生主」「应帝王」，还是「知北游」等篇什，在阐扬道的同时，都包含着对技、术的重视和论述。有的论者便以此来断然分辨出哪些是庄子本身的思想，哪些是庄子后学演变的路数，不足取信。

庚桑楚

杂篇之所以杂，在于道与术夹杂在一起，而不是专讲道之大体。其实内、外篇中也不是每篇都很纯粹地在讲道。无论是《人间世》《养生主》《应帝王》，还是《知北游》等篇什，在阐扬道的同时，都包含着对技、术的重视和论述。有的论者便以此来断然分辨出哪些是庄子本身的思想，哪些是庄子后学演变的路数，不足取信。我认为，这是忽视思想本身的发展历程及路径。任何人的思想发展都有一个过程，庄子也不例外；其次，庄子讲大道，重体悟，对逻辑多有贬斥，因此不可能有一套严密的理论体系，来对道行作丝丝入扣、自圆其说的论述，论点散漫，加之又采用文学语言，间或互相之间有矛盾之处；复次，人是一个矛盾的个体，他没有一种自生至死固定不变的需求和想法，导致了庄子思想杂糅了其他东西，何况当时诸子百家之间互相影响，不可能达致绝对的纯粹。

《庚桑楚》主旨无疑是在谈养生与藏世。历代中国文人仿佛都继承了庄子的旨趣。谈养生与藏世，尽管后世论者，多有不及庄子之处，但可以看出主张养生与藏世成了中国文人的一个传统。宋朝大诗人苏东坡曾有名句“万人如海一身藏”，其意无非是在人群中藏住自己而不被外抛出来，如同本篇中的“砀而失水”，这样才能保全性命，过得逍遥自在。庄子所谓“藏身深眇”，浑然无迹，境界当然高。无论能与不能、才与不才，不要展示自己，暴露自己，否则不仅离道很远，而且命将不保。故尔任自然，立乎不测，游于无有，才是体道之人应该做的。

老聃之役有庚桑楚者，偏得老聃之道，以北居畏垒之山。其臣之画然知者去之，其妾之挈然仁者远之。拥肿之与居，鞅掌之为使。居三年，畏垒大壤。畏垒之民相与言曰：“庚桑子之始来，吾洒然异之。今吾日计之而不足，岁计之而有馀。庶几其圣人乎！子胡不相与尸而祝之，社而稷之乎？”庚桑子闻之，南面而不释然。弟子异之，庚桑子曰：“弟子何异于予？夫春气发而百草生，正得秋而万宝成。夫春与秋，岂无得而然哉？天道已行矣。吾闻至人，尸居环堵之室，而百姓猖狂不知所如往。今以畏垒之细民，而窃窃焉欲俎豆予于贤人之间，我其杓之人邪？吾是以不释于老聃之言。”弟子曰：“不然。夫寻常之沟，巨鱼无所还其体，而鲵鳝为之制；步仞之丘陵，巨兽无所隐其躯，而孽狐为之祥。且夫尊贤授能，先善与利，自古尧、舜以然，而况畏垒之民乎！夫子亦听矣！”庚桑子曰：“小子来！夫函车之兽，介而离山，则不免于网罟之患；吞舟之鱼，砀[①]而失水，则蚁能苦之。故鸟兽不厌高，鱼鳖不厌深。夫全其形生之人，藏其身也，不厌深眇而已矣！且夫二子者，又何足以称扬哉！是其于辩也，将妄凿垣墙而殖蓬蒿也，简发而栉，数米而炊，窃窃乎又何足以济世哉！举贤则民相轧，任知则民相盗。之数物者，不足以厚民。民之于利甚

① 砀：意被荡出，在这里比喻名见于世，容易带来对自身的危害。

勤，子有杀父，臣有杀君；正昼为盗，日中穴阫[1]。吾语女：大乱之本，必生于尧、舜之间，其末存乎千世之后。千世之后，其必有人与人相食者也。”

《庚桑楚》因此段就应该被定夺为中国思想史上重要的篇章。庚桑楚无为无不为，顺天应民，使得年岁丰收，人民丰衣足食。按照庄子看来，这是自然万物之道在起作用，而非庚桑楚的能量。但在细民百姓看来，没有庚桑楚就没有他们的幸福生活，于是准备给他祭祀建生祠。好在庚桑楚有自知之明，不想成为箭垛人物，看到民众崇拜他，他很不高兴。

造神违天道，在我们并不陌生，“没有……就没有”“只有……才能”这样断然的句子，听得我们耳朵起老茧。细民百姓由于自身能量的有限，总是有造神来替他们思想、替他们拿主意的心理冲动。这也正是《法西斯主义群众心理学》《乌合之众》这样的书，引起当今思想界关注的缘由。民众有造神的心理冲动，再加之有的人或者集团本身就想把自己的能力无限夸大、自我神话，在乌托邦的号召下，自然就会带来人吃人的惨状。读到“大乱之本，必生于尧、舜之间，其末存乎千世之后。千世之后，其必有人与人相食者也”，真是令人惊悚。只要我们不健忘，就会惊叹这预言是如此准确。

南荣趎蹴然正坐曰：“若趎之年者已长矣，将恶乎讬业以及此言邪？”庚桑子曰：“全汝形，抱汝生，无使汝思虑营营。若此三年，则可以及此言也。”南荣趎曰：“目之与形，吾不知其异也，而

① 穴阫：挖穿墙壁。穴：挖穿。阫：墙。

盲者不能自见；耳之与形，吾不知其异也，而聋者不能自闻；心之与形，吾不知其异也，而狂者不能自得。形之与形亦辟矣，而物或间之邪？欲相求而不能相得。今谓趎曰：‘全汝形，抱汝生，勿使汝思虑营营。’趎勉闻道，达耳矣！”庚桑子曰：“辞尽矣，曰奔蜂不能化藿蠋，越鸡不能伏鹄卵，鲁鸡故能矣！鸡之与鸡，其德非不同也。有能与不能者，其才固有巨小也。今吾才小，不足以化子。子胡不南见老子？”南荣趎赢粮，七日七夜，至老子之所。老子曰：“子自楚之所来乎？”南荣趎曰：“唯。”老子曰：“子何与人偕来之众也？”南荣趎惧然顾其后。老子曰：“子不知吾所谓乎？”南荣趎俯而惭，仰而叹，曰：“今者吾忘吾答，因失吾问。”老子曰：“何谓也？”南荣趎曰：“不知乎人谓我朱愚。知乎反愁我躯；不仁则害人，仁则反愁我身；不义则伤彼，义则反愁我己。我安逃此而可？此三言者，趎之所患也，愿因楚而问之。”老子曰：“向吾见若眉睫之间，吾因以得汝矣。今汝又言而信之。若规规然若丧父母，揭竿而求诸海也，汝亡人哉！惘惘乎，汝欲反汝情性而无由入，可怜哉！”南荣趎请入就舍，召其所好，去其所恶。十日自愁，复见老子。老子曰：“汝自洒濯，熟哉郁郁乎！然而其中津津乎犹有恶也。夫外韄者不可繁而捉，将内揵[①]；内韄者不可缪而捉，将外揵；外内韄者，道德不能持，而况放道而行者乎！”南荣趎曰：“里人有病，里人问之，病者能言其病，然其病病者犹未病也。若趎之闻大道，譬犹饮药以加病也。趎愿闻卫生之经而已矣。”老子曰：“卫生之经，能抱一乎？能勿失乎？能无卜筮而知吉凶乎？能止乎？能已乎？能舍诸人而求诸己乎？

① 夫外韄者不可繁而捉，将内揵：受外物束缚干扰而又不堪其束缚干扰的，应该内闭其心，以防侵入。韄：束缚。揵：闭。

能倏然乎？能侗然乎？能儿子乎？儿子终日嗥而嗌不嗄，和之至也；终日握而手不掜，共其德也；终日视而目不瞚[①]，偏不在外也。行不知所之，居不知所为，与物委蛇而同其波。是卫生之经已。”南荣趎曰：“然则是至人之德已乎？”曰：“非也。是乃所谓冰解冻释者。夫至人者，相与交食乎地，而交乐乎天，不以人物利害相撄，不相与为怪，不相与为谋，不相与为事，倏然而往，侗然而来。是谓卫生之经已。”曰：“然则是至乎？”曰：“未也。吾固告汝曰：‘能儿子乎？’儿子动不知所为，行不知所之，身若槁木之枝而心若死灰。若是者，祸亦不至，福亦不来。祸福无有，恶有人灾也！”

人吃人的惨状在千世之后，不可避免，就必须知全身远祸，保全性命。而保全性命的最好方式便是体道，做到“身若槁木之枝而心若死灰”，只有这样，才能灾不及身。对精神超越及心灵自由来说，“身若槁木之枝而心若死灰”，或许不失为一种修养之道。但如果拿来在实际生活中作为全身远祸的招数，就未必奏效，这已经为事实证明，所谓“树欲静而风不止”。只有建立好的制度使人免受侵害，那么人才可能放手发挥自己的才能——无论是天然的还是后天的，而不至于将活命当做生活的全部，事实上中国人几千年来的活命成本是相当高的，无论是物质上的还是精神上的。这也是中国人生存质量差的真正原因。

宇泰定者，发乎天光。发乎天光者，人见其人，物见其物。人有修者，乃今有恒。有恒者，人舍之，天助之。人之所舍，谓之天民；

① 瞚：通“瞬”，眨眼。

天之所助，谓之天子。学者，学其所不能学也？行者，行其所不能行也？辩者，辩其所不能辩也？知止乎其所不能知，至矣！若有不即是者，天钧败之。备物以将形，藏不虞以生心，敬中以达彼。若是万恶至者，皆天也，而非人也，不足以滑成，不可内于灵台。灵台者有持，而不知其所持，而不可持者也。不见其诚己而发，每发而不当；业入而不舍，每更为失。为不善乎显明之中者，人得而诛之；为不善乎幽闲之中者，鬼得而诛之。明乎人、明乎鬼者，然后能独行。

券内者，行乎无名；券外者，志乎期费。行乎无名者，唯庸有光；志乎期费者，唯贾人也，人见其跂，犹之魁然。与物穷者，物入焉；与物且者，其身之不能容，焉能容人！不能容人者无亲，无亲者尽人。兵莫憯于志，镆铘为下；寇莫大于阴阳，无所逃于天地之间。非阴阳贼之，心则使之也。

心境安宁的人能发出自然的光辉，故“人之所舍，谓之天民；天之所助，谓之天子”。庄子谈体道时，合乎天道的人，是“天民”，为天所助佑的人，堪称天子。许多庄子研究者，将“天子”解释为御世的“帝王”，这肯定不符合庄子的本意。这说明学者们对庄子的学说产生了歧义和误读。对一种学说产生歧义或误读，并不可怕，但为什么不少庄子研究者都将“天子”阐释为御世的“帝王”呢？在中国这不仅是学者的误读，而是一种生存现实，使得庄子这样的学说，被污浊的现实利用，拿来作为残酷统治合法化的说辞，没有一个残暴的帝王不说自己是“天之所助，谓之天子”。

一种很好的学说或者思想，不被污浊的现实利用，在中国真正是个大难题。譬如鲁迅就被其反对的东西利用。鲁迅反对造神，但总有人将其视为神，据此来钳制另外的言论和思想。

道通其分也，其成也，毁也。所恶乎分者，其分也以备。所以恶乎备者？其有以备。故出而不反，见其鬼。出而得，是谓得死。灭而有实，鬼之一也。以有形者象无形者而定矣！出无本，入无窍，有实而无乎处，有长而无乎本剽，有所出而无本者有长，有所入而无窍者有实。有实而无乎处者，宇也；有长而无本剽者，宙也。有乎生，有乎死；有乎出，有乎入。入出而无见其形，是谓天门。天门者，无有也。万物出乎无有。有不能以有为有，必出乎无有，而无有一无有。圣人藏乎是。

古之人，其知有所至矣。恶乎至？有以为未始有物者，至矣，尽矣，弗可以加矣！其次以为有物矣，将以生为丧也，以死为反也，是以分矣。其次曰始无有，既而有生，生俄而死。以无为首，以生为体，以死为尻。孰知有无死生之一守者，吾与之为友。是三者虽异，公族也。昭景也，著戴也；甲氏也，著封也：非一也。

有生黬也[①]，披然曰"移是"。尝言"移是"，非所言也。虽然，不可知者也。腊者之有膍胲，可散而不可散也；观室者周于寝庙，又适其偃焉！为是举"移是"。请尝言"移是"：是以生为本，以知为师，因以乘是非。果有名实，因以己为质，使人以为己节，因以死偿节。若然者，以用为知，以不用为愚；以彻为名，以穷为辱。"移是"，今之人也，是蜩与学鸠同于同也。

蹍[②]市人之足，则辞以放骜，兄则以妪，大亲则已矣。故曰：至

① 有生黬也：指生命忽然而生，如同锅底结出一块烟灰。黬：锅底结墨。

② 蹍：误踩。

礼有不人，至义不物，至知不谋，至仁无亲，至信辟金。

彻志之勃，解心之谬，去德之累，达道之塞。贵富显严名利六者，勃志也；容动色理气意六者，谬心也；恶欲喜怒哀乐六者，累德也；去就取与知能六者，塞道也。此四六者不盪胸中则正，正则静，静则明，明则虚，虚则无为而无不为也。道者，德之钦也；生者，德之光也；性者，生之质也。性之动谓之为，为之伪谓之失。知者，接也；知者，谟也；知者之所不知，犹睨也。动以不得已之谓德，动无非我之谓治，名相反而实相顺也。

养身有两层含义。其一，为悟道之养生，养生必须堕肢体，坐忘心斋，忘掉仁、义、礼、智、信，排除贵、富、显、严、名、利等"二十四害"的危害，独立于深邈之境，逍遥于无迹之外，至此便能得道；其二，为养生而养生，这也是庄子为后世那些欲炼丹成仙的人所宗的原因。

当然，任何学说，都可套一古语：贤者识其大，不贤者识其小。而且对真正丰富的思想来说，往往是"横看成岭侧成峰"。但不管怎样说，一种学说为心术不正者利用，究竟是一件痛心的事，应尽力避免。当然，这不是原创思想者的过错。

羿工乎中微，而拙乎使人无己誉，圣人工乎天而拙乎人；夫工乎天而俍乎人者，唯全人能之。惟虫能虫，虽虫能天。全人恶天，恶人之天，而况吾天乎人乎！

一雀适羿，羿必得之，威也。以天下为之笼，则雀无所逃。是故汤以胞人笼伊尹，秦穆公以五羊之皮笼百里奚。是故非以其所好笼之而可得者，无有也。介者拸画[①]，外非誉也。胥靡登高而不惧，遗死生也。

大复謵不馈而忘人，忘人，因以为天人矣！故敬之而不喜，侮之而不怒者，唯同乎天和者为然。出怒不怒，则怒出于不怒矣；出为无为，则为出于无为矣！欲静则平气，欲神则顺心，有为也欲当，则缘于不得已。不得已之类，圣人之道。

伯昏无人的不射之射是射箭中的最高境界，是射而得道的典型，而神射手羿的射术不能做到没有人称誉自己。圣人治理天下，而不能做到不让民众称颂自己，这就是圣人的无能，或者说是被称为圣人的人有意利用民众的造神心理。只有天人、完人执政，使百姓不觉察和称颂他的功绩，"才能避免圣君崇拜形成制度，贻祸无穷"(流沙河《〈庄子现代版〉增订本》)。

庄子的思想当然深蕴着超世、顺世、应世的方略，但更重要的是，据此得到精神的超越及心灵的自由。正因为如此，庄子与真正的现实格格不入，就已然形成一种对立的态度。要获得精神超越及心灵自由，本身就包含对现实的诸多不满。至于说像庚桑楚预言的千年后必有人吃人的现象，拒绝造神运动，对吾国有历久弥新的意义，无论怎么强调都不过分。

不过庄子虽然借庚桑楚批判那造神的乌托邦世界，但从修道的角度上来提出的"至德之世"，从灵魂上讲，是进入到赤子婴儿的状态，但一旦有人据此拿来做社会或者主义的演进以治人，那么就会蹈入他不愿看到的另一种不切实际的害人的乌托邦。这是庄子的学说自身不可自解的矛盾之处。

---

① 介者拸画：介者：刖去一足的人；拸画：弃去饰容之具。拸：弃。画：饰容之具。

徐无鬼

欲望无限的人是可悲的，这是庄子一贯申述的思想。因为欲望多而生出无穷的烦恼，做出许多违反天道的事，因此离参悟自由的大道越来越远。以智求道，当然会使包括黄帝在内的七圣人迷路；满身嗜欲的魏武侯，囿于俗学的暖姝者，以及沉迷于本业的十九种人，都是得道者的反面教材。而抱朴守真、循顺自然的人便是得道者的形象。既然道在屎溺，那么徐无鬼用狗马经来给魏武侯布道释窍，不仅使魏武侯乐于接受，而且趣味无穷。

《徐无鬼》中有孔子“不议论的议论”（“不言之辩”），那么庄子的与人特别是与惠施的辩论，就更应该从这个角度来理解。“予岂好辩哉，予不得已矣”。郢斤削垩的故事，正如刘凤苞所言：“钟期死而伯牙无复鼓琴，郢人死而匠石无复运斤，独立苍茫，百端交集，一种忧世深心，流于言外。低徊俯仰，节短音长，桓伊邻笛之悲，无此寄托，子敬人琴之感，无此缠绵，得是文而惠子亦可传矣。”（《南华雪心编》）

《徐无鬼》也有杂篇的通病，即故事杂而互不相干。但无论谈术或者道，都离不开守真抱朴，或许在相对的杂乱之下，有这种若隐若现的中心主旨吧。

徐无鬼因女商见魏武侯，武侯劳之曰："先生病矣，苦于山林之劳，顾乃肯见于寡人。"徐无鬼曰："我则劳于君，君有何劳于我！君将盈耆欲，长好恶，则性命之情病矣；君将黜耆欲，掔[①]好恶，则耳目病矣。我将劳君，君有何劳于我！"武侯超然不对。少焉，徐无鬼曰："尝语君吾相狗也：下之质，执饱而止，是狸德也；中之质，若视日；上之质，若忘其一。吾相狗，又不若吾相马也。吾相马：直者中绳，曲者中钩，方者中矩，圆者中规。是国马也，而未若天下马也。天下马有成材，若卹若遗，若丧其一。若是者，超佚绝尘，不知其所。"武侯大悦而笑。徐无鬼出，女商曰："先生独何以说吾君乎？吾所以说吾君者，横说之则以《诗》《书》《礼》《乐》，从说之则以《金板》《六弢》，奉事而大有功者不可为数，而吾君未尝启齿。今先生何以说吾君？使吾君说若此乎？"徐无鬼曰："吾直告之吾相狗马耳。"女商曰："若是乎？"曰："子不闻夫越之流人乎？去国数日，见其所知而喜；去国旬月，见所尝见于国中者喜；及期年也，见似人者而喜矣。不亦去人滋久，思人滋深乎？夫逃虚空者，藜藋柱乎鼪鼬之迳，踉位其空，闻人足音跫然[②]而喜矣，而况乎兄弟亲戚之謦欬其侧者乎！久矣夫，莫以真人之言謦欬吾君之侧乎！"

徐无鬼见武侯，武侯曰："先生居山林，食芧栗，厌葱韭，以宾寡人，久矣夫！今老邪，其欲干酒肉之味邪？其寡人亦有社稷之福邪？"徐无鬼曰："无鬼生于贫贱，未尝敢饮食君之酒肉，将来劳君

① 掔：引却，抛弃。

② 跫然：惊喜的样子。

也。”君曰：“何哉！奚劳寡人？”曰：“劳君之神与形。”武侯曰：“何谓邪？”徐无鬼曰：“天地之养也一，登高不可以为长，居下不可以为短。君独为万乘之主，以苦一国之民，以养耳目鼻口，夫神者不自许也。夫神者，好和而恶奸。夫奸，病也，故劳之。唯君所病之何也？”武侯曰：“欲见先生久矣！吾欲爱民而为义偃兵，其可乎？”徐无鬼曰：“不可。爱民，害民之始也；为义偃兵，造兵之本也。君自此为之，则殆不成。凡成美，恶器也。君虽为仁义，几且伪哉！形固造形，成固有伐，变固外战。君亦必无盛鹤列于丽谯之间，无徒骥于锱坛之宫，无藏逆于得，无以巧胜人，无以谋胜人，无以战胜人。夫杀人之士民，兼人之土地，以养吾私与吾神者，其战不知孰善？胜之恶乎在？君若勿已矣！修胸中之诚以应天地之情而勿撄。夫民死已脱矣，君将恶乎用夫偃兵哉！”

徐无鬼是很懂批评艺术的人，预先取得对方的好感，而后出不逊之辞，就使得不逊之辞变得缓和，此乃谈话之术。此种方法，不只适用于伴君如伴虎等须要保命的特殊场合，就是对朋辈的评骘也未始不可采取如此手段。至少从批评和谈话所取得的效果来看，这种方式是奏效的。因此才出现我们许多谈话和写文章的一种八股套路，说了一大通好话，临末不忘说一点“但是”，其实就是这点“但是”才是他谈话作文的真实意图。如果连这点“但是”都没有的话，就将人之不人了。

狗有三种，马有三等，有近乎“得道”——“若忘其一”——之狗，有似乎“悟道”——“若丧其一”——之马，但就是欲望太多的魏武侯离道甚远，形困神乏，连狗马都不如，用现今的俗话讲，就是骂人不带脏字。要赶上上等的狗马，就必须外去厚味以全形躯，内弃仁义以绝伪念。

黄帝将见大隗乎具茨之山，方明为御，昌寓骖乘，张若、謵朋前马，昆阍、滑稽后车。至于襄城之野，七圣皆迷，无所问涂。适遇牧马童子，问涂焉，曰："若知具茨之山乎？"曰："然。""若知大隗之所存乎？"曰："然。"黄帝曰："异哉小童！非徒知具茨之山，又知大隗之所存。请问为天下。"小童曰："夫为天下者，亦若此而已矣，又奚事焉！予少而自游于六合之内，予适有瞀病，有长者教予曰：'若乘日之车而游于襄城之野。'今予病少痊，予又且复游于六合之外。夫为天下亦若此而已。予又奚事焉！"黄帝曰："夫为天下者，则诚非吾子之事，虽然，请问为天下。"小童辞。黄帝又问。小童曰："夫为天下者，亦奚以异乎牧马者哉！亦去其害马者而已矣！"黄帝再拜稽首，称天师而退。

知士无思虑之变则不乐，辩士无谈说之序则不乐，察士无凌谇[①]之事则不乐，皆囿于物者也。招世之士兴朝，中民之士荣官，筋力之士矜难，勇敢之士奋患，兵革之士乐战，枯槁之士宿名，法律之士广治，礼教之士敬容，仁义之士贵际。农夫无草莱之事则不比[②]，商贾无市井之事则不比，庶人有旦暮之业则劝，百工有器械之巧则壮。钱财不积则贪者忧，权势不尤则夸者悲，势物之徒乐变，遭时有所用，不能无为也。此皆顺比于岁，不物于易者也。驰其形性，潜之万物，终身不反，悲夫！

---

① 凌谇：凌，意即凌辱；谇，意即责骂。

② 比：和乐。

智害道，辞害意，在《庄子》书中几乎类似不用证明的几何公理。黄帝率众去大隗求道，结果被小童一阵开涮，无非是要绝圣弃知。黄帝一悟此道，即中途而返。这故事有点像《世说新语》中的“雪夜访戴”，乘兴而来，尽兴而归。虽然，前者是他人开导，后者是自悟。

黄帝太执著于治理天下，沉迷其间，如同十九人沉于本行业所带来的利益，为外物所驱使，丧失顺和保真之气，至死不悟，可叹。这是庄子对社会价值观的全面否定。若从古典经济学的原始假设着手，每个人都在理性地选择实现自己利益的最大化，那么庄子所批评的人都该表扬。当然庄子是追求心灵自由、返于天然而悟大道的人，并不是个营营世俗利益的普通人。

我始终在想，一个社会是否只有一套理念放之四海而皆准，譬如庄子的思想用于实际生活，必将使社会萎顿不行，这是不言而喻的；但如果任何时候，我们都以利益为依归，营营役役，也会使人异化以致成为外物的奴隶，而非自己的主宰。但对于我们来讲，是如何要避免将庄子的理念泛化到我们所有的生活，将他的思想当成另一种意义上的绝对真理，成为全社会的普适价值观。

庄子曰：“射者非前期而中，谓之善射，天下皆羿也，可乎？”惠子曰：“可。”庄子曰：“天下非有公是也，而各是其所是，天下皆尧也，可乎？”惠子曰：“可。”庄子曰：“然则儒墨杨秉四，与夫子为五，果孰是邪？或者若鲁遽者邪？其弟子曰：‘我得夫子之道矣！吾能冬爨鼎而夏造冰矣！’鲁遽曰：‘是直以阳召阳，以阴召阴，非吾所谓道也。吾示子乎吾道。'于是乎为之调瑟，废于一堂，废于一室，鼓宫宫动，鼓角角动，音律同矣！夫或改调一弦，于五音无当也，鼓之，二十五弦皆动，未始异于声，而音之君矣！且若是者邪！"惠子曰："今乎儒墨杨秉，且方与我以辩，相拂以辞，相镇以声，而未始吾非也，则奚若矣？"庄子曰："齐人蹢子于宋者[1]，其命阍也不以完；其求钘钟也以束缚；其求唐子也而未始出域：有遗类矣！夫楚人寄而蹢阍者；夜半于无人之时而与舟人斗，未始离于岑而足以造于怨也。"

庄子送葬，过惠子之墓，顾谓从者曰："郢人垩漫其鼻端，若蝇翼，使匠石斲之。匠石运斤成风，听而斲之，尽垩而鼻不伤，郢人立不失容。宋元君闻之，召匠石曰：'尝试为寡人为之。'匠石曰：'臣则尝能斲之。虽然，臣之质死久矣。'自夫子之死也，吾无以为质矣，吾无与言之矣。"

庄子行文奇诡怪异，言辞犀利，游戏幽默。过往之世，当今之人，无不率性谈来，出语尖刻，少有褒奖之辞，更少温情之章。与惠子最后一辩，惠施的一己之得，硬要以"公是"之面目行世，尽显惠施的偏执。不过，以一己之得而以"公是"行世，以一己之利益而以人民利益示人，这种事我们见得太多了。

匠石斲垩的故事，庄子以少有的温情，来述及对论敌的怀念。这故事令人不仅有子期伯牙之感，更重要的是，内含着庄子一贯的相对主义理念。彼此相存，是非互依，最终以至齐万物，万物齐于一亦即大道。

① 齐人蹢子于宋者：全句意为齐人其子致残，将其送到宋国。

管仲有病，桓公问之曰："仲父之病病矣，可不讳云，至于大病，则寡人恶乎属国而可？"管仲曰："公谁欲与？"公曰："鲍叔牙。"曰："不可。其为人洁廉，善士也；其于不己若者不比之；又一闻人之过，终身不忘。使之治国，上且钩乎君，下且逆乎民。其得罪于君也，将弗久矣！"公曰："然则孰可？"对曰："勿已，则隰朋可。其为人也，上忘而下不畔，愧不若黄帝，而哀不己若者。以德分人谓之圣；以财分人谓之贤。以贤临人，未有得人者也；以贤下人，未有不得人者也。其于国有不闻也，其于家有不见也。勿已，则隰朋可。"

吴王浮于江，登乎狙之山，众狙见之，恂然弃而走，逃于深蓁。有一狙焉，委蛇攫抓，见巧乎王。王射之，敏给搏捷矢。王命相者趋射之，狙执死。王顾谓其友颜不疑曰："之狙也，伐其巧、恃其便以敖予，以至此殛也。戒之哉！嗟乎，无以汝色骄人哉！"颜不疑归而师董梧，以锄其色，去乐辞显，三年而国人称之。

南伯子綦隐几而坐，仰天而嘘。颜成子入见曰："夫子，物之尤也。形固可使若槁骸，心固可使若死灰乎？"曰："吾尝居山穴之中矣。当是时也，田禾一睹我而齐国之众三贺之。我必先之，彼故知之；我必卖之，彼故鬻之。若我而不有之，彼恶得而知之？若我而不卖之，彼恶得而鬻之？嗟乎！我悲人之自丧者；吾又悲夫悲人者；吾又悲夫悲人之悲者；其后而日远矣。"

仲尼之楚，楚王觞之。孙叔敖执爵而立。市南宜僚受酒而祭，曰："古之人乎！于此言已。"曰："丘也闻不言之言矣，未之尝言，于此乎言之：市南宜僚弄丸而两家之难解；孙叔敖甘寝秉羽而郢人投兵；丘愿有喙三尺！"彼之谓不道之道，此之谓不言之辩。故德总乎道之所一，而言休乎知之所不知，至矣。道之所一者，德不能同也。知之所不能知者，辩不能举也。名若儒墨而凶矣。故海不辞东流，大之至也。圣人并包天地，泽及天下，而不知其谁氏。是故生无爵，死无谥，实不聚，名不立，此之谓大人。狗不以善吠为良，人不以善言为贤，而况为大乎！夫为大不足以为大，而况为德乎！夫大备矣，莫若天地。然奚求焉，而大备矣！知大备者，无求，无失，无弃，不以物易己也。反己而不穷，循古而不摩，大人之诚！

子綦有八子，陈诸前，召九方歅曰："为我相吾子，孰为祥。"九方歅曰："梱也为祥。"子綦瞿然喜曰："奚若？"曰："梱也，将与国君同食以终其身。"子綦索然出涕曰："吾子何为以至于是极也？"九方歅曰："夫与国君同食，泽及三族，而况父母乎！今夫子闻之而泣，是御福也。子则祥矣，父则不祥。"子綦曰："歅，汝何足以识之。而梱祥邪？尽于酒肉，入于鼻口矣，而何足以知其所自来！吾未尝为牧而牂生于奥，未尝好田而鹑生于宎[1]，若勿怪，何邪？吾所以与吾子游者，游于天地，吾与之邀乐于天，吾与之邀食于地。吾不与之为事，不与之为谋，不与之为怪。吾与之乘天地之诚，而不以物与之相撄，吾与之一委蛇，而不与之为事所宜。今也然有世俗之偿焉？凡有怪征者，必有怪行。殆乎！非我与吾子之罪，几天与之也！吾是以泣也。"无几何而使梱之于燕，盗得之于道，全而鬻之则难，不若刖之则易。于是刖而鬻之于齐，适当渠公之街，然身食肉而终。

隰朋因无为而用，猴子因逞能而死，子綦因名而累，梱因无用而用，都是违背大道乱了套，背逆自然而受罪。这是庄子继续发挥材与

① 宎：室内东北隅。与前句"奥"对举，"奥"意为室内西南隅。

不材、用与不用的思想。要成为自己的主宰，只有得大道之人才能做到，为外物驱使的人，至死不悟，做了死鬼，还不知阎王因何收他而去。可惜。

啮缺遇许由曰："子将奚之？"曰："将逃尧。"曰："奚谓邪？"曰："夫尧畜畜然仁，吾恐其为天下笑。后世其人与人相食与！夫民不难聚也，爱之则亲，利之则至，誉之则劝，致其所恶则散。爱利出乎仁义，捐仁义者寡，利仁义者众。夫仁义之行，唯且无诚，且假乎禽贪者器。是以一人之断制利天下，譬之犹一覕[①]也。夫尧知贤人之利天下也，而不知其贼天下也，夫唯外乎贤者知之矣。"

有暖姝者，有濡需者，有卷娄者。所谓暖姝者，学一先生之言，则暖暖姝姝而私自说也，自以为足矣，而未知未始有物也。是以谓暖姝者也。濡需者，豕虱是也，择疏鬣，自以为广宫大囿。奎蹄曲隈，乳间股脚，自以为安室利处。不知屠者之一旦鼓臂布草操烟火，而己与豕俱焦也。此以域进，此以域退，此其所谓濡需者也。卷娄者，舜也。羊肉不慕蚁，蚁慕羊肉，羊肉膻也。舜有膻行，百姓悦之，故三徙成都，至邓之虚而十有万家。尧闻舜之贤，举之童土之地，曰："冀得其来之泽。"舜举乎童土之地，年齿长矣，聪明衰矣，而不得休归，所谓卷娄者也。是以神人恶众至，众至则不比，不比则不利也。故无所甚亲，无所甚疏，抱德炀和，以顺天下，此谓真人。

于蚁弃知，于鱼得计，于羊弃意。以目视目，以耳听耳，以心复心。若然者，其平也水，其直也绳，其变也循。古之真人！以天待之，不以人入天，古之真人！得之也生，失之也死；得之也死，失之

---

① 覕：《经典释文》中司马彪所说"暂见貌"。"覕"意同一瞥之"瞥"。

也生：药也。其实堇[①]也，桔梗[②]也，鸡廱[③]也，豕零[④]也，是时为帝者也，何可胜言！

庄子是两千年来对儒家打着仁义的幌子，实为自己利益着想进行猛烈抨击，至今仍最深刻的一个。以人民利益为借口而谋自己私利的人，我们还见得少吗？偏偏是这种人常在讲那些玄不着边的大道理。许由洗耳避尧，舜只是惹蚂蚁来吃膻臭的羊肉，固然将这种深刻的批判性寓于戏言之中，但说到行尧舜那套而使人与人相食的惨状，我们也是感同身受。正是“六亿神州尽舜尧”的时候，我们饿得不行，那一场一点也不自然的人祸当永生永世铭记。吁，伟大的庄子仿佛专为灾难的中国而生啊。

句践也以甲楯三千，栖于会稽。唯种也，能知亡之所以存，唯种也，不知其身之所以愁。故曰：鸱目有所适，鹤胫有所节，解之也则悲。故曰：风之过河也有损焉，日之过河也有损焉，请只风与日相与守河，而河以为未始其撄也，恃源而往者也。故水之守土也审，影之守人也审，物之守物也审。故目之于明也殆，耳之于聪也殆，心之于殉也殆，凡能其于府也殆，殆之成也不给改。祸之长也兹萃，其反也缘功，其果也待久。而人以为己宝，不亦悲夫！

故有亡国戮民无已，不知问是也。故足之于地也践，虽践，恃其所不蹍而后善博也；人之于知也少，虽少，恃其所不知而后知天之所谓也。知大一，知大阴，知大目，知大均，知大方，知大信，

① 堇：药草名，即专治风冷痹的乌头。

② 桔梗：可祛痰、排脓的草本生药物。

③ 鸡廱：即鸡头，与藕子合为散，服之可以延年。

④ 豕零：即可以解渴的猪苓。

知大定，至矣！大一通之，大阴解之，大目视之，大均缘之，大方体之，大信稽之，大定持之。尽有天，循有照，冥有枢，始有彼。则其解之也，似不解之者，其知之也，似不知之也，不知而后知之。其问之也，不可以有崖，而不可以无崖。颉滑有实，古今不代，而不可以亏，则可不谓有大扬搉乎！阖不亦问是已，奚惑然为！以不惑解惑，复于不惑，是尚大不惑。

贵贱无常，纯任自然，是葆真顺气的良方；耳目难禁，心思外骛，是招惹祸端是非的根由。唯大道救你于苦海，解民于倒悬。但道不可遭遇残酷之现实，因为它不可能帮你解决实际问题。面对诸种诱惑能脱离干系的人毕竟少之又少，只有想受诱惑而不可得的人，在残酷的现实中不行之人，才有可能向道挺进，这也是两千年来庄子的解人多是失意官员、文人的原因之一吧。

无鬼——《庄子》书中的人名地名均有深意藏焉，因为人名地名均是其表达思想的符号和载体——好比无所羁绊，纯任自然，只有得道之人才能做到。杂篇虽杂，但它也有内外篇没有的一个优点，即人间烟火气较内、外篇而重。也许你会说，这样的方式离道越来越远。不错，既然道在屎溺，那么人间烟火气比较重，也未必就远离大道。内外篇纯谈大道，让人感到那是庄子思想的“原教旨主义”。在这种意义上讲，我同意《庄子》一书由其本人及后继者的思想合作而成。这比较符合中国的思想史上宗派林立，而后继者阐释多于原创的“九斤老太”哲学，这也正是中国文化思想发展至今，越来越少原创性的真正原因。因为我们崇奉老师而远离真理，其实这是另一种意义上的远离大道而得人伪。

则阳

胸次坦荡、物欲不存、晦影逃名，进而是非双谴，这是很多中国思想家包括庄子在内所认同的人之本性。其实人之本性到底是什么，是很深奥很难讲的哲学难题，自古有性善性恶之辩，至今难明究竟。庄子屡有复得本性、彻悟大道的倡导，甚至不妨说《庄子》一书都着力于此。由此说来，葆有真气，固有天性，是多么不容易的事。由于不容易，使得人恢复庄子所说之本性，悟得大道，成了一个悬拟在那里的标准，成为对现实社会的虚拟对抗。这种虚拟对抗，除了在精神上可以疗治某种疾病，获得一种平衡外，其用途是有限的。或许这就是庄子的学说在两千年来中国人的精神生活中，为什么只充当了失意者抚慰剂的原因之一。当然我这样说，可能与庄子的不用之用、不材之材境界相去甚远，但我实际的体会就是如此。不过你可以说，我对庄子的深意还欠缺了解。

庄子的高明在于他对社会或者个人认识之相对论，甚至在哲学范围内的不可知论。但他的问题也在于对相对论的泛化，使得任何一个问题都形成了一个自我解构的圈套。庄子用美之相对、善之相对，来论证事物不可知。不可知既然是绝对的，争来争去还有什么必要呢？

还不如处在于虚空的环中，以应对精神和世俗的巨变。这也是《则阳》篇承接内篇《齐物论》而来的一条线索。

则阳游于楚，夷节言之于王，王未之见。夷节归。彭阳见王果曰："夫子何不谭我于王？"王果曰："我不若公阅休。"彭阳曰："公阅休奚为者邪？"曰："冬则擉鳖于江，夏则休乎山樊。有过而问者，曰：'此予宅也。'夫夷节已不能，而况我乎！吾又不若夷节。夫夷节之为人也，无德而有知，不自许，以之神其交，固颠冥乎富贵之地。非相助以德，相助消也。夫冻者假衣于春，暍者反冬乎冷风。夫楚王之为人也，形尊而严。其于罪也，无赦如虎。非夫佞人正德，其孰能挠[①]焉。故圣人，其穷也，使家人忘其贫；其达也，使王公忘爵禄而化卑；其于物也，与之为娱矣；其于人也，乐物之通而保己焉。故或不言而饮人以和，与人并立而使人化父子之宜。彼其乎，归居，而一闲其所施。其于人心者，若是其远也。故曰待公阅休。"

圣人达绸缪，周尽一体矣，而不知其然，性也。复命摇作而以天为师，人则从而命之也。忧乎知，而所行恒无几，时其有止也，若之何！生而美者，人与之鉴，不告则不知其美于人也。若知之，若不知之，若闻之，若不闻之，其可喜也终无已，人之好之亦无已，性也。圣人之爱人也，人与之名，不告则不知其爱人也。若知之，若不知之，若闻之，若不闻之，其爱人也终无已，人之安之亦无已，性也。旧国旧都[②]，望之畅然。虽使丘陵草木之缗，入之者十九，犹之畅然，况见见闻闻者也，以十仞之台县众闲者也！冉相氏得其环中，以

① 挠：按上下文意，意谓"挠君"，就是使楚王屈服之意。

② 旧国旧都：借故乡、故人比喻自然本性。

随成，与物无终无始，无几无时。日与物化者，一不化者也。阖尝舍之！夫师天而不得师天，与物皆殉。其以为事也，若之何！夫圣人未始有天，未始有人，未始有始，未始有物，与世偕行而不替，所行之备而不洫[①]，其合之也，若之何！汤得其司御门尹，登恒为之傅之。从师而不囿，得其随成。为之司其名，之名赢法[②]得其两见。仲尼之尽虑，为之傅之。容成氏曰："除日无岁，无外无内。"

积极进取，在我们俗人看来，乃是美德懿行的一个手段。然在庄子看来，所谓的积极进取与干进妄求并没有什么区别，因为二者都是因为欲望太甚的缘故。而欲望是人类生病的总根源。这就是为什么庄子不惮其烦地称述在山泽安于渔猎，在田野乐于农桑的因由。隐士与鄙臣的对比、圣人与俗人的对比、天然与人伪的对比，是庄子一贯的"布道"方式，在故事的讲述与人事的对比中，使稍具悟性之人，便可知大道与小知，真是高下立判，相去不可以道里计。

也许我们不一定能够真正明了积极进取和干进妄求之间的区别，但只要我们不闭着眼睛求生活，那么丑恶现实生活必然会使我们猛醒，多少干进妄求是假借积极进取的面目行事的。

魏莹与田侯牟约，田侯牟背之，魏莹怒，将使人刺之。犀首公孙衍闻而耻之，曰："君为万乘之君也，而以匹夫从仇。衍请受甲二十万，为君攻之，虏其人民，系其牛马，使其君内热发于背，然后拔其国。忌也出走，然后抶[③]其背，折其脊。"季子闻而耻之，曰：

① 所行之备而不洫：意谓所行完美周备而不沉溺于物之诱惑。洫：陷入泥淖。
② 赢法：多余的法。赢即"嬴"之借字。
③ 抶：鞭打。

“筑十仞之城，城者既十仞矣，则又坏之，此胥靡之所苦也。今兵不起七年矣，此王之基也。衍，乱人，不可听也。”华子闻而丑之，曰：“善言伐齐者，乱人也；善言勿伐者，亦乱人也；谓‘伐之与不伐乱人也’者，又乱人也。”君曰：“然则若何？”曰：“君求其道而已矣。”惠子闻之，而见戴晋人。戴晋人曰：“有所谓蜗者，君知之乎？”曰：“然。”“有国于蜗之左角者，曰触氏；有国于蜗之右角者，曰蛮氏。时相与争地而战，伏尸数万，逐北旬有五日而后反。”君曰：“噫！其虚言与？”曰：“臣请为君实之。君以意在四方上下有穷乎？”君曰：“无穷。”曰：“知游心于无穷，而反在通达之国，若存若亡乎？”君曰：“然。”曰：“通达之中有魏，于魏中有梁，于梁中有王，王与蛮氏有辩乎？”君曰：“无辩。”客出而君惝然若有亡也。客出，惠子见。君曰：“客，大人也，圣人不足以当之。”惠子曰：“夫吹管也，犹有嗃[①]也；吹剑首者，吷而已矣。尧、舜，人之所誉也。道尧、舜于戴晋人之前，譬犹一吷[②]也。”

庄子之尖刻辛辣，散布于全书之中。而戴晋人鄙国家之争如蜗牛角内发动战争之可笑，实在尖刻辛辣之至，依我愚见，世上没有小世俗的天下如庄子者。世俗的成就所带来的满足莫如拥有一国家，然在庄子看来，实在卑卑不足道。像尧、舜这样为世人所称道的仁君圣主，所取得的功绩，与戴晋人相比，只相当于吹剑鼻时所发出的细小之声而已。

① 嗃：此指洪亮的管乐声。

② 吷：吹剑鼻时所发出的细小声音。

孔子之楚，舍于蚁丘之浆。其邻有夫妻臣妾登极者，子路曰："是稯稯[1]何为者邪？"仲尼曰："是圣人仆也。是自埋于民，自藏于畔。其声销，其志无穷，其口虽言，其心未尝言。方且与世违，而心不屑与之俱。是陆沉者也，是其市南宜僚邪？"子路请往召之。孔子曰："已矣！彼知丘之著于己也，知丘之适楚也，以丘为必使楚王之召己也。彼且以丘为佞人也。夫若然者，其于佞人也，羞闻其言，而况亲见其身乎！而何以为存！"子路往视之，其室虚矣。

长梧封人问子牢曰："君为政焉勿卤莽，治民焉勿灭裂。昔予为禾，耕而卤莽之，则其实亦卤莽而报予；芸而灭裂之，其实亦灭裂而报予。予来年变齐，深其耕而熟櫌之，其禾蘩以滋，予终年厌飧。"庄子闻之曰："今人之治其形，理其心，多有似封人之所谓：遁其天，离其性，灭其情，亡其神，以众为故。卤莽其性者，欲恶之孽，为性萑苇蒹葭，始萌以扶吾形，寻擢吾性。并溃漏发，不择所出，漂疽疥痈[2]，内热溲膏是也。"

柏矩学于老聃，曰："请之天下游。"老聃曰；"已矣！天下犹是也。"又请之，老聃曰："汝将何始？"曰："始于齐。"至齐，见辜人焉，推而强之，解朝服而幕之，号天而哭之，曰："子乎！子乎！天下有大菑，子独先离之！曰'莫为盗，莫为杀人'。荣辱立，然后睹所病；货财聚，然后睹所争。今立人之所病，聚人之所争，穷困人之身，使无休时。欲无至此得乎？古之君人者，以得为在民，以失为在己；以正为在民，以枉为在己。故一形有失其形者，退而自责。今则不然，匿为物而愚不识，大为难而罪不敢，重为任而罚不胜，远其涂而诛不至。

① 稯稯：纷纷登屋的样子。

② 漂疽疥痈：大疮小疮。漂疽：巨疮；疥痈：小疮。

民知力竭，则以伪继之。日出多伪，士民安取不伪。夫力不足则伪，知不足则欺，财不足则盗。盗窃之行，于谁责而可乎？”

孔子在《庄子》一书作为“反面教材”出现的次数甚多，即便是最光辉的经历，也是明扬暗讽。这次让他演出对大隐隐于市者的悟道之辞。每次孔子都不笨，比他更笨的是子路，但孔子只是言辞上认得清道，而在实际行动中根本无法做到。这说明孔子虽然知道“道”，只不过是以智求道罢了，离道甚远。对孔子来说，道对于他是一道永生永世的难题，至少在《庄子》一书中，他只有如此的命运。

柏矩不算得道的高人，但他抨击人伪作假，“民知力竭，则以伪继之”，至今仍是至理之言。

蘧伯玉行年六十而六十化，未尝不始于是之，而卒诎之以非也。未知今之所谓是之非五十九非也。万物有乎生而莫见其根，有乎出而莫见其门。人皆尊其知之所知，而不知恃其知之所不知而后知，可不谓大疑乎！已乎！已乎！且无所逃。此所谓然与，然乎？

仲尼问于太史大弢、伯常骞、豨韦曰：“夫卫灵公饮酒湛乐，不听国家之政；田猎毕弋，不应诸侯之际：其所以为灵公者何邪？”大弢曰：“是因是也。”伯常骞曰：“夫灵公有妻三人，同滥而浴。史鳝奉御而进所，搏币而扶翼[①]。其慢若彼之甚也，见贤人若此其肃也，是其所以为灵公也。”豨韦曰：“夫灵公也，死，卜葬于故墓，不吉；卜葬于沙邱而吉。掘之数仞，得石椁焉，洗而视之，有铭焉，

① 搏币而扶翼：指灵公派人接过史鱼所捧的衣物，并恭敬地扶着他行走。搏：持；扶翼：使人扶持辅助而行。

曰：‘不冯其子，灵公夺而里之。’夫灵公之为灵也久矣！之二人何足以识之。”

卫灵公谥号中的“灵”到底灵在哪里？以常理揣度者振振有辞，炫耀知识者甚至会从古礼或者《谥法》之类的文献中，寻找答案。但庄子用其惯用的解说方法，来说卫灵公之灵“灵”在天然。尽管他用灵在“天然”的论证不足以服人，但蘧伯玉之变与不变，却给人以非常之印象。不变的是道，但人为了求道，觉今是而昨非，觉今非而明是，都是再自然不过的事。变是常理，不变是大道。

今是而昨非，在现实生活和学问研究中，我记得最深的还是梁启超所提倡的：不惮以今日之我，挑战昨日之我。

少知问于太公调曰：“何谓丘里之言？”太公调曰：“丘里者，合十姓百名而以为风俗也，合异以为同，散同以为异。今指马之百体而不得马，而马系于前者，立其百体而谓之马也。是故丘山积卑而为高，江河合水而为大，大人合并而为公。是以自外入者，有主而不执；由中出者，有正而不距。四时殊气，天不赐故岁成；五官殊职，君不私故国治；文武大人不赐，故德备；万物殊理，道不私，故无名。无名故无为，无为而无不为。时有终始，世有变化，祸福淳淳，至有所拂者而有所宜，自殉殊面；有所正者有所差，比于大泽，百材皆度；观于大山，木石同坛。此之谓丘里之言。”少知曰：“然则谓之道足乎？”太公调曰：“不然，今计物之数，不止于万，而期曰万物者，以数之多者号而读之也。是故天地者，形之大者也；阴阳者，气之大者也；道者为之公。因其大以号而读之则可也，已有之矣，乃将得比哉！则若以斯辩，譬犹狗马，其不及远矣！”少知曰：“四方之内，六合之里，万物之所生恶起？”太公调曰：“阴阳相照相盖相治，四时相代相生相杀。欲恶去就，于是桥起。雌雄片合，于是庸有。安危相易，祸福相生，缓急相摩，聚散以成。此名实之可纪，精之可志也。随序之相理，桥运之相使，穷则反，终则始，此物之所有。言之所尽，知之所至，极物而已。睹道之人，不随其所废，不原其所起，此议之所止。”少知曰：“季真之莫为，接子之或使。二家之议，孰正于其情，孰偏于其理？”太公调曰：“鸡鸣狗吠，是人之所知。虽有大知，不能以言读其所自化，又不能以意其所将为。斯而析之，精至于无伦，大至于不可围。或之使，莫之为，未免于物而终以为过。或使则实，莫为则虚。有名有实，是物之居；无名无实，在物之虚。可言可意，言而愈疏。未生不可忌，已死不可徂。死生非远也，理不可睹。或之使，莫之为，疑为所假。吾观之本，其往无穷；吾求之末，其来无止。无穷无止，言之无也，与物同理。或使莫为，言之本也，与物终始。道不可有，有不可无。道之为名，所假而行。或使莫为，在物一曲，夫胡为于大方！言而足，则终日言而尽道；言而不足，则终日言而尽物。道物之极，言默不足以载。非言非默，议其有极。”

大道的深奥，在于不能言而又不得不言，这样的悖论，更加重了道的玄虚。不能言而又不得不言，所以言道之言，不能坐实，不能拘拘形迹是必然的。不能拘拘形迹的言论，自然玄妙万端。玄妙万端，终至于不可解释，即所谓“名可名，非常名”。

少知的问，太公的答，无论浑然一体的“合异以为同”，还是周遍万物的“散同以为异”，都是对公孙龙“离坚白”、惠施“合同异”的一种反动。

道作为周遍万物的自然之理，无疑是高妙不可方物的。正因为如此，庄子不得不常引世俗之鄙俗来反证道之难得。人伪风起，托身岩穴之人实乃志在轩冕之徒，如今每况愈下，愈演愈烈。每每读到此等与现实相关的地方，一方面惊叹于庄子之明世，对荀子说他“蔽于天而不知人”常有不平；再者，这种相似的场面一再于我们的历史和现实中重演，何尝不令人废书三叹，加倍沉痛！

外 物

除道之外，世界上的万事万物变化无常，是没有定准的。这便是《外物》之旨。善不一定有善报，恶不一定有恶报，因为善恶与道相比都是“外物”，没有一定。既然“外物”没有定准，那么追名逐利，荣辱祸福，都只不过是过眼云烟而已。只有守道，才能宠辱不惊，哀乐不入，祸福不及。

从精神上讲，我同意庄子开出的守道之方，因为守道能够使精神不损。但他这守道之方，是否能全身远祸就不见得，这当是形而下的理解。不过，庄子所举之比干戮、箕子狂的例证也是现实生活的例证，不由得使我等作出这样的理解。事实上，比干戮、箕子狂，似乎是与他们忠言直谏有关，但那些蚁民百姓，何尝冒犯过皇家威严，何尝不与世无争而惨遭杀身之祸呢？难道比干、箕子不犯颜直谏，就一定能全身远害吗？我看未必，因为这里面没有必然的逻辑。面对这样的生存威胁、人权被损，用守道来作解方，是不可能有什么效果的。这就是庄子在精神上至高无上之守道，在现实生活中逃不脱作为被动的活命哲学的原因。精神上能够养生，并不代表你在现实中能够养生，这也是庄子哲学一贯成为失意文人、官员所则效的因由。制度不能够保证你精神之自由、思想之独立、人身之不受侵犯，就只好去找庄子的东西来安慰自己，聊胜于无。可叹的是，很多人竟然都把它当做在专制制度下苟活的唯一招数了，自我得意，进而麻醉而不自觉。

外物不可必，故龙逢诛，比干戮，箕子狂，恶来死，桀、纣亡。人主莫不欲其臣之忠，而忠未必信，故伍员流于江，苌弘死于蜀，藏其血，三年而化为碧。人亲莫不欲其子之孝，而孝未必爱，故孝已忧而曾参悲。木与木相摩则然，金与火相守则流，阴阳错行，则天地大絯[①]，于是乎有雷有霆，水中有火，乃焚大槐。有甚忧两陷而无所逃，螴蜳不得成[②]，心若县于天地之间，慰暋沈屯[③]，利害相摩，生火甚多，众人焚和，月固不胜火，于是乎有僓然[④]而道尽。

庄周家贫，故往贷粟于监河侯。监河侯曰："诺。我将得邑金，将贷子三百金，可乎？"庄周忿然作色曰："周昨来，有中道而呼者，周顾视车辙，中有鲋鱼焉。周问之曰：'鲋鱼来，子何为者耶？'对曰：'我，东海之波臣也。君岂有斗升之水而活我哉？'周曰：'诺。我且南游吴越之王，激西江之水而迎子，可乎？'鲋鱼忿然作色曰：'吾失我常与，我无所处。吾得斗升之水然活耳，君乃言此，曾不如早索我于枯鱼之肆。'"

庄子的学说，一般说来，能够在言论或者精神的范围内自圆其说，而且想像奇诡怪异，冠绝千古，这也是庄子的学说千百年来引人

① 大絯：大受惊动。絯：同"骇"，《说文》云："骇，惊也。"
② 螴蜳不得成：惊恐得以至情绪不稳定。
③ 慰暋沈屯：陷入郁闷之中。慰暋：郁闷；沈屯：陷溺。
④ 僓然：崩坏。僓：同"颓"。

重视的根由。如果我们把庄子所说的道，比喻成一个完全以人为本的民主自由社会，那么我们就会理解庄子的激愤。因为没有一个良好的制度，正直、贤孝都是没有用的，因为正直与不正直，贤孝与恶行，哪个更能取得效用，是没有定准的。换言之，没有大道，善恶都是靠不住的，天下所有“外物”都是没有定准的。他批评儒家行一时之善而种行千年的恶，就是说，没有良好的制度做保证，道德和仁义越发达，越是会变成假仁假义的温床，这在中国是个不折不扣的现实。

任公子为大钩巨缁，五十犗[1]以为饵，蹲乎会稽，投竿东海，旦旦而钓，期年不得鱼。已而大鱼食之，牵巨钩錎没而下，惊扬而奋鬐，白波若山，海水震荡，声侔鬼神，惮赫千里。任公子得若鱼，离而腊之，自淛河以东，苍梧已北，莫不厌若鱼者。已而后世辁才讽说之徒，皆惊而相告也。夫揭竿累，趣灌渎，守鲵鲋，其于得大鱼难矣！饰小说以干县令，其于大达亦远矣。是以未尝闻任氏之风俗，其不可与经于世亦远矣！

儒以《诗》《礼》发冢，大儒胪传曰：“东方作矣，事之何若？”小儒曰：“未解裙襦，口中有珠。《诗》固有之曰：‘青青之麦，生于陵陂。生不布施，死何含珠为？’接其鬓，压其顪，而以金椎控其颐，徐别其颊，无伤口中珠。”

老莱子之弟子出薪，遇仲尼，反以告，曰：“有人于彼，修上而趋下，末偻而后耳，视若营四海，不知其谁氏之子。”老莱子曰：“是丘也。召而来。”仲尼至。曰：“丘，去汝躬矜与汝容知，斯为君子矣。”仲尼揖而退，蹙然改容而问曰：“业可得进乎？”老莱子

① 犗：犍牛，意即被阉割过的牛，特别肥壮。

曰："夫不忍一世之伤，而骜万世之患。抑固窭邪？亡其略弗及邪？惠以欢为骜，终身之丑，中民之行进焉耳！相引以名，相结以隐。与其誉尧而非桀，不如两忘而闭其所誉。反无非伤也，动无非邪也，圣人踌躇以兴事，以每成功，奈何哉，其载焉终矜尔！"

儒家作为庄子批评的靶子，在《庄子》一书中出现过很多次，但没有一则如"儒以《诗》《礼》发冢"如此恶毒，但又极富趣味，令人喷饭。儒家之虚假伪善面目，经此一剥，暴露无遗。"儒以《诗》《礼》发冢"的事，变换各种面目，至今仍屡见不鲜。

任公子不钓而钓，如同伯昏无人的不射而射，正如老莱子教导孔子的，要无为而无不为，否则毁誉纷起，是非乱生，徒生妄人，妄进干求。其实庄子与儒家的区别，在于儒家太讲究进取，好比积极自由强力施诸他人，就会生出以自由的名义行专制之暴政，法国大革命何尝不如是。而庄子之无为，好比消极自由——我有不做什么的自由，不能用进取之名目施诸我等。但从现实来讲，积极自由与消极自由互为掎角，彼此互存，那么庄子在强调我有不做什么亦即无为的同时，似乎也在用无为来强为世界所接受，这似乎又进入一种无可逃避的悖论之中。当然庄子很聪明，他要求你得意忘言。你把他所说之意得了，就不要争辩了。因为他言说是没有办法，当然你如果高明，就不能据此再来进行言辞纠缠。庄子很巧妙地将争辩者的口给堵住了。

宋元君夜半而梦人被发窥阿门，曰："予自宰路之渊，予为清江使河伯之所，渔者余且得予。"元君觉，使人占之，曰："此神龟也。君曰："渔者有余且乎？"左右曰："有。"君曰："令余且会朝。”明日，余且朝。君曰：“渔何得？”对曰：“且之网得白龟焉，其圆五尺。”君曰：“献若之龟。”龟至，君再欲杀之，再欲活之。心疑，卜之。曰：“杀龟以卜吉。”乃刳龟，七十二钻而无遗筴[①]。仲尼曰：“神龟能见梦于元君，不能避余且之网；知能七十二钻而无遗筴，而不能避刳肠之患。如是则知有所困，神有所不及也。虽有至知，万人谋之。鱼不畏网而畏其鹈鹕。去小知而大知明，去善而自善矣。婴儿生，无硕师而能言，与能言者处也。”

惠子谓庄子曰：“子言无用。”庄子曰：“知无用而始可与言用矣。夫地非不广且大也，人之所用容足耳，然则厕足而垫之致黄泉，人尚有用乎？”惠子曰：“无用。”庄子曰：“然则无用之为用也亦明矣。”

庄子曰：“人有能游，且得不游乎！人而不能游，且得游乎！夫流遁之志，决绝之行，噫，其非至知厚德之任与！覆坠而不反，火驰而不顾。虽相与为君臣，时也。易世而无以相贱。故曰至人不留行焉。夫尊古而卑今，学者之流也。且以狶韦氏之流观今之世，夫孰不能波？唯至人乃能游于世而不僻，顺人而不失己。彼教不学，承意不彼。

目彻为明，耳彻为聪，鼻彻为颤，口彻为甘，心彻为知，知彻为德。凡道不欲壅，壅则哽，哽而不止则跈[②]，跈则众害生。物之有知者恃息。其不殷，非天之罪。天之穿之，日夜无降，人则顾塞其窦。胞有重阆，心有天游。室无空虚，则妇姑勃谿；心无天游，则六凿相攘。大林丘山之善于人也，亦神者不胜。

---

① 七十二钻而无遗筴：占卜七十二次，没有不灵验的。筴：同“策”，指卜筮所用的蓍草。

② 跈：乖戾。

德溢乎名，名溢乎暴，谋稽乎诋[①]，知出乎争，柴生乎守，官事果乎众宜。春雨日时，草木怒生，铫鎒[②]于是乎始修，草木之到植者过半，而不知其然。

静默可以补病，眦𡟮[③]可以休老，宁可以止遽。若是劳者之务也，非佚者之所，未尝过而问焉；圣人之所以駴[④]天下，神人未尝过而问焉；贤人所以駴世，圣人未尝过而问焉；君子所以駴国，贤人未尝过而问焉；小人所以合时，君子未尝过而问焉。

演门有亲死者，以善毁爵为官师，其党人毁而死者半。尧与许由天下，许由逃之；汤与务光，务光怒之；纪他闻之，帅弟子而踆于窾水，诸侯吊之。三年，申徒狄因以踣河。筌者所以在鱼，得鱼而忘筌；蹄者所以在兔，得兔而忘蹄；言者所以在意，得意而忘言。吾安得夫忘言之人而与之言哉！”

以智保身固然不可，如灵龟之灵，灵在招杀身之害而不自知，如此讽刺，堪称入骨。但以天然或者没有被污染的愚来保身就一定能够成功吗？庄子没有举过这方面的反例。因为许多想独自建立自己言说体系的人，对于不利于自己的言说或例证，有一种潜意识的避讳倾向，庄子也不例外。庄子以不材为材，以不用为用，无为而无不为。但他也深知，有时候无用就是无用，而不是无用之有大用；无为就是真的无为，而不是有大为，如他所举之不会叫的家鹅。当然，你又说，庄子本身叫我们泯灭无用有用之别，谴是非，但他的言说本身无

① 诋：急迫，紧急。

② 铫鎒：铫：大锄；鎒：锄草工具。

③ 𡟮：按摩。

④ 駴：扰百姓之视听。

必须要有一个参照物才能够言说，有一个是才能去言非，有言才能够有那个意。这就是他也无法逃脱的悖论。如果你接着说，你要知道意就是了，何必在意那个言。但如果自古无言，我又怎么知道你庄子的意？我又怎么知道庄子的意与他人的区别，以及这种永远没有说出来的意，到底是什么意？

得意忘言，很多人解释为以最初的纠缠，达成最终的超越。恐怕庄子与人类的困境在于，这种不得不说之言，这种最初的纠缠，会是一种永久的纠缠。我们所得的意是永远难摆脱言之意，即超越是一种无法摆脱纠缠的超越。

庄子以反智而言说出的智慧，令人绝倒，给人带来思维的乐趣。尽管他用悟性思维来反知性思维。其行文遣词之精妙、想象力之奇诡，古今独步。观其所批儒家仁伪，一篇发冢奇文，至今仍有燃犀照怪之妙；贷河监侯粟，令人笑泪交集；与惠子论无用与有用，叹其以具体论抽象——其中固然有偷换概念之病——步步为营，置论敌于死角而投降；论鱼筌兔蹄之关系，亦是天下绝大的哲学难题。

寓 言

《庄子》一书之玄妙难懂，举世闻名。大概庄子也深感其说太过高超，不忍心过于折磨读者，于是忍不住在书中偶尔透露出一点他写作此书的消息。一是《寓言》篇，二是《天下》篇，都有剖白。

以寓言、重言、卮言的三种形式来对自己的言论进行概括，仿佛是本书之序言及相应体例。我们后人习惯了序言体例置于篇首的习惯。故对这样的方式，颇为疑惑。其实也不难解释。首先，确如王夫之《庄子解・寓言篇》中题解所言：“古人文字，序例即列篇中，汉人犹然，至唐乃成书外别为一序于卷首，失详说乃反约之精意”；复次，品庄子本意，无论是寓言还是重言，都是卮言，亦即支离破碎的天然之言，并非有意为之的系统理论。即便是内、外篇的言论稍相连贯也并不是丝丝入扣到天衣无缝，从而具有谨严的逻辑，而杂篇之杂正合卮言之意，所以《寓言》既有体例性质的言论冠其篇首，复有其他故事和言论置于篇后，真是再自然不过的事了。

寓言十九，重言十七，卮言日出，和以天倪。寓言十九，藉外论之。亲父不为其子媒。亲父誉之，不若非其父者也。非吾罪也，人之罪也。与己同则应，不与己同则反。同于己为是之，异于己为非之。重言十七，所以已言也。是为耆艾[①]，年先矣，而无经纬本末以期来者，是非先也。人而无以先人，无人道也。人而无人道，是人谓陈人。卮言日出，和以天倪，因以曼衍，所以穷年。不言则齐，齐与言不齐，言与齐不齐也，故曰："言无言。"言无言，终身言，未尝言；终身不言，未尝不言。有自也而可，有自也而不可；有自也而然，有自也而不然。恶乎然？然于然，恶乎不然？不然于不然。恶乎可？可于可；恶乎不可？不可于不可。物固有所然，物固有所可。无物不然，无物不可。非卮言日出，和以天倪，孰得其久！万物皆种也，以不同形相禅，始卒若环，莫得其伦，是谓天均。天均者，天倪也。

庄子借用寓言、重言、卮言来谈论自己所主张的道，可谓无拘无束，既可近及己身，亦能言到邈不可追，随意翻飞，上下纵横，使得庄子的想象和语言达到一种来者不可追的绝佳境地。

庄子谓惠子曰："孔子行年六十而六十化。始时所是，卒而非之。未知今之所谓是之非五十九非也。"惠子曰："孔子勤志服知也。"庄子曰："孔子谢之矣，而其未之尝言。孔子云：夫受才乎大本，复灵以生。鸣而当律，言而当法。利义陈乎前，而好恶是非直服人之口而已矣。使人乃以心服而不敢蘁[②]立，定天下之定。已乎，已乎！吾且不得及彼乎！"

---

① 耆艾：意为老年人。五十岁为艾，六十岁为耆。

② 蘁：违逆。

曾子再仕而心再化，曰："吾及亲仕，三釜而心乐；后仕，三千钟而不洎，吾心悲。"弟子问于仲尼曰："若参者，可谓无所县其罪乎？"曰："既已县矣！夫无所县者，可以有哀乎？彼视三釜、三千钟，如观雀蚊虻相过乎前也。"

颜成子游谓东郭子綦曰："自吾闻子之言，一年而野，二年而从，三年而通，四年而物，五年而来，六年而鬼入，七年而天成，八年而不知死、不知生，九年而大妙。生有为，死也。劝公以其死也，有自也，而生阳也，无自也。而果然乎？恶乎其所适？恶乎其所不适？天有历数，地有人据，吾恶乎求之？莫知其所终，若之何其无命也？莫知其所始，若之何其有命也？有以相应也，若之何其无鬼邪？无以相应也，若之何其有鬼邪？"

众罔两问于景曰："若向也俯而今也仰，向也括而今也被发，向也坐而今也起，向也行而今也止，何也？"景曰："叟叟[1]也，奚稍问也！予有而不知其所以。予，蜩甲也，蛇蜕也，似之而非也。火与日，吾屯也；阴与夜，吾代也。彼，吾所以有待邪，而况乎以无有待者乎！彼来则我与之来，彼往则我与之往，彼强阳则我与之强阳。强阳者，又何以有问乎！"

阳子居南之沛，老聃西游于秦。邀于郊，至于梁而遇老子。老子中道仰天而叹曰："始以汝为可教，今不可也。"阳子居不答。至舍，进盥漱巾栉，脱屦户外，膝行而前，曰："向者弟子欲请夫子，夫子行不闲，是以不敢；今闲矣，请问其故。"老子曰："而睢睢盱盱，而谁与居！大白若辱，盛德若不足。"阳子居蹴然变容曰："敬闻命矣！"其往也，舍者将迎，其家公执席，妻执巾栉，舍者避席，

① 叟叟：区区小事之意。

炀者避灶。其反也，舍者与之争席矣！

放弃智求，汇入天然，去骄矜之心，无所待而得真自由，就是这些段落的旨意。除了众罔两与影的对话颇具想象力和哲理外，上述议论均显平庸。

庄子仿佛清楚我们这些后人会对他言与不言的矛盾作些纠缠，不仅在《外物》篇中用鱼筌兔蹄之喻来提醒我们，而且在本篇又提出“言无言”的概念。“言无言”是对言的超越，因为在庄子看来，“言无言”是不带主观成见的话，因此哪怕是终身都在言说，也好像没有说话一样。但谁能判定你所说的话是“言无言”呢？是大道还是哪个具体的人？如果是大道，那么大道无言，你怎么知道大道判定你的话是“言无言”呢？如果是具体的个人，我们又怎能相信他所说的话不带主观成见呢？何况他判断的言论本身就不可避免地带有人为成分。

总之，言不是天然，言是人言，而人是社会的群体动物。庄子的苦心终不能解决对言的超越问题。对此问题，就连现今以解决语言难题为己任的分析哲学也不能幸免，哲学大师维特根斯坦在《逻辑哲学导论》一书中也只好投降：对于我们言说不清的问题，我们应该保持缄默。

让 王

《让王》一篇，好玩又可疑。好玩的是，一群“怕当领袖怕当官”(流沙河)的怪人，齐聚于此。他们说出的话，完全是反常人的爱好，逆着常人的思维。而且一群人视政权为儿戏，传来传去而不受，真是对政权这个能带来无限利益的庞然大物的极度蔑视和讽刺。这在我们这个重官重利益的国度，实在是难得的反调。但正因如此，这种反调以人情之常和现实利益来衡度，是大大可疑的。以考信史实著称的史学家崔述自然怀疑视国之重器为儿戏的事；以古史辨大得声名，并且称“禹是一条虫”的顾颉刚自然也怀疑这些传来传去的禅让。就连明清易鼎之际的文士李渔对此也不无发现：“天下，重器也；让天下，大事也。……倘如《外纪》所载，则当日天下竟不值一文钱，逢人即让，较小儿之视馅饼犹不若焉……甚矣，载籍之不足凭……此皆岩栖穴处者流欲自矜其高尚，故构此空中楼阁以耸听闻耳。后世稗官野史皆效立此言，以为让天下之大事犹可设幻，则凡小于此者，何一不可设幻乎？人谓世风日下，以此观之，则当日之世风正未必上于今日也。”(《论尧让天下于许由，汤让天下于卞随、务光》)

当然，你可以说李渔将政权、天下看得太重的看法，无疑是庄子所批评的儒家世俗之看法。不过，我是注重人理常情的人，以现实眼光衡度，李渔的看法无疑更有道理。不过，对庄子的创作来讲，幻设当然是他的权利。上古典籍，对此事或多或少都有记载，说明庄子并不是完全的自创，而是袭用了上古典籍中的一些记载。而这些典籍的竞相沿袭，各人所要说明的道理并不相同，庄子之说便是其中最出人意料的一种。庄子既然讲道，必然在心灵上重生(当然也不排除在身体上重生，这一点老子比庄子要突出得多)，这也是《养生主》诸篇所透露出的信息。

不过，《庄子》一书似乎前后是矛盾的，《大宗师》《骈拇》《外物》诸篇中均视务光、伯夷、叔齐之辈为残生伤性之徒，是庄子不遗余力鞭笞的对象。而在本篇中务光之辈又成赞颂之对象。其实这种矛盾是完全可以理解的。一个人的观点在一生中有多少变化，是常理中的事，这就是庄子所赞赏的孔子、蘧伯玉“行年六十而六十化”的境界。再者，庄子写书绝非太有系统的理论考虑，所谓“卮言日出”，就是注重天然的感悟，一片天机，因以漫衍，自然不可避免地有矛盾之处。

尧以天下让许由，许由不受。又让于子州支父，子州支父曰：“以我为天子，犹之可也。虽然，我适有幽忧之病，方且治之，未暇治天下也。”夫天下至重也，而不以害其生，又况他物乎！唯无以天下为者可以托天下也。舜让天下于子州支伯，子州支伯曰：“予适有幽忧之病，方且治之，未暇治天下也。”故天下大器也，而不以易生。此有道者之所以异乎俗者也。舜以天下让善卷，善卷曰：“余立于宇宙之中，冬日衣皮毛，夏日衣葛絺[1]。春耕种，形足以劳动；秋

① 葛絺：葛，指纤维织成的布；絺，则指精细的葛布。

收敛，身足以休食。日出而作，日入而息，逍遥于天地之间而心意自得。吾何以天下为哉！悲夫，子之不知余也。”遂不受。于是去而入深山，莫知其处。舜以天下让其友石户之农。石户之农曰：“捲捲乎后之为人，葆力之士也。”以舜之德为未至也。于是夫负妻戴，携子以入于海，终身不反也。

大王亶父居邠，狄人攻之。事之以皮帛而不受，事之以犬马而不受，事之以珠玉而不受，狄人之所求者土地也。大王亶父曰：“与人之兄居而杀其弟，与人之父居而杀其子，吾不忍也。子皆勉居矣！为吾臣与为狄人臣奚以异！且吾闻之，不以所用养害所养。”因杖筴而去之。民相连而从之，遂成国于岐山之下。夫大王亶父，可谓能尊生矣。能尊生者，虽贵富不以养伤身，虽贫贱不以利累形。今世之人居高官尊爵者，皆重失之，见利轻亡其身，岂不惑哉！

越人三世弑其君，王子搜患之，逃乎丹穴。而越国无君，求王子搜不得，从之丹穴。王子搜不肯出，越人熏之以艾。乘以王舆。王子搜援绥登车，仰天而呼曰：“君乎，君乎，独不可以舍我乎！”王子搜非恶为君也，恶为君之患也。若王子搜者，可谓不以国伤生矣！此固越人之所欲得为君也。

韩魏相与争侵地。子华子见昭僖侯，昭僖侯有忧色。子华子曰：“今使天下书铭于君之前，书之言曰：‘左手攫之则右手废，右手攫之则左手废。然而攫之者必有天下。’君能攫之乎？”昭僖侯曰：“寡人不攫也。”子华子曰：“甚善！自是观之，两臂重于天下也，身又重于两臂。韩之轻于天下亦远矣，今之所争者，其轻于韩又远。君固愁身伤生以忧戚之不得也！”僖侯曰：“善哉！教寡人者众矣，未尝得闻此言也。”子华子可谓知轻重矣！

鲁君闻颜阖得道之人也，使人以币先焉。颜阖守陋闾，苴布之衣，而自饭牛。鲁君之使者至，颜阖自对之。使者曰：“此颜阖之家与？”颜阖对曰：“此阖之家也。”使者致币，颜阖对曰：“恐听谬而遗使者罪，不若审之。”使者还，反审之，复来求之，则不得已！故颜阖者，真恶富贵也。

故曰：道之真以治身，其绪馀以为国家，其土苴[①]以治天下。由此观之，帝王之功，圣人之馀事也，非所以完身养生也。今世俗之君子，多危身弃生以殉物，岂不悲哉！凡圣人之动作也，必察其所以之与其所以为。今且有人于此，以随侯之珠，弹千仞之雀，世必笑之。是何也？则其所用者重而所要者轻也。夫生者，岂特随侯珠之重哉！

危害生命的安全，扰乱灵魂的宁静，无论是江山社稷还是功名利禄，都是可以舍弃的。没有什么比生命的元气淋漓、灵魂的自由安宁更重要的了。因为灵魂的安宁，是得道的前提或者说根本。大道即掩藏在有安宁灵魂的生命之中。

土地是养人的，正所谓“地之所养，养物也；物之所养，养民也”(陈碧虚《庄子·让王》)，不能因为争夺土地而使人遭受战争的屠戮。这种“尊生”思想饱含着以人为本的思想根苗，和后来孟子的“民为贵，君为轻，社稷次之”的思想，有不谋而合之处，尽管他们的侧重点有所不同。道是最重要的，治理天下用悟道所剩下的边角余料即可绰绰有余。

子列子穷，容貌有饥色。客有言之于郑子阳者，曰：“列御寇，盖有道之士也，居君之国而穷，君无乃为不好士乎？”郑子阳即令官

① 土苴：此处意指为糟粕。

遗之粟。子列子见使者，再拜而辞。使者去，子列子入，其妻望之而拊心曰："妾闻为有道者之妻子，皆得佚乐。今有饥色，君过而遗先生食，先生不受，岂不命邪！"子列子笑谓之曰："君非自知我也，以人之言而遗我粟；至其罪我也，又且以人之言，此吾所以不受也。"其卒，民果作难而杀子阳。

楚昭王失国，屠羊说走而从于昭王。昭王反国，将赏从者，及屠羊说。屠羊说曰："大王失国，说失屠羊。大王反国，说亦反屠羊。臣之爵禄已复矣，又何赏之有哉！"王曰："强之！"屠羊说曰："大王失国，非臣之罪，故不敢伏其诛；大王反国，非臣之功，故不敢当其赏。"王曰："见之！"屠羊说曰："楚国之法，必有重赏大功而后得见。今臣之知不足以存国，而勇不足以死寇。吴军入郢，说畏难而避寇，非故随大王也。今大王欲废法毁约而见说，此非臣之所以闻于天下也。"王谓司马子綦曰："屠羊说居处卑贱而陈义甚高，子綦为我延之以三旌之位。"屠羊说曰："夫三旌之位，吾知其贵于屠羊之肆也；万钟之禄，吾知其富于屠羊之利也。然岂可以贪爵禄而使吾君有妄施之名乎？说不敢当，愿复反吾屠羊之肆。"遂不受也。

原宪居鲁，环堵之室，茨以生草，蓬户不完，桑以为枢而瓮牖二室，褐以为塞，上漏下湿，匡坐而弦歌。子贡乘大马，中绀而表素[①]，轩车不容巷，往见原宪。原宪华冠縰履[②]，杖藜而应门。子贡曰："嘻！先生何病？"原宪应之曰："宪闻之，无财谓之贫，学道而不能行谓之病。今宪，贫也，非病也。"子贡逡巡而有愧色。原宪笑曰："夫希世而行，比周而友，学以为人，教以为己，仁义之慝，舆马之饰，

① 中绀而表素：意指里衣青红，外衣素白。绀指深青赤色，素为白色。

② 縰履：没有后跟的鞋。

宪不忍为也。”

曾子居卫，缊袍无表，颜色肿哙[①]，手足胼胝，三日不举火，十年不制衣。正冠而缨绝，捉衿而肘见，纳屦而踵决。曳縰[②]而歌《商颂》，声满天地，若出金石。天子不得臣，诸侯不得友。故养志者忘形，养形者忘利，致道者忘心矣。

孔子谓颜回曰：“回，来！家贫居卑，胡不仕乎？”颜回对曰：“不愿仕。回有郭外之田五十亩，足以给饦粥[③]；郭内之田十亩，足以为丝麻；鼓琴足以自娱；所学夫子之道者足以自乐也。回不愿仕。”孔子愀然变容，曰：“善哉回之意！丘闻之：‘知足者不以利自累也；审自得者失之而不惧；行修于内者无位而不怍。’丘诵之久矣，今于回而后见之，是丘之得也。”

中山公子牟谓瞻子曰：“身在江海之上，心居乎魏阙之下，奈何？”瞻子曰：“重生。重生则轻利。”中山公子牟曰：“虽知之，未能自胜也。”瞻子曰：“不能自胜则从，神无恶乎！不能自胜而强不从者，此之谓重伤。重伤之人，无寿类矣。”魏牟，万乘之公子也，其隐岩穴也，难为于布衣之士，虽未至乎道，可谓有其意矣！

孔子穷于陈蔡之间，七日不火食，藜羹不糁，颜色甚惫，而犹弦歌于室。颜回择菜于外，子路、子贡相与言曰：“夫子再逐于鲁，削迹于卫，伐树于宋，穷于商周，围于陈蔡。杀夫子者无罪，藉夫子者无禁。弦歌鼓琴，未尝绝音，君子之无耻也若此乎？”颜回无以应，入告孔子。孔子推琴喟然而叹曰：“由与赐，细人也。召而来，吾语之。”子路、子贡入。子路曰：“如此者可谓穷矣！”孔子曰：“是何言也！君

① 肿哙：虚浮浮肿之意。

② 曳縰：穿着破败的鞋子。

③ 饦粥：稠粥。

子通于道之谓通，穷于道之谓穷。今丘抱仁义之道以遭乱世之患，其何穷之为？故内省而不疚于道，临难而不失其德。大寒既至，霜雪既降，吾是以知松柏之茂也。陈蔡之隘，于丘其幸乎。”孔子削然反琴而弦歌，子路扢然[1]执干而舞。子贡曰：“吾不知天之高也，地之下也。”古之得道者，穷亦乐，通亦乐。所乐非穷通也，道得于此，则穷通为寒暑风雨之序矣。故许由娱于颍阳，而共伯得乎丘首。

舜以天下让其友北人无择，北人无择曰：“异哉后之为人也，居于畎亩之中而游尧之门！不若是而已，又欲以其辱行漫我。吾羞见之。”而自投清泠之渊。

汤将伐桀，因卞随而谋，卞随曰：“非吾事也。”汤曰：“孰可？”曰：“吾不知也。”汤又因务光而谋，务光曰：“非吾事也。”汤曰：“孰可？”曰：“吾不知也。”汤曰：“伊尹如何？”曰：“强力忍垢，吾不知其他也。”汤遂与伊尹谋伐桀，剋之，以让卞随。卞随辞曰：“后之伐桀也谋乎我，必以我为贼也；胜桀而让我，必以我为贪也。吾生乎乱世，而无道之人再来漫我以其辱行，吾不忍数闻也。”乃自投椆水而死。汤又让务光，曰：“知者谋之，武者遂之，仁者居之，古之道也。吾子胡不立乎？”务光辞曰：“废上，非义也；杀民，非仁也；人犯其难，我享其利，非廉也。吾闻之曰：‘非其义者，不受其禄；无道之世，不践其土。’况尊我乎！吾不忍久见也。”乃负石而自沉于庐水。

昔周之兴，有士二人处于孤竹，曰伯夷、叔齐。二人相谓曰：“吾闻西方有人，似有道者，试往观焉。”至于岐阳，武王闻之，使叔旦往见之，与之盟曰：“加富二等，就官一列。”血牲而埋之。二

---

① 扢然：奋力起舞的样子。

人相视而笑，曰："嘻，异哉！此非吾所谓道也。昔者神农之有天下也，时祀尽敬而不祈喜；其于人也，忠信尽治而无求焉。乐与政为政，乐与治为治。不以人之坏自成也，不以人之卑自高也，不以遭时自利也。今周见殷之乱而遽为政，上谋而行货，阻兵而保威，割牲而盟以为信，扬行以说众，杀伐以要利，是推乱以易暴也。吾闻古之士，遭治世不避其任，遇乱世不为苟存。今天下闇，周德衰，其并乎周以涂吾身也，不如避之以絜吾行。"二子北至于首阳之山，遂饿而死焉。若伯夷、叔齐者，其于富贵也，苟可得已，则必不赖，高节戾行，独乐其志，不事于世。此二士之节也。

穷达哀乐、生死悲喜，在得道之士看来，这是人对外物的一种被动反应。有道之人，对世界上任何事情，都能做到无动于衷，更无论穷达哀乐。如原宪之徒固然没有达到这种境界，但他把物质生活的不富裕称之为贫，把不悟道的人和精神贫乏称之为穷，这和庄子面对贫穷的看法是一样的。

《让王》篇与内外篇中诸多与此调相同的篇什相比，境界固然略逊，这是不必为此文饰讳言的。《庄子》对这些高洁之士的赞美，与儒家或者其他学派虽有不同，各有侧重，但对这些不食人间烟火的人之称誉，的确也从客观上助长了某些不良之徒借此获利的企图。正如郭象《庄子·让王》篇末总评中所言："'夷许之弊安在？'曰：'许由之弊，使人饰让以求进，遂至乎之哙也；伯夷之风，使暴虐之君得肆其毒，而莫之敢亢也；伊、吕之弊，使天下贪冒之雄敢行篡逆。"不过，这种判断是以主流社会价值观来作为判断范式的。但《让王》篇所展现的流弊，正如郭象所批评的一样。

盗跖

变换老师与学生的地位，倒置圣人和盗贼的声名，头头是道的孔子遭遇盗跖的教训而喑哑无言，在孔子的游说经历中是少见的。他输得很惨，输给一个啸聚江湖的大盗，实在是难堪的纪录。当然，这必须在庄子的小说笔法中才能实现，庄子想象之杰出，再次得到真切无疑的展现。更重要的是，这类小说家言，使得《盗跖》成为后世传奇小说之肇端。所以有人说《水浒传》得“《盗跖》愤俗之情”(天都外臣《水浒传序》)，“宋江为盗跖之后身”(陈忱《水浒后传》)。

盗跖的一番大论，将孔子推向了一个比他更是强盗的大强盗地位，于是世俗所谓的圣人与盗跖的区别不再。但是爱名与好义、乐富贵及安贫贱，都没有做到真正不把这些对外物的被动感受剔除干净，以至于还有是非之别。庄子一路借三组人物的对话、辩难，畅言其谴是非的观点，正符合庄子谴是非、循自然的一贯思路。

孔子与柳下季为友，柳下季之弟，名曰盗跖。盗跖从卒九千人，横行天下，侵暴诸侯，穴室枢户，驱人牛马，取人妇女，贪得忘亲，不顾父母兄弟，不祭先祖。所过之邑，大国守城，小国入保，万民苦之。孔子谓柳下季曰："夫为人父者，必能诏其子；为人兄者，必能教其弟。若父不能诏其子，兄不能教其弟，则无贵父子兄弟之亲矣。今先生，世之才士也，弟为盗跖，为天下害，而弗能教也，丘窃为先生羞之。丘请为先生往说之。"柳下季曰："先生言为人父者必能诏其子，为人兄者必能教其弟，若子不听父之诏，弟不受兄之教，虽今先生之辩，将奈之何哉？且跖之为人也，心如涌泉，意如飘风，强足以距敌，辩足以饰非。顺其心则喜，逆其心则怒，易辱人以言。先生必无往。"孔子不听，颜回为驭，子贡为右，往见盗跖。盗跖乃方休卒徒太山之阳，脍人肝而餔之[①]。孔子下车而前，见谒者曰："鲁人孔丘，闻将军高义，敬再拜谒者。"谒者入通。盗跖闻之大怒，目如明星，发上指冠，曰："此夫鲁国之巧伪人孔丘非邪？为我告之：尔作言造语，妄称文、武，冠枝木之冠，带死牛之胁，多辞缪说，不耕而食，不织而衣，摇唇鼓舌，擅生是非，以迷天下之主，使天下学士不反其本，妄作孝弟，而侥幸于封侯富贵者也。子之罪大极重，疾走归！不然，我将以子肝益昼餔之膳！"

孔子复通曰："丘得幸于季，愿望履幕下。"谒者复通，盗跖曰："使来前！"孔子趋而进，避席反走，再拜盗跖。盗跖大怒，两展其足，案剑瞋目，声如乳虎，曰："丘来前！若所言，顺吾意则生，逆吾心则死。"

孔子曰："丘闻之，凡天下人有三德：生而长大，美好无双，少长贵贱见而皆说之，此上德也；知维天地，能辩诸物，此中德也；勇悍果敢，聚众率兵，此下德也。凡人有此一德者，足以南面称孤矣。今将军兼此三者，身长八尺二寸，面目有光，唇如激丹，齿如齐贝，

---

① 脍人肝而餔之：将人肝切细吃掉。脍：切细；餔：食。

音中黄钟，而名曰盗跖，丘窃为将军耻不取焉。将军有意听臣，臣请南使吴越，北使齐鲁，东使宋卫，西使晋楚，使为将军造大城数百里，立数十万户之邑，尊将军为诸侯，与天下更始，罢兵休卒，收养昆弟，共祭先祖。此圣人才士之行，而天下之愿也。”

盗跖大怒曰：“丘来前！夫可规以利而可谏以言者，皆愚陋恒民之谓耳。今长大美好，人见而悦之者，此吾父母之遗德也。丘虽不吾誉，吾独不自知邪？且吾闻之，好面誉人者，亦好背而毁之。今丘告我以大城众民，是欲规我以利而恒民畜我也，安可久长也！城之大者，莫大乎天下矣。尧、舜有天下，子孙无置锥之地；汤、武立为天子，而后世绝灭。非以利大故邪？且吾闻之，古者禽兽多而人少，于是民皆巢居以避之。昼拾橡栗，暮栖木上，故命之曰‘有巢氏之民’。古者民不知衣服，夏多积薪，冬则炀之，故命之曰‘知生之民’。神农之世，卧则居居，起则于于。民知其母，不知其父，与麋鹿共处，耕而食，织而衣，无有相害之心。此至德之隆也。然而黄帝不能致德，与蚩尤战于涿鹿之野，流血百里。尧、舜作，立群臣，汤放其主，武王杀纣。自是以后，以强陵弱，以众暴寡。汤、武以来，皆乱人之徒也。今子修文、武之道，掌天下之辩，以教后世。缝衣浅带，矫言伪行，以迷惑天下之主，而欲求富贵焉。盗莫大于子，天下何故不谓子为盗丘，而乃谓我为盗跖？子以甘辞说子路而使从之，使子路去其危冠，解其长剑，而受教于子，天下皆曰‘孔丘能止暴禁非’，其卒之也，子路欲杀卫君而事不成，身菹[1]于卫东门之上，子教子路菹此患，上无以为身，下无以为人，是子教之不至也。子自谓才士圣人邪，则再逐于鲁，削迹于卫，穷于齐，围于陈蔡，不容身

① 菹：剁成肉酱。

于天下。子之道岂足贵邪？世之所高，莫若黄帝。黄帝尚不能全德，而战涿鹿之野，流血百里。尧不慈，舜不孝，禹偏枯，汤放其主，武王伐纣，文王拘羑里，此六子者，世之所高也，孰论之，皆以利惑其真而强反其情性，其行乃甚可羞也。世之所谓贤士，莫若伯夷、叔齐。伯夷、叔齐辞孤竹之君，而饿死于首阳之山，骨肉不葬。鲍焦饰行非世，抱木而死。申徒狄谏而不听，负石自投于河，为鱼鳖所食。介子推至忠也，自割其股以食文公。文公后背之，子推怒而去，抱木而燔死。尾生与女子期于梁下，女子不来，水至不去，抱梁柱而死。此六子者，无异于磔[①]犬流豕、操瓢而乞者，皆离名轻死，不念本养寿命者也。世之所谓忠臣者，莫若王子比干、伍子胥。子胥沉江，比干剖心。此二子者，世谓忠臣也，然卒为天下笑。自上观之，至于子胥、比干，皆不足贵也。丘之所以说我者，若告我以鬼事，则我不能知也；若告我以人事者，不过此矣，皆吾所闻知也。今吾告子以人之情：目欲视色，耳欲听声，口欲察味，志气欲盈。人上寿百岁，中寿八十，下寿六十，除病瘦[②]死丧忧患，其中开口而笑者，一月之中不过四五日而已矣。天与地无穷，人死者有时，操有时之具，而托于无穷之间，忽然无异骐骥之驰过隙也。不能说其志意、养其寿命者，皆非通道者也。丘之所言，皆吾之所弃也。亟去走归，无复言之！子之道，狂狂汲汲，诈巧虚伪事也，非可以全真也，奚足论哉！”孔子再拜趋走，出门上车，执辔三失，目芒然无见，色若死灰，据轼低头，不能出气。归到鲁东门外，适遇柳下季。柳下季曰：“今者阙然数日

① 磔：肢解牲畜的身体。

② 瘦：病。按王念孙《庄子杂志》中所讲，病瘦为一类，死丧为一类，忧患为一类。

不见，车马有行色，得微往见跖邪？”孔子仰天而叹曰：“然。”柳下季曰：“跖得无逆汝意若前乎？”孔子曰：“然。丘所谓无病而自灸也。疾走料虎头，编虎须，几不免虎口哉！”

子张问于满苟得曰：“盍不为行？无行则不信，不信则不任，不任则不利。故观之名，计之利，而义真是也。若弃名利，反之于心，则夫士之为行，不可一日不为乎！”满苟得曰：“无耻者富，多信者显。夫名利之大者，几在无耻而信。故观之名，计之利，而信真是也。若弃名利，反之于心，则夫士之为行，抱其天乎！”子张曰：“昔者桀、纣贵为天子，富有天下。今谓臧聚曰：‘汝行如桀、纣。’则有怍色，有不服之心者，小人所贱也。仲尼、墨翟，穷为匹夫，今谓宰相曰：‘子行如仲尼、墨翟。’则变容易色，称不足者，士诚贵也。故势为天子，未必贵也；穷为匹夫，未必贱也。贵贱之分，在行之美恶。”满苟得曰：“小盗者拘，大盗者为诸侯。诸侯之门，仁义存焉。昔者桓公小白杀兄入嫂，而管仲为臣；田成子常杀君窃国，而孔子受币。论则贱之，行则下之，则是言行之情悖战于胸中也，不亦拂乎！故《书》曰：‘孰恶孰美，成者为首，不成者为尾。’”子张曰：“子不为行，即将疏戚无伦，贵贱无义，长幼无序。五纪六位，将何以为别乎？”满苟得曰：“尧杀长子，舜流母弟，疏戚有伦乎？汤放桀，武王杀纣，贵贱有义乎？王季为適，周公杀兄，长幼有序乎？儒者伪辞，墨子兼爱，五纪六位，将有别乎？且子正为名，我正为利。名利之实，不顺于理，不监于道。吾日与子讼于无约，曰：‘小人殉财，君子殉名，其所以变其情，易其性，则异矣；乃至于弃其所为而殉其所不为，则一也。’故曰：无为小人，反殉而天；无为君子，从天之理。若枉若直，相而天极。面观四方，与时消息。若是若非，执而圆机。独成而意，与道徘徊。无转而行，无成而义，将失而所为。无赴而富，无殉而成，将弃而天。比干剖心，子胥抉眼，忠之祸也；直躬证父，尾生溺死，信之患也；鲍子立干，申子自埋廉之害也；孔子不见母，匡子不见父，义之失也。此上世之所传，下世之所语，以为士者正其言，必其行，故服其殃离其患也。”

无足问于知和曰：“人卒未有不兴名就利者。彼富则人归之，归则下之，下则贵之。夫见下贵者，所以长生安体乐意之道也。今子独无意焉，知不足邪，意知而力不能行邪！故推正不忘邪？”知和曰：“今夫此人以为与己同时而生，同乡而处者，以为夫绝俗过世之士焉，是专无主正，所以览古今之时，是非之分也，与俗化。世去至重，弃至尊，以为其所为也。此其所以论长生安体乐意之道，不亦远乎！惨怛之疾，恬愉之安，不监于体；怵惕之恐，欣欢之喜，不监于心。知为为而不知所以为，是以贵为天子，富有天下，而不免于患也。”无足曰：“夫富之于人，无所不利，穷美究势，至人之所不得逮，贤人之所不能及，侠人之勇力而以为威强，秉人之知谋以为明察，因人之德以为贤良，非享国而严若君父。且夫声色滋味权势之于人，心不待学而乐之，体不待象而安之。夫欲恶避就，固不待师，此人之性也。天下虽非我，孰能辞之！”知和曰：“知者之为，故动以百姓，不违其度，是以足而不争，无以为故不求。不足故求之，争四处而不自以为贪；有馀故辞之，弃天下而不自以为廉。廉贪之实，非以迫外也，反监之度。势为天子，而不以贵骄人；富有天下，而不以财戏人。计其患，虑其反，以为害于性，故辞而不受也，非以要名誉也。尧、舜为帝而雍[①]，非仁天下也，不以美害生；善卷、许由得

① 雍：当疑为“推”之误，有前贤孙诒让、章太炎、马叙伦的研究可参考。

帝而不受，非虚辞让也，不以事害己。此皆就其利、辞其害，而天下称贤焉，则可以有之，彼非以兴名誉也。”无足曰：“必持其名，苦体绝甘，约养以持生，则亦久病长厄而不死者也。”知和曰：“平为福，有馀为害者，物莫不然，而财其甚者也。今富人，耳营于钟鼓管籥之声，口嗛[①]于刍豢醪醴之味，以感其意，遗忘其业，可谓乱矣；侅溺[②]于冯气，若负重行而上坂也，可谓苦矣；贪财而取慰，贪权而取竭，静居则溺，体泽则冯，可谓疾矣；为欲富就利，故满若堵耳而不知避，且冯而不舍，可谓辱矣；财积而无用，服膺而不舍，满心戚醮，求益而不止，可谓忧矣；内则疑劫请之贼，外则畏寇盗之害，内周楼疏，外不敢独行，可谓畏矣。此六者，天下之至害也，皆遗忘而不知察。及其患至，求尽性竭财，单以反一日之无故而不可得也。故观之名则不见，求之利则不得。缭意绝体而争此，不亦惑乎！”

庄子欲证某事之荒诞不经，必采取对立的极端人事来尽情展现，他展现他们的对立，言说他们的是非，是为了在更高的层次上谴是非，消彼此，正如《齐物论》中所言，“彼亦一是非，此亦一是非”，自然是非、彼此不在。

不过，我们在看他谴是非的论述中，实在充满着许多妙言奇思，如盗跖教训孔子之口吻，实在是穿越千年的历史之墙，而叩击当下现实，如睹其人，如见其声。无足与知和的辩论中，“名利之大者，几在无耻而信”的发难，实在让人绝倒。

当然也有把《盗跖》读得胶柱鼓瑟的人，如林云铭《庄子因·盗

① 嗛：快意。

② 侅溺：陷溺甚深之意。

跖》总论中所说："假盗贼之口，历诋古今圣人，是欲率天下为盗贼也。"所谓的圣人只不过是树立的一些不可信传的模范而已，真所谓"焉知曾、史之不为桀、纣嚆矢也"，又合"圣人不死，大盗不止"的旨意。庄子既然以谴是非、泯彼此、循天然、得大道为要务，当然什么圣人不圣人，都不在他的法眼之中。陋儒不可与说大道，庄人不可以与谐语。

说剑

《说剑》极像一篇战国时纵横家说天下而行四海之文辞，语言、神态、推理诸方面及内在思路均极暗合。但于此说它一定是纵横家之伪作搀入《庄子》一书，于理论据不足。论据之不足，慎下断言，是论人、衡文、考事之上策。庄子一生和任何人一样，都必须经历青、壮、老年诸多阶段，他不可能在认识上从一而终，思想多有变迁更符合常识。庄子是伟大的，但庄子不是我们很多人将其神化的神人。

庄子对战国时期的各种思想知悉备至，借鉴学习，时相摩荡，难免不受些影响，似乎也在情理之中。因此，对于司马迁、苏轼称《让王》篇之后诸篇均是赝品之说，我持谨慎之态度。在对这些文章的诸般态度中，有两个人的态度值得注意。一为谭元春。他说："吾平心察之，真不似蒙公毫也。然则此篇(指《说剑》——引者注)赝乎？曰，何赝也？古文人之奇怪不可测，正在此。"(《南华真经评点·说剑》转引自陆永品、方勇《庄子诠评》)二为流沙河："吾辈后人无权从《庄子》书中抽掉此篇，原因很简单，我们不知悉庄周年轻时是否学过纵横之术，不能断定不是庄周写的。人生曲折，基本观

念总是中年以后才渐渐形成的。”(《〈庄子现代版〉增订本》)

对于《让王》篇后的诸篇，我的总体态度是，不搞“原教旨主义”之类的“大清洗”，而是就文章本身作些分析。任何纯之又纯的主义和理论，或者一个毫无杂念、没有他想的纯粹之人，在我看来是凭空幻设之物，徒害人类而已，岂有他哉！

昔赵文王喜剑，剑士夹门而客三千馀人。日夜相击于前，死伤者岁百馀人。好之不厌。如是三年，国衰，诸侯谋之。太子悝患之，募左右曰：“孰能说王之意止剑士者，赐之千金。”左右曰：“庄子当能。”太子乃使人以千金奉庄子。庄子弗受，与使者俱往见太子，曰：“太子何以教周，赐周千金？”太子曰：“闻夫子明圣，谨奉千金以币从者。夫子弗受，悝尚敢何言。”庄子曰：“闻太子所欲用周者，欲绝王之喜好也。使臣上说大王而逆王意，下不当太子，则身刑而死，周尚安所事金乎？使臣上说大王，下当太子，赵国何求而不得也！”太子曰：“然。吾王所见，唯剑士也。”庄子曰：“诺。周善为剑。”太子曰：“然吾王所见剑士，皆蓬头突鬓，垂冠，曼胡之缨，短后之衣，瞋目而语难，王乃说之。今夫子必儒服而见王，事必大逆。”庄子曰：“请治剑服。”治剑服三日，乃见太子。太子乃与见王。王脱白刃待之。庄子入殿门不趋，见王不拜。王曰：“子欲何以教寡人，使太子先？”曰：“臣闻大王喜剑，故以剑见王。”王曰：“子之剑何能禁制？”曰：“臣之剑十步一人，千里不留行。”大王悦之，曰：“天下无敌矣。”庄子曰：“夫为剑者，示之以虚，开之以利，后之以发，先之以至。愿得试之。”王曰：“夫子休，就舍待命，令设戏[1]，请夫子。”王乃校剑士七日，残伤者六十馀人，得五六人，使奉剑于殿下，乃召庄子。王曰：“今日试使士敦剑。”庄子曰：“望之久矣！”王曰：“夫子所御杖，长短何如？”曰：“臣之所奉皆可。然臣有三剑，唯王所用。请先言而后试。”王曰：“愿闻三剑。”曰：“有天子剑，有诸侯剑，有庶人剑。”

王曰：“天子之剑何如？”曰：“天子之剑，以燕谿石城为锋，齐岱为锷，晋卫为脊，周宋为镡[2]，韩魏为夹，包以四夷，裹以四时，绕以渤海，带以恒山，制以五行，论以刑德，开以阴阳，持以春夏，行以秋冬。此剑，直之无前，举之无上，案之无下，运之无旁，上决浮云，下绝地纪。此剑一用，匡诸侯，天下服矣。此天子之剑也。”文王芒然自失，曰：“诸侯之剑何如？”曰：“诸侯之剑，以知勇士为锋，以清廉士为锷，以贤良士为脊，以忠圣士为镡，以豪桀士为夹。此剑，直之亦无前，举之亦无上，案之亦无下，运之亦无旁。上法圆天以顺三光；下法方地以顺四时；中和民意以安四乡。此剑一用，如雷霆之震也，四封之内，无不宾服而听从君命者矣。此诸侯之剑也。”王曰：“庶人之剑何如？”曰：“庶人之剑，蓬头突鬓，垂冠，曼胡之缨，短后之衣，瞋目而语难，相击于前，上斩颈领，下决肝肺。此庶人之剑，无异于斗鸡，一旦命已绝矣，无所用于国事。今大王有天子之位而好庶人之剑，臣窃为大王薄之。”王乃牵而上殿，宰人上食，王三环之。庄子曰：“大王安坐定气，剑事已毕奏矣。”于是文王不出宫三月，剑士皆服毙其处也。

---

① 戏：胡怀琛云：“戏，比赛武术之会也。”（《庄子集解补正》）

② 镡：剑口、剑环，亦称剑鼻。

设巧喻，擅文辞，传形神，《说剑》一如《庄子》其他篇什。庄子所处之时代，没有今日各门学科如此精细之壁垒，因此他更像包括达·芬奇在内的此前的欧洲文化人的身份，身兼数任。说《庄子》之书是文学作品——可分为散文、小说等——亦可，说《庄子》是原道之著作、是哲学家的思考，也不是没有道理的。有的篇章如《则阳》篇末甚至有论生物起源之意。可见《庄子》一书的分野壁垒是后世论者加上去的，不是《庄子》成书时或者庄子本人自我区分的。这本身就显示《庄子》一书“杂”的特点和品质，也符合其寓言、重言杂用，“卮言日出”之著作体例。

《说剑》的思想并不高明，但作文紧凑而具逻辑，庄子善说之貌毕现，剑士之装束神态更是惟妙惟肖。

渔父

在《庄子》的书中，孔子一直扮演着学道不悟的角色，但可怪的是，孔子的形象并不可恶，而是可爱。孔子的可爱在于“知其不可为而为之”。换言之，孔子是愈不悟道愈虔诚问道，愈不悟愈加学习请教不休，实在到了令人感佩的地步。

《让王》之后诸篇一直被后世许多人认为非庄子之作，大抵在于这些篇章小说和游戏成分太重之故。的确，庄子是先秦时代少有的幽默讽刺大师，其身上所具有的游戏精神，无论匍匐蚁行的老百姓还是逞其傲态的达官贵人，身上都十分少有，在我们的文化传统中亦是异数，因此弥足珍贵。庄子深知有些人不可与庄语，而只可与谐语，于是孔子受渔父之教、受盗跖之训之类的小说家言，排闼而出，到了让人发噱而深思的程度。正如宋代黄震在《黄氏日钞》中所言：“庄子以不羁之材，恣肆跌宕之说，创为不必有之人，设为不必有之物，造为天下所必无之事，用以渺末宇宙，戏薄圣贤，走弄百出，茫无定踪，固千万世诙谐小说之祖也。”至少在对庄子的理解上，黄震胜过后世许多妄称庄子解人的胶柱鼓瑟之徒。

孔子游乎缁帷之林，休坐乎杏坛之上。弟子读书，孔子弦歌鼓琴。奏曲未半，有渔父者，下船而来，须眉交白，被发揄袂，行原以上，距陆而止，左手据膝，右手持颐以听。曲终而招子贡、子路，二人俱对。客指孔子曰："彼何为者也？"子路对曰："鲁之君子也。"客问其族。子路对曰："族孔氏。"客曰："孔氏者何治也？"子路未应，子贡对曰："孔氏者，性服忠信，身行仁义，饰礼乐，选人伦。上以忠于世主，下以化于齐民，将以利天下。此孔子之所治也。"又问曰："有土之君与？"子贡曰："非也。""侯王之佐与？"子贡曰："非也。"客乃笑而还行，言曰："仁则仁矣，恐不免其身。苦心劳形，以危其真。呜呼！远哉，其分于道也。"

子贡还，报孔子。孔子推琴而起曰："其圣人与？"乃下求之，至于泽畔，方将杖拏[①]而引其船，顾见孔子，还乡而立。孔子反走，再拜而进。客曰："子将何求？"孔子曰："曩者先生有绪言而去，丘不肖，未知所谓，窃待于下风，幸闻咳唾之音，以卒相丘也。"客曰："嘻！甚矣，子之好学也！"孔子再拜而起曰："丘少而修学，以至于今，六十九岁矣，无所得闻至教，敢不虚心！"客曰："同类相从，同声相应，固天之理也。吾请释吾之所有而经子之所以。子之所以者，人事也。天子诸侯大夫庶人，此四者自正，治之美也；四者离位而乱莫大焉。官治其职，人忧其事，乃无所陵。故田荒室露，衣食不足，征赋不属，妻妾不和，长少无序，庶人之忧也；能不胜任，官事不治，行不清白，群下荒怠，功美不有，爵禄不持，大夫之忧也；廷无忠臣，国家昏乱，工技不巧，贡职不美，春秋后伦，不顺天子，诸侯之忧也；阴阳不和，寒暑不时，以伤庶物，诸侯暴乱，擅相

① 杖拏：撑篙。杖：撑；拏：同"桡"，意为船篙。

攘伐，以残民人，礼乐不节，财用穷匮，人伦不饬，百姓淫乱，天子之忧也。今子既上无君侯有司之势，而下无大臣职事之官，而擅饰礼乐，选人伦，以化齐民，不亦泰多事乎？且人有八疵，事有四患，不可不察也。非其事而事之，谓之摠[①]；莫之顾而进之，谓之佞；希意道言，谓之谄；不择是非而言，谓之谀；好言人之恶，谓之谗；析交离亲，谓之贼；称誉诈伪以败恶人，谓之慝；不择善否，两容颊适，偷拔其所欲，谓之险。此八疵者，外以乱人，内以伤身，君子不友，明君不臣。所谓四患者：好经大事，变更易常，以挂功名，谓之叨；专知擅事，侵人自用，谓之贪；见过不更，闻谏愈甚，谓之很；人同于己则可，不同于己，虽善不善，谓之矜。此四患也。能去八疵，无行四患，而始可教已。”

孔子愀然而叹，再拜而起曰：“丘再逐于鲁，削迹于卫，伐树于宋，围于陈蔡。丘不知所失，而离此四谤者何也？”客悽然变容曰：“甚矣，子之难悟也！人有畏影恶迹而去之走者，举足愈数而迹愈多，走愈疾而影不离身，自以为尚迟，疾走不休，绝力而死。不知处阴以休影，处静以息迹，愚亦甚矣！子审仁义之间，察同异之际，观动静之变，适受与之度，理好恶之情，和喜怒之节，而几于不免矣。谨修而身，慎守其真，还以物与人，则无所累矣。今不修之身而求之人，不亦外乎！”

孔子愀然曰：“请问何谓真？”客曰：“真者，精诚之至也。不精不诚，不能动人。故强哭者，虽悲不哀；强怒者，虽严不威；强亲者，虽笑不和。真悲无声而哀，真怒未发而威，真亲未笑而和。真在内者，神动于外，是所以贵真也。其用于人理也，事亲则慈孝，事君

① 摠：同“总”，意为泛滥，管闲事太多。

则忠贞，饮酒则欢乐，处丧则悲哀。忠贞以功为主，饮酒以乐为主，处丧以哀为主，事亲以适为主。功成之美，无一其迹矣；事亲以适，不论所以矣；饮酒以乐，不选其具矣；处丧以哀，无问其礼矣。礼者，世俗之所为也；真者，所以受于天也，自然不可易也。故圣人法天贵真，不拘于俗。愚者反此。不能法天而恤于人，不知贵真，禄禄而受变于俗，故不足。惜哉，子之蚤湛于人伪而晚闻大道也！”

孔子又再拜而起曰：“今者丘得遇也，若天幸然。先生不羞而比之服役，而身教之。敢问舍所在，请因受业而卒学大道。”客曰：“吾闻之，可与往者与之，至于妙道；不可与往者，不知其道，慎勿与之，身乃无咎。子勉之，吾去子矣，吾去子矣！”乃刺船而去，延缘苇间。

颜渊还车，子路授绥，孔子不顾，待水波定，不闻拏音而后敢乘。子路旁车而问曰：“由得为役久矣，未尝见夫子遇人如此其威也。万乘之主，千乘之君，见夫子未尝不分庭伉礼，夫子犹有倨傲之容。今渔父杖拏逆立，而夫子曲要磬折，言拜而应，得无太甚乎？门人皆怪夫子矣，渔父何以得此乎？”孔子伏轼而叹曰：“甚矣，由之难化也！湛于礼义有间矣，而朴鄙之心至今未去。进，吾语汝：夫遇长不敬，失礼也；见贤不尊，不仁也。彼非至人，不能下人。下人不精，不得其真，故长伤身。惜哉！不仁之于人也，祸莫大焉，而由独擅之。且道者，万物之所由也。庶物失之者死，得之者生。为事逆之则败，顺之则成。故道之所在，圣人尊之。今渔父之于道，可谓有矣，吾敢不敬乎！”

法贵天真，是渔父倡导的，也是得道之人所必须则效的。而像孔子那样汲汲有为，到处管闲事，不仅害身而且伤心，所以终身难通大道。孔子入有为之途太久，故离无为之道太远；孔子对人世太用加法，而不会减法，当然心斋、坐忘之类欲望的减法，他就不太会做。孔子走到这一步，固然是庄子着意安排的，但试观儒家的思想理路，孔子不悟，并非庄子故弄玄虚而没有内在逻辑。

列御寇

去知弃用，虚己顺物，可谓《庄子》一书的主旨。万千故事，无数比喻，巧为铺排，无非着眼大道。即便列子不主动有为，甚至避实就虚，仍掩不住光仪外发，说明他与得道还有距离，这与《逍遥游》中“列子御风而行”之有所待仍是相同境界。

自然万物包括人之所以如此，并非哪个人有能，而是因为道无所不在，而施展其天力之故。那些夸耀自己所能的人如郑缓、曹商等逆天而行，适足以害身取辱。

庄子常在文章中巧借弘扬大道之机，施展其骂人的艺术，如他骂惠施、梁惠王以及各路宋国蠢人，各各不同，技艺非凡，但没有像骂曹商如此恶毒，体现了庄子亦庄亦谐的禀性，真是嬉笑怒骂皆成文章。

列御寇之齐，中道而反，遇伯昏瞀人。伯昏瞀人曰：“奚方而反？”曰：“吾惊焉。”曰：“恶乎惊？”曰：“吾尝食于十浆而五浆先馈。”伯昏瞀人曰：“若是，则汝何为惊已？”曰：“夫内诚不解，形谍成光，以外镇人心，使人轻乎贵老，而𩐋其所患[①]。夫浆人特为食羹之货，无多馀之赢，其为利也薄，其为权也轻，而犹若是，而况于万乘之主乎！身劳于国而知尽于事。彼将任我以事，而效我以功。吾是以惊。”伯昏瞀人曰：“善哉观乎！女处已，人将保汝矣！”无几何而往，则户外之屦满矣。伯昏瞀人北面而立，敦杖蹙之乎颐。立有间，不言而出。宾者以告列子，列子提屦，跣而走，暨乎门，曰：“先生既来，曾不发药乎？”曰：“已矣，吾固告汝曰人将保汝。果保汝矣！非汝能使人保汝，而汝不能使人无保汝也，而焉用之感豫出异也。必且有感，摇而本才，又无谓也。与汝游者，又莫汝告也。彼所小言，尽人毒也。莫觉莫悟，何相孰也。巧者劳而知者忧，无能者无所求，饱食而敖游，汎若不系之舟，虚而敖游者也！”

郑人缓也，呻吟裘氏之地。祇三年而缓为儒。河润九里，泽及三族，使其弟墨。儒墨相与辩，其父助翟。十年而缓自杀。其父梦之曰：“使而子为墨者，予也。阖尝视其良？既为秋柏之实矣！”夫造物者之报人也，不报其人而报其人之天，彼故使彼。夫人以己为有以异于人，以贱其亲。齐人之井饮者相捽[②]也。故曰：今之世皆缓也。自是有德者以不知也，而况有道者乎！古者谓之遁天之刑。圣人安其所安，不安其所不安；众人安其所不安，不安其所安。庄子曰：“知道易，勿言难。知而不言，所以之天也。知而言之，所以之人也。古之至人，天而不人。”

朱泙漫学屠龙于支离益，单千金之家，三年技成而无所用其巧。圣人以必不必，故无兵；众人以不必必之，故多兵。顺于兵，故行有

① 𩐋其所患：意为招致祸患。𩐋：招致。

② 捽：揪打。

求。兵，恃之则亡。小夫之知，不离苞苴竿牍，敝精神乎蹇浅，而欲兼济道物，太一形虚。若是者，迷惑于宇宙，形累不知太初。彼至人者，归精神乎无始，而甘瞑乎无何有之乡。水流乎无形，发泄乎太清。悲哉乎！汝为知在毫毛，而不知大宁！”

宋人有曹商者，为宋王使秦。其往也，得车数乘。王说之，益车百乘。反于宋，见庄子曰：“夫处穷闾厄巷，困窘织屦，槁项黄馘[①]者，商之所短也；一悟万乘之主而从车百乘者，商之所长也。”庄子曰：“秦王有病召医，破痈溃痤者得车一乘，舐痔者得车五乘，所治愈下，得车愈多。子岂治其痔邪？何得车之多也？子行矣！”

鲁哀公问乎颜阖曰：“吾以仲尼为贞幹，国有其瘳乎？”曰：“殆哉圾乎！仲尼方且饰羽而画，从事华辞。以支为旨，忍性以视民，而不知不信。受乎心，宰乎神，夫何足以上民！彼宜女与？予颐与？误而可矣！今使民离实学伪，非所以视民也。为后世虑，不若休之。难治也。”

施于人而不忘，非天布也，商贾不齿。虽以事齿之，神者弗齿。

为外刑者，金与木也；为内刑者，动与过也。宵人之离外刑者，金木讯之；离内刑者，阴阳食之。夫免乎外内之刑者，唯真人能之。

孔子曰：“凡人心险于山川，难于知天。天犹有春秋冬夏旦暮之期，人者厚貌深情。故有貌愿而益，有长若不肖，有顺懁[②]而达，有坚而缦，有缓而釬[③]。故其就义若渴者，其去义若热。故君子远使之而观其忠，近使之而观其敬，烦使之而观其能，卒然问焉而观其知，急

① 槁项黄馘：面黄肌瘦。槁项：颈项枯槁；黄馘：脸面黄瘦。

② 懁：捐急。

③ 釬：悍急。

与之期而观其信，委之以财而观其仁，告之以危而观其节，醉之以酒而观其侧，杂之以处而观其色。九征至，不肖人得矣。”

正考父一命而伛，再命而偻，三命而俯，循墙而走，孰敢不轨！如而夫者，一命而吕钜，再命而于车上儛，三命而名诸父，孰协唐许？贼莫大乎德有心而心有睫，及其有睫也而内视，内视而败矣！凶德有五，中德为首。何为中德？中德也者，有以自好也而吡[①]其所不为者也。穷有八极，达有三必，形有六府。美、髯、长、大、壮、丽、勇、敢，八者俱过人也，因以是穷；缘循、偃佒[②]、困畏，不若人三者俱通达；智慧外通，勇动多怨，仁义多责。达生之情者傀，达于知者肖，达大命者随，达小命者遭。

人有见宋王者，锡车十乘。以其十乘骄稚庄子。庄子曰：“河上有家贫恃纬萧而食者，其子没于渊，得千金之珠。其父谓其子曰：‘取石来锻之！夫千金之珠，必在九重之渊而骊龙颔下。子能得珠者，必遭其睡也。使骊龙而寤，子尚奚微之有哉！’今宋国之深，非直九重之渊也；宋王之猛，非直骊龙也。子能得车者，必遭其睡也。使宋王而寤，子为齑粉夫。”

或聘于庄子，庄子应其使曰：“子见夫牺牛乎？衣以文绣，食以刍菽。及其牵而入于大庙，虽欲为孤犊，其可得乎！”

庄子将死，弟子欲厚葬之。庄子曰：“吾以天地为棺椁，以日月为连璧，星辰为珠玑，万物为赍送。吾葬具岂不备邪？何以加此！”弟子曰：“吾恐乌鸢之食夫子也。”庄子曰：“在上为乌鸢食，在下为蝼蚁食，夺彼与此，何其偏也！”以不平平，其平也不平；以不征

---

① 吡：非议，诋毁。

② 偃佒：俯仰随人而不得罪人，与“偃仰”同。

征，其征也不征。明者唯为之使，神者征之。夫明之不胜神也久矣，而愚者恃其所见入于人，其功外也，不亦悲乎！

有人以“庄子将死”一节，来言说本篇非庄子所写。一是不明了庄子的游戏精神；二是不知晓庄子小说家言的功夫；三是庄子谈庄子，已非此篇所独有，而是多篇文章中已常用，如庄周梦蝶是其典型。这种作文方式，当今阿根廷小说大师博尔赫斯最为擅长，他常常来一篇“博尔赫斯谈博尔赫斯”，而且这种做法，可以找到一点庄子影响的根据。博尔赫斯接触最为频密的中国文学作品便是《庄子》。

天 下

如果前面三十二篇均出以诙谐之语的话，那么本篇旨在正儿八经地谈一谈各家各派之分野，以及他们学术的异同，与上古时代道术之差距。庄子认为上古时的天人、神人、圣人、至人所悟之大道，已经涵盖了宇宙间的一切真理。而后世百家纷起，各逞异说以为能，实在是对大道的切割离析，距大道和真理的全体越来越远。但问题在于，宇宙间的一切真理到底是什么？就是不可言说之道吗？既然不可言说，怎能知道它就是宇宙的一切真理？

各派各家学说虽然有逞一己之说以为是的弊端，但没有百家争鸣，以及每一个学派的纷争辩论，就不可能有学术之发展。同时，大道就不可能在万物纷异的情况下，取得更高程度的合，呈大道之精，去物之粗。换言之，没有每一学科的精细发展，就不可能有许多学科在更高层次上的综合。事实上，吾国学术正是太注重同，而非异，任何时候都有正统和异端之鸿沟，便于统一思想，而禁锢思想自由之发展；再者，不注重学科之科学细分、各家各派各自的合理性，使得学术的发展始终缺乏科学的评价体系，这就是中国为什么只有技术而没有真正的自然哲学意义上的科学的原因。

天下之治方术者多矣，皆以其有为不可加矣。古之所谓道术者，果恶乎在？曰："无乎不在。"曰："神何由降？明何由出？""圣有所生，王有所成，皆原于一。"不离于宗，谓之天人；不离于精，谓之神人；不离于真，谓之至人。以天为宗，以德为本，以道为门，兆于变化，谓之圣人；以仁为恩，以义为理，以礼为行，以乐为和，薰然慈仁，谓之君子；以法为分，以名为表，以参为验，以稽为决，其数一二三四是也，百官以此相齿；以事为常，以衣食为主，蕃息畜藏，老弱孤寡为意，皆有以养，民之理也。古之人其备乎？配神明，醇天地，育万物，和天下，泽及百姓，明于本数，系于末度，六通四辟，小大精粗，其运无乎不在。其明而在数度者，旧法、世传之史尚有多之；其在于《诗》《书》《礼》《乐》者，邹鲁之士、搢绅先生多能明之。《诗》以道志，《书》以道事，《礼》以道行，《乐》以道和，《易》以道阴阳，《春秋》以道名分。其数散于天下而设于中国者，百家之学时或称而道之。

天下大乱，贤圣不明，道德不一。天下多得一察焉以自好。譬如耳目鼻口，皆有所明，不能相通。犹百家众技也，皆有所长，时有所用。虽然，不该不遍，一曲之士也。判天地之美，析万物之理，察[1]古人之全。寡能备于天地之美，称神明之容。是故内圣外王之道，暗而不明，郁而不发，天下之人各为其所欲焉以自为方。悲夫，百家往而不反，必不合矣！后世之学者，不幸不见天地之纯，古人之大体。道术将为天下裂。

不侈于后世，不靡于万物，不晖于数度，以绳墨自矫，而备世之

---

① 察：通"杀"，意为离散。

急。古之道术有在于是者，墨翟、禽滑厘闻其风而说之。为之大过，已之大循。作为《非乐》，命之曰《节用》。生不歌，死无服。墨子泛爱兼利而非斗，其道不怒。又好学而博，不异，不与先王同，毁古之礼乐。黄帝有《咸池》，尧有《大章》，舜有《大韶》，禹有《大夏》，汤有《大濩》，文王有《辟雍》之乐，武王、周公作《武》。古之丧礼，贵贱有仪，上下有等。天子棺椁七重，诸侯五重，大夫三重，士再重。今墨子独生不歌，死不服，桐棺三寸而无椁，以为法式。以此教人，恐不爱人；以此自行，固不爱己。未败墨子道。虽然，歌而非歌，哭而非哭，乐而非乐，是果类乎？其生也勤，其死也薄，其道大觳。使人忧，使人悲，其行难为也。恐其不可以为圣人之道，反天下之心。天下不堪。墨子虽独能任，奈天下何！离于天下，其去王也远矣！墨子称道曰："昔禹之湮洪水，决江河而通四夷九州也。名山三百，支川三千，小者无数。禹亲自操橐耜而九杂天下之川。腓无胈，胫无毛，沐甚雨，栉疾风，置万国。禹大圣也，而形劳天下也如此。"使后世之墨者，多以裘褐为衣，以跂蹻为服，日夜不休，以自苦为极，曰："不能如此，非禹之道也，不足谓墨。"相里勤之弟子，五侯之徒，南方之墨者苦获、己齿、邓陵子之属，俱诵《墨经》，而倍谲[①]不同，相谓别墨。以坚白同异之辩相訾，以觭偶不仵之辞相应，以巨子为圣人。皆愿为之尸，冀得为其后世，至今不决。墨翟、禽滑厘之意则是，其行则非也。将使后世之墨者，必自苦以腓无胈、胫无毛相进而已矣。乱之上也，治之下也。虽然，墨子真天下之好也，将求之不得也，虽枯槁不舍也，才士也夫！

---

① 倍谲：意谓阐释不同而互相背逆。

不累于俗，不饰于物，不苟于人，不忮[①]于众，愿天下之安宁以活民命，人我之养，毕足而止，以此白心。古之道术有在于是者，宋钘、尹文闻其风而悦之。作为华山之冠以自表，接万物以别宥为始。语心之容，命之曰“心之行”。以聏合驩[②]，以调海内。请欲置之以为主。见侮不辱，救民之斗，禁攻寝兵，救世之战。以此周行天下，上说下教。虽天下不取，强聒而不舍者也。故曰：上下见厌而强见也。虽然，其为人太多，其自为太少，曰：“请欲固置五升之饭足矣。”先生恐不得饱，弟子虽饥，不忘天下。日夜不休，曰：“我必得活哉！”图傲乎救世之士哉！曰：“君子不为苛察，不以身假物。”以为无益于天下者，明之不如已也。以禁攻寝兵为外，以情欲寡浅为内，其小大精粗，其行适至是而止。

公而不党，易而无私，决然无主，趣物而不两，不顾于虑，不谋于知，于物无择，与之俱往。古之道术有在于是者，彭蒙、田骈、慎到闻其风而悦之。齐万物以为首，曰：“天能覆之而不能载之，地能载之而不能覆之，大道能包之而不能辩之。”知万物皆有所可，有所不可。故曰：“选则不遍，教则不至，道则无遗者矣。”是故慎到弃知去己，而缘不得已。泠汰于物，以为道理。曰：“知不知，将薄知而后邻伤之者也。”謑髁[③]无任，而笑天下之尚贤也；纵脱无行，而非天下之大圣。椎拍輐断[④]，与物宛转；舍是与非，苟可以免。不师知虑，不知前后，魏然而已矣。推而后行，曳而后往。若飘风之还，若落羽之旋，若磨石之隧，全而无非，动静无过，未尝有罪。是何

① 忮：背逆，违背。

② 以聏合驩：以温和轻柔的态度取悦于人。聏：柔和。驩：同“欢”。

③ 謑髁：意谓圆转怠惰。

④ 輐断：断得很得体，适物之本性而不见决裂之迹。

故？夫无知之物，无建己之患，无用知之累，动静不离于理，是以终身无誉。故曰："至于若无知之物而已，无用贤圣。夫块不失道。"豪桀相与笑之曰："慎到之道，非生人之行，而至死人之理。"适得怪焉。田骈亦然，学于彭蒙，得不教焉。彭蒙之师曰："古之道人，至于莫之是、莫之非而已矣。其风窢然[①]，恶可而言。"常反人，不见观，而不免于鲩断[②]。其所谓道非道，而所言之韪不免于非。彭蒙、田骈、慎到不知道。虽然，概乎皆尝有闻者也。

以本为精，以物为粗，以有积为不足，淡然独与神明居。古之道术有在于是者，关尹、老聃闻其风而悦之。建之以常无有，主之以太一。以濡弱谦下为表，以空虚不毁万物为实。关尹曰："在己无居，形物自著。"其动若水，其静若镜，其应若响。芴乎若亡[③]，寂乎若清。同焉者和，得焉者失。未尝先人，而常随人。老聃曰："知其雄，守其雌，为天下谿；知其白，守其辱，为天下谷。"人皆取先，己独取后。曰受天下之垢。人皆取实，己独取虚，无藏也故有馀，岿然而有馀。其行身也，徐而不费，无为也而笑巧。人皆求福，己独曲全。曰苟免于咎。以深为根，以约为纪。曰："坚则毁矣，锐则挫矣。"常宽容于物，不削于人，可谓至极。关尹、老聃乎，古之博大真人哉！

寂漠无形，变化无常，死与生与，天地并与，神明往与！芒乎何之，忽乎何适。万物毕罗，莫足以归。古之道术有在于是者，庄周闻其风而悦之。以谬悠之说，荒唐之言，无端崖之辞，时恣纵而傥，

① 窢然：寂静的样子。

② 鲩断：与上文之"輐断"同义。

③ 芴乎若亡：若有若无之意。芴：通"惚"；亡：通"无"。

不以觭见[①]之也。以天下为沉浊，不可与庄语。以卮言为曼衍，以重言为真，以寓言为广。独与天地精神往来，而不敖倪于万物。不谴是非，以与世俗处。其书虽瑰玮，而连犿[②]无伤也。其辞虽参差，而諔诡可观。彼其充实，不可以已。上与造物者游，而下与外死生、无终始者为友。其于本也，弘大而辟，深闳而肆；其于宗也，可谓稠适[③]而上遂矣。虽然，其应于化而解于物也，其理不竭，其来不蜕，芒乎昧乎，未之尽者。

惠施多方，其书五车，其道舛驳，其言也不中。历物之意，曰："至大无外，谓之大一；至小无内，谓之小一。无厚，不可积也，其大千里。天与地卑，山与泽平。日方中方睨[④]，物方生方死。大同而与小同异，此之谓'小同异'；万物毕同毕异，此之谓'大同异'。南方无穷而有穷，今日适越而昔来。连环可解也。我知天之中央，燕之北、越之南是也。泛爱万物，天地一体也。"

惠施以此为大，观于天下而晓辩者，天下之辩者相与乐之。卵有毛；鸡三足；郢有天下；犬可以为羊；马有卵；丁子有尾；火不热；山出口；轮不蹍地；目不见；指不至，至不绝；龟长于蛇；矩不方，规不可以为圆；凿不围枘；飞鸟之景未尝动也；镞矢之疾，而有不行、不止之时；狗非犬；黄马骊牛三；白狗黑；孤驹未尝有母；一尺之捶，日取其半，万世不竭。辩者以此与惠施相应，终身无穷。桓团、公孙龙辩者之徒，饰人之心，易人之意，能胜人之口，不能服人之心，辩者之囿也。惠施日以其知与人之辩，特与天下之辩者为

① 觭见：一孔之见。觭：一端。
② 连犿：宛转的样子。
③ 稠适：调适。
④ 睨：太阳光偏西而倾斜。

怪，此其柢也。然惠施之口谈，自以为最贤，曰："天地其壮乎，施存雄而无术。"南方有倚人焉，曰黄缭，问天地所以不坠不陷，风雨雷霆之故。惠施不辞而应，不虑而对，遍为万物说。说而不休，多而无已，犹以为寡，益之以怪，以反人为实，而欲以胜人为名，是以与众不适也。弱于德，强于物，其涂隩[①]矣。由天地之道观惠施之能，其犹一蚊一虻之劳者也。其于物也何庸！夫充一尚可，曰愈贵道，几矣！惠施不能以此自宁，散于万物而不厌，卒以善辩为名。惜乎！惠施之才，骀荡而不得，逐万物而不反，是穷响以声，形与影竞走也，悲夫！

庄子自然是大作家大学者，但他这一派和任何一派之学问，都有自己的优长之处和局限。他承认道周遍万物，主张灭是非，泯对错，但他以非常极端的言论来谈论灭是非，泯对错，本身就进入了无法自拔的圈套之中。他以自己一派和老子之道家为是，何尝不是以一己之见为能？尽管他宣称自己所言乃大道，自己又不得不承认自己所言只不过是众多流派之一种，与道术之涵盖宇宙之一切真理尚有差别，这里面也不无矛盾之处。惠施一派固然不无诡辩之处，但他的辩论中何尝没有真正的逻辑学根苗？使得我们对世界之认识更加精准而科学。

---

① 隩：狭隘偏执。

后 记

庄子既使我上瘾，又使我深感恐惧，因为陷得越深，越难从里面爬出来。在《庄子我说》两年断断续续的写作中，写作状态时好时坏，不能像我以往的写作那样一气呵成。有段时间我对自己颇为灰心，因为写作不仅不能使我得到快乐，反而变成对自身无尽的拷问与挑战，这也许是一个热爱庄子的人，应朋友之邀来写作《庄子我说》所应该付出的代价。因为《庄子》里面既涉及许多技术性难题，更关涉到对心灵的追溯、对绝对的思考，以及庄子矛盾吊诡的无处不在对我资质的考验。

我暗自佩服自己的大胆。在写作过程中，为了验证自己的见解，应我的老朋友、成都三一书店学术主持查常平兄之邀，曾去做过两次有关庄子的讲座，取得的效果，使自己也颇感意外。听众的辩难与支持，成了我修订《庄子我说》的潜在动力。我喜欢流沙河先生的《庄子现代版》，因此向他请益，成了理所当然的事，这使我受益匪浅。我想我理解的庄子与不少人有所区别，并不是因为我正确，更不敢以庄子的解人自居，我只是想在汗牛充栋的研庄著作中，为拙著的存在找个理由。

我一直不想为本书添加注释，因为我想《庄子我说》不是一本阅读《庄子》的入门书，更不是对《庄子》的烦琐考订，而是一本自以为是的思想解读。因此到后来刘景琳兄让我加注释的时候，我只得选择一些技术性的难词加点简单的解释，而不在那些纠缠不清的文句上下功夫，如果那样的话，《庄子我说》便会无限膨胀。何况我自以为在评说解读中，已经充分地表达了我对那些纠缠不清的文句的理解，因此不想叠床架屋，当然你也可以将此看成是我向困难低头、害怕露怯的托辞。

克罗齐说一切历史都是当代史，我很欣赏；科林伍德认为可以把思想史当成唯一的历史，我很佩服；庄子说，井蛙不可语海，夏虫不可语冰，我很害怕。

2001年8月13日凌晨于成都